25 Jahre Galerie Smend
25 Jahre Textile Kunst

60 Textilkünstler stellen sich vor

55 Beiträge und Aussagen
rund um Galerie und Textil

GALERIE SMEND · KÖLN

Herausgeber
Rudolf G. Smend

Lektorat
Sabine Philipp M.A., Bonn

Verlag
Galerie Smend

Abbildungen
Umschlagseite vorne
Petra Mattern-Held

Umschlagseite hinten
Ingeborg Lorenz

Innenseiten 2 und 3
Batik aus Java

Innenseiten 274 und 275
Batik aus Java

ISBN 3-926779-73-X

Galerie Smend
Mainzer Straße 31
50678 Köln

Tel. 02 21. 31 20 47
Fax 02 21. 9 32 07 18
e-mail: smend@compuserve.com
http://www.smend.de

Inhaltsverzeichnis

Editorial

Nein, ein neues Buch war nun wirklich nicht nötig. Was gibt es denn schon Neues, das unbedingt publiziert werden müsste? Welche Arbeit ist so wichtig, daß man dafür direkt einen Katalog produzieren soll? Was ist denn noch nicht gesagt worden? Welches Geburtstagskind ist so bedeutend, daß man es mit großem Aufwand feiern muß?

Aber die Eitelkeit hat gesiegt. Die Rastlosigkeit hat gewonnen. Statt, wie ein Weiser zum runden Geburtstag das Weite zu suchen, allem Trubel zu entgehen, tue ich genau das Gegenteil. Der 20. Juni fällt in diesem Jahr auf einen Samstag, das letzte Wochenende vor den Sommerferien in Köln. Der 20. Juni war ein bedeutender Tag in der Geschichte Deutschlands: Es war der Tag der Währungsreform, also ein historisches Ereignis. Und genau 25 Jahre später wurde in Köln in der Mainzer Straße 28 die Batik-Galerie eröffnet. Wieder ein historischer Tag. Vieleicht nicht so sehr für die Geschichte Deutschlands, aber für die Geschichte der Textilkunst. Das läßt sich heute sagen.

Wir begehen das 25jährige zusammen mit so bedeutenden Jubilaren wie der Sesamstraße, mit Häagen Dazs und der Kölner Artothek; die Fortuna, unser Südstadt-Fußball-Verein, ist schon doppelt so alt; Pepsi Cola ist 4 x, und der ehrwürdige Kölner Dom ist sogar 30 x so alt wie die Galerie. Sollten wir nicht doch feiern?

Aber gleich mit einer aufwendigen Publikation? Mit den Arbeiten von 60 Künstlerinnen und Künstlern aus 15 Ländern? Reicht denn nicht ein Rückblick auf alte Zeiten? Müssen es gleich 400 Fotos in Farbe und Duoton sein? Müssen es wirklich der beste Grafiker und die modernste Druckerei sein? Jetzt, wo es mit der Wirtschaft so unsicher ist, wo wir nicht wissen, wie es in Indonesien weitergehen wird – geschweige denn bei uns.

Ja, man muß Zeichen setzen. Es sind immer kleine Gruppen gewesen, die etwas bewirkt haben.

Auch im Kunsthandel, ja selbst im Textil-Kunsthandel, ist antizyklisches Denken angesagt. Und ein Zeichen kann man immer noch am besten setzten mit einem langlebigen Wirtschaftsgut. Zum Beispiel mit einem Kunst-Buch. Das hat Bestand, es ist eine Momentaufnahme. Es soll zur Zeit der Ausstellung eine wichtige Informationsquelle sein und es soll auch später gerne zu Rate gezogen werden.

So war das Bestreben, neben einem schönen Bilderbuch auch ein gutes Lesebuch zu machen. Geistreich, informativ, aktuell und fundiert. Die Autoren haben sich engagiert, sie haben auf ein Honorar verzichtet, wofür ich ihnen hier herzlich danke. Jeder weiß, daß man mit solch einem Buch kein Geld verdienen kann. Auch die Industrie weiß das und hat das Vorhaben mit ihrer Werbung unterstützt. Dafür danke ich in diesem Falle den Inserenten, auch im Namen der Künstler. Denn um die Künstler geht es in diesem Buch-Katalog '25 Jahre Textile Kunst'. Der Galerist ist nichts ohne seine Künstler und langjährige, seriöse Arbeit zahlt sich aus. So danke ich allen Künstlerinnen und Künstlern, daß sie, trotz der Kürze der Zeit, nicht nur ihre Arbeiten für die Ausstellung zur Verfügung stellen, sondern daß sie auch kooperativ zum Entstehen des Buches beigetragen haben.

Unser Ziel war es bei der Auswahl, Qualität zu zeigen, die sich über Jahre gehalten hat. Und die auch noch in 25 Jahren zumindest mit wohlwollendem Interesse angeschaut werden will. Wir freuen uns, die Arbeiten von Künstlern zu zeigen, die bereits in unserer ersten Publikation 1977 'Batik-Künstler in Südost-Asien' vertreten waren: Mechthild Feuchtinger und Noel Dyrenforth. Von der großen Internationalen Batik-Ausstellung von 1984 sind immerhin 8 Künstler auch in dem vorliegenden Buch-Katalog vertreten. Ein gutes Zeichen für eine beständige Qualität auf hohem Niveau.

Mit allen hier vorgestellten Künstlerinnen und Künstlern verbinden uns seit Jahren freundschaftliche Bande und die meisten sind in den Publikationen der Galerie vertreten. Die Auswahl wurde u.a. getroffen unter denen, die im Laufe der Jahre eine Einzel-Ausstellung gehabt haben. Jede Auswahl ist subjektiv und muß umstritten bleiben. Das mag für jene, die nicht in die Auswahl gekommen sind, unter Umständen schmerzlich sein, aber ihnen bleibt die Genugtuung, ihre Arbeiten in anderem Rahmen bei anderer Gelegenheit zeigen zu können.
Im Laufe der 25 Jahre haben über 600 Textiler bei uns ausgestellt. Das Wort 'Künstler' wäre in diesem Zusammenhang falsch. Auch wir haben Fehler gemacht und dazugelernt. Wir stehen aber zu jeder einzelnen Ausstellung und zu jeder Arbeit, da wir sie in ihrem Umfeld und in ihrer Geschichte sehen und gelernt haben, historisch zu denken.

Entstanden ist so nicht nur ein Querschnit der internationalen Textil-Kunst-Szene unserer Epoche, eine Bestandsaufnahme kurz vor der Jahrtausendwende, sondern auch ein Buch, das mit fast 400 Fotos zum Entdecken verführt. Es ist auch eine Hommage an die 60 Kursleiter, die das Geschick und das Image der Galerie durch ihren Einsatz in den vergangenen 25 Jahren entscheidend mitbestimmt haben.

Die Idee zu einem Buch, zum Konzept und zur Vermarktung mag das Werk einzelner sein. Tatsächlich ist die Entstehung aber eine Gemeinschaftsarbeit. So bleibt mir die angenehme Aufgabe, mich zu bedanken: Bei allen Künstlerinnen und Künstlern aus 15 Ländern; bei den Autoren, die, trotz ihrer beruflichen Engagements Zeit gefunden haben, ihren Beitrag lesbar und termingerecht zu übergeben; bei der Lektorin, die, kompetent und engagiert, ihre wachsamen Augen über dem Projekt hatte, und den Herausgeber, so freundlich wie bestimmt an die Einhaltung des Zeitplanes erinnerte. Danken muß und will ich auch den Mitarbeitern, die im Einzelnen im Impressum aufgeführt werden: den Übersetzern, den Fotografen und Leihgebern. Besonders herzlich danke ich meiner Frau für ihren unermüdlichen Einsatz, ihre Kritik und ihre Ermunterung. Und ich danke Ihnen, daß Sie dieses Buch erworben und bis hierher gelesen haben. Ohne Sie, den Kunden, wäre alles dieses nicht nötig und nicht möglich gewesen.

Rudolf G. Smend
Köln im Juni 1998

Verzeichnis der Künstlerinnen und Künstler

Amri Yahya

Ohne Titel, 1974

Gampingan 6
RI-Yogyakarta 55253
Indonesien

Tel. 0062. 274. 56 45 25
Fax 0062. 274. 56 45 99

*** 1939**
in Palembang, Süd-Sumatra

1963
Examen an der Academy of Fine Arts (ASRI), Yogyakarta

seit 1967
Dozent

seit 1971
Doktorandus für Fine Arts Education an der IKIP YOGYAKARTA

1972
Gründung der "Galeri Amri" in Yogyakarta

seit 1981
Dozent an der Universität Islam Indonesia (UII), Yogyakarta

seit 1981
Dozent an der Universität Islam Indonesia (UII), Yogyakarta

seit 1986
Gastprofessor an der Universität von Iowa, USA

seit 1960
zahlreiche Einzelausstellungen in Indonesien und in Übersee, u.a.

1976
Cairo, World of Islamic Festival (London)

1980
The Festival Contemporary Asian Art Show 1980 Fukuoka, Japan

1983
Exhibition of the Opening Ceremony of Restoration Finishing of the Borobudur Temple

1997
Dunia Batik Conference and Exhibition, Yogyakarta

1998
Asian Art Museum, San Francisco, USA

Islamic Callygraphy
1997
120 x 80 cm
Batik

Ardiyanto Pranata

Jalan Magelang km 5,8
RI-Yogyakarta 55284
Indonesien

Tel. 0062. 274. 56 27 77
Fax 0062. 274. 49 64 15

e-mail
ardiyanto@yogya.
wasantara.net.id
ardiyan@idola.net.id

*** 1944**
in Surabaya, Ost-Java

Studium Agricultural Engineering an der Gadjah Mada Universität, Yogyakarta

seit 1966-69
Ikebana-Studium

seit 1971
Beschäftigung mit Batik

zahlreiche Einzelausstellungen in Indonesien und in Übersee

Ankäufe u.a.
Victoria & Albert Museum, London
Masaki Ishikawa-Jasuda Kasai, Tokyo, Japan
Deutsches Textilmuseum Krefeld
Guizhou Provincial Museum, China

1997
Dunia Batik Conference and Exhibition, Yogyakarta

Ausstellung 1990

Selendang
1997
110 x 220 cm
Batik, Plangi, Tritik

Marianne Arnold

Ohne Titel, 1989

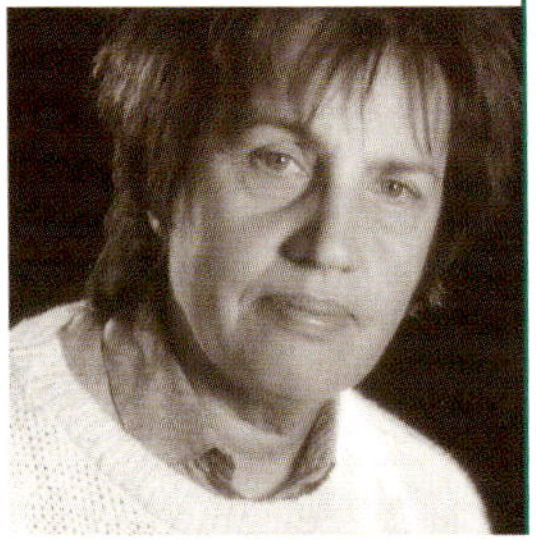

Schmiedweg 8
D-85551 Kirchheim

Tel. 089. 90 39 99 7

***1932**
in Worms

1976-82
Ausbildung in verschiedenen Techniken der Malerei

seit 1981
Malerei auf Seide

Einzel- und Gruppenausstellungen

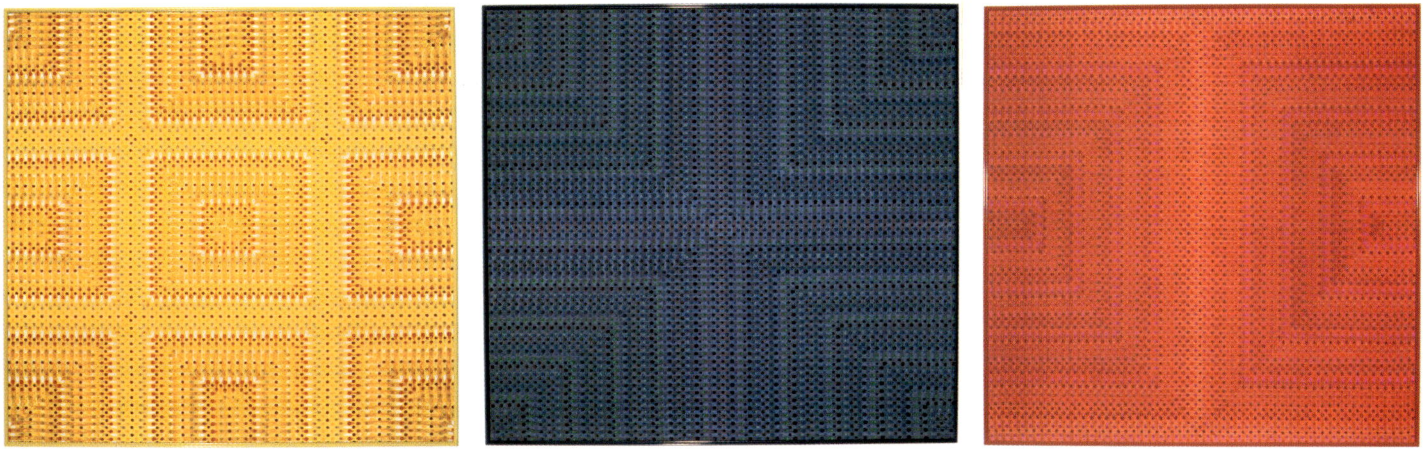

Gelb - Blau - Rot
1997/98
Je Arbeit 80 x 80 cm
Verdickte Farbe punktförmig
aufgetragen und abgezogen

Yellow - Blue - Red
Dotted and removed-thickened dye

Atelier du Sud

Ohne Titel, 1984

Oberegg
Untere Hauptstraße 2
D-87782 Unteregg
bei Mindelheim

Tel. 08269. 14 07
Fax 08269. 14 07

Gloria Keetman-Maier

*** 1943**
in Breslau

1960-64
Werkkunstschule Wiesbaden: Freie Malerei, Graphik, Illustration; Staatsexamen

1965-74
Art-Director in verschieden Frankfurter Werbeagenturen und freiberufliche Tätigkeit

1974-79
Johann-Wolfgang-Goethe-Universität Frankfurt, Staatsexamen in Kunstpädagogik

1979
Gründung des 'Atelier du Sud' zusammen mit Henes Maier in Frankfurt

seit 1981
freiberuflich tätig als Malerin und Autorin

Henes Maier

*** 1935**
in Bucholtwelmen

Lehre als Graphiker
Gestalter von Büchern
Verschiedene Ausstellungen und Auszeichnungen auf dem Gebiet der Graphik, Malerei und Fotografie

Pinturas
1997
90 x 90 cm
Mischtechnik auf Seide

Pinturas
Mixed technique on silk

Atelier du Sud

Els van Baarle

OPLONTIS
Cherilyn Martin / Els van Baarle
Ausstellung 1997

Blindeweg 1
NL-4315 CG Dreischor
Niederlande

Tel. 0031. 111. 40 15 31
Fax 0031. 111. 40 15 31

*** 1938**
in Rotterdam

Textillehrerin

Verschiedene Einzel- und Gruppenausstellungen

1989
3. Preis 'Textiel Plus'

1992
Bijzondere vermelding 'Textil Plus'

1993
1. Preis 'fabric 93', Quilt/Surface Design Symposium, Ohio, USA

1995
Textiel Plus, Auszeichnung 'Best of all'

1997
2. Preis, Quilt/Surface Design Symposium, Ohio, USA

As time goes by
1997
90 x 350 cm
Batik auf Seide

As time goes by
Batik on silk

Shahida
Barbara Banach

Ohne Titel, 1988

Jettenhartstraße 44
D-72622 Nürtingen

Tel. 07022. 87 33
Fax 07022. 87 33

*** 1947**
in Potsdam

1968 - 1972
Studium an der Fachhochschule Dortmund (Graphik-Design)

seit 1985
selbständig als Seidenmalerin

seit 1988
Dozentin an der VHS Nürtingen

seit 1994
Privatkurse in Künzelsau

seit 1995
Porzellanmalerei

Zahlreiche Einzel- und Gruppenausstellungen, sowie Beteiligungen an Modenschauen

Publikationen
'Farbberatung Seidenmalerei'
Shahida B. Banach und M. Götz, Falken-Verlag 1996

'Aquarellieren auf Seide'
Shahida B. Banach, Falken-Verlag 1996

'Malen auf Seide, Konturen- und Schichttechnik'
Shahida B. Banach und Christiane Köhl, Falken-Verlag 1997

Zahlreiche Beteiligungen und Beiträge an weiteren Publikationen

Balance
1996
100 x 70 cm
Aquarell auf Seide

Balance
Water-colours on silk

Joachim Blank

c/o J. u. W. Börnecke
Urbanstraße 100
D-10967 Berlin

Tel. 030. 69 22 909
Fax 030. 69 41 029

***1952**
in Wailblingen/Württemberg

1975
Studium der Bildenden Künste, Kunstakademie Stuttgart, Studium der Kunst- und Werkerziehung an der Universität Mainz

1985
Studium der traditionellen Batiktechniken in Indonesien

1985-93
Studienreisen in Südost-Asien

1995
Studienreisen durch Nordrußland und Karelien

seit 1985
Gruppen- und Einzelausstellungen, u.a.

1995
'Russian Central House of Artists', Moskau

1997
1. World Batik Conference and Exhibition, Dunia Batik, Yogyakarta, Indonesien

Ohne Titel, 1989

Kepala Gajah
1998
100 x 55 cm
Sackleinen, Sand, Seide
Baumwolle, verklebt

Kepala Gajah
burlap, sand, silk
cotton, glued

Philip Boas

Ohne Titel, 1989

Tweede
Oosterparkstraat 71d
NL-1091 HW Amsterdam
Niederlande

Tel. 0031. 20. 69 32 430
Fax 0031. 20. 69 32 430

www.kunstkontakt.nl/Boas

***1949**
in Jakarta/Indonesien

1970-75
Studium an der Rietveld Akademie, Amsterdam

1975-78
Studium an der Reichsakademie für Bildende Künste, Amsterdam

seit 1980
diverse Studienreisen nach Java, Thailand, Sri Lanka und Malaysia

1988
Batik-Studium in Yogyakarta, Indonesien

1989
Reise-Stipendium von der Niederländischen National Stiftung für Kunst, Architektur und Design für weitere Forschungsarbeit in Zentral-Java

1995-98
Batikstudien in Yogyakarta durch Förderung der 'Foundation for Visual Arts, Design & Architecture in the Netherlands'

Diverse Gemeinschafts- und Einzelausstellungen in Holland, Belgien, Frankreich, Deutschland und Indonesien

Ankäufe
Stedelijk Museum of Modern Art, Amsterdam für 'Textiles in the Stedelijk' von Mrs. Liesbeth Crommelin

Nederlands Textielmuseum Tilburg

1977
Prix de Rome for Graphical Art (Silber)

Ohne Titel
1998
145 x 194 cm
Batik
Ausführung:
Ny. Sani
Ny. Sur
Yogyakarta

Untitled
Batik
Execution:
Ny. Sani
Ny. Sur
Yogyakarta

Walter Brix

Keupstraße 104
D-51063 Köln

Tel. 0221. 62 99 76

*** 1965**
in Eschau/Unterfranken

seit 1985
freischaffender Künstler

1992 - 1993
Stipendium der Carl Duisberg Gesellschaft an der Kawashima Textile School, Kyoto, Japan

seit 1997
Dozent an der Universität Münster, Abtl. Textilgestaltung

Diverse Ausstellungen u.a.

1993
Handwerkskammer der Stadt Köln

1998
Rathaus der Stadt Köln

Ausstellung 1990

Kazami
1996
130 x 150 cm
Drehergewebe
Chinesische Tusche

Kazami
Leno weave,
Chinese ink

Rosemarie Bühler

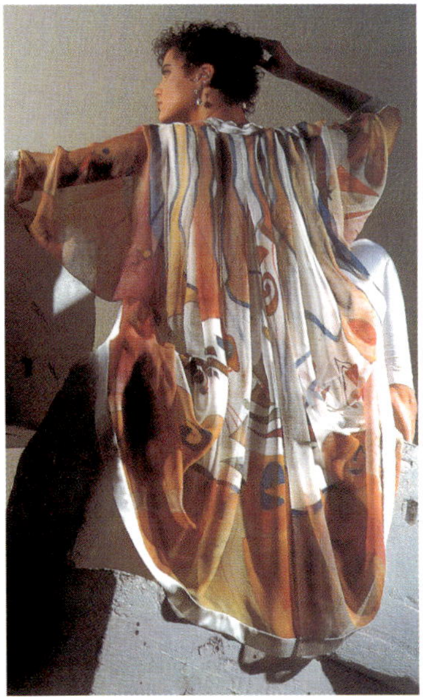

Abendmantel, 1986

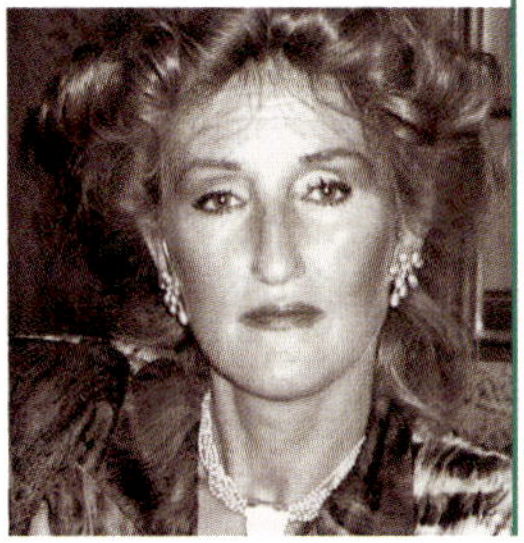

Franz-von-Kempis-Weg 56
D-53332 Bornheim-Walberberg

Tel. 02227. 92 68 15
Fax 02227. 18 08

*** 1938**
in Köln

1. und 2. Staatsexamen in den Fächern Kunsterziehung und Musik, Schuldienst

seit 1982
freiberuflich tätig als Malerin und Designerin

1986-95
'erbé' in der Kö-Galerie in Düsseldorf

Mitglied des BDK

Seit 1980
Ausstellungen und Modenschauen im In- und Ausland

Weste
1998
Seidenband und Organza
genäht auf Alginate Folie

Waistcoat
Silk ribbon and Organza
stitched on Alginate sheet

Fritz Donart

Wasserfall, 1983

Große Neugaße 14/7b
A-1040 Wien
Österreich

Tel. 0043. 1. 58 18 594
Fax 0043. 1. 58 18 594

*** 1946**
in Melk/Donau

Ausbildung als Maschinenbauingenieur

1972-73
Überlandreise Europa-Asien-Australien
Erlernen der indonesischen Batikkunst bei verschiedenen Lehrern in Java

1978
Gründung eines Batikateliers in Österreich

1978-80
Organisation von Tai Chi-Seminaren

1982
Anerkennung als bildender Textilkünstler durch die Republik Österreich

Diverse Einzel- und Gruppenausstellungen

Waldviertel
1997
64 x 49 cm
Batik

Wood-Quarter
Batik

Noel Dyrenforth

Plant Life, 1977

11 Shepherds Hill
GB-London N6 5QJ,
Großbritannien

Tel. 0044. 181. 34 80 956
Fax 0044. 181. 34 80 956

*** 1936**
in London

Kunststudium (Zeichnen, Textil-design und Keramik) an der Central School of Art am Goldsmith College und an der University of London
Besuch der John Cass School of Art

seit 1962
Arbeit mit Batiktechniken, Leitung von Batikkursen und Workshops

130 Ausstellungen,
inkl. 32 Einzelausstellungen, u.a.

1990
Museum van Bommel-van Dam, Niederlande

Guizhou Museum, China

1991
Comtemporary Crafts Gallery, Portland, USA

1993
Edwin's Gallery, Jakarta, Indonesien

1994
Crafts Council, London

1997
Dunia Batik Conference and Exhibition, Yogyakarta

Guizhou Museum, China

1998
Studio COM Gallery, Kyoto, Japan
Sinbikiya Gallery, Tokyo, Japan

Ankäufe u.a.
Victoria & Albert-Museum, London
National Museum, Melbourne, Australien

Publikationen
'Batik with Noel Dyrenforth'
John Houston, Orbis Publishing, London 1975

'The technique of Batik'
Batsford Publishing, London 1988
Neuauflage Paperback 1997

Relent
1998
97 x 127 cm
Batik, Baumwolle,
Reaktivfarbe
und Entfärber

Relent
Batik, Cotton,
reactive colour
decolourant

Ellen Eis

Heusenstammer Weg 61
D-63071 Offenbach

Tel. 069. 85 97 60

14755 Ventura Blvd.
Suite 1908
Sherman Oaks
CA 91403 U.S.A.

*** 1942**
in Offenbach

1963-68
Studium an der Hochschule für Gestaltung in Offenbach, Fachbereich Malerei und Textile Gestaltung bei Henri Gowa und Bert Evers

seit 1968
freischaffend tätig, lebt und arbeitet jedes Jahr 6 Monate in Kalifornien

seit 1970
internationale Ausstellungen

Publikation
JOY
Selbstverlag, Frankfurt 1994

Seidenjacke, 1982

Scarf
1997
120 x 260 cm
Seidenmalerei

Scarf
Painting on silk

Alicia Farkas

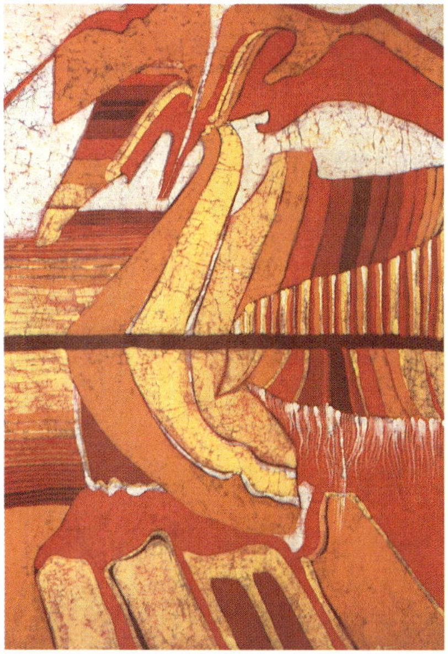

Intervalo Medio, 1980

Liniers 219 (5501)
Godoy Cruz
RA-Mendoza
Argentinien

Tel. 0054. 61. 24 94 03
Fax 0054. 61. 38 06 30

*** 1939**
in Mendoza, Argentinien

seit 1966
Fine Arts-Professor, Fachgebiet Malerei, Cuyo National University (UNC), Mendoza

seit 1968
Forschung und Ausübung diverser Batiktechniken

1985-98
Leiterin der Batik- und Textil-Design-Workshops (UNC)

1997
Dunia Batik Conference and Exhibition, Yogyakarta

1997
Internationale Batik-Ausstellung und Seminar in Guizhou, China

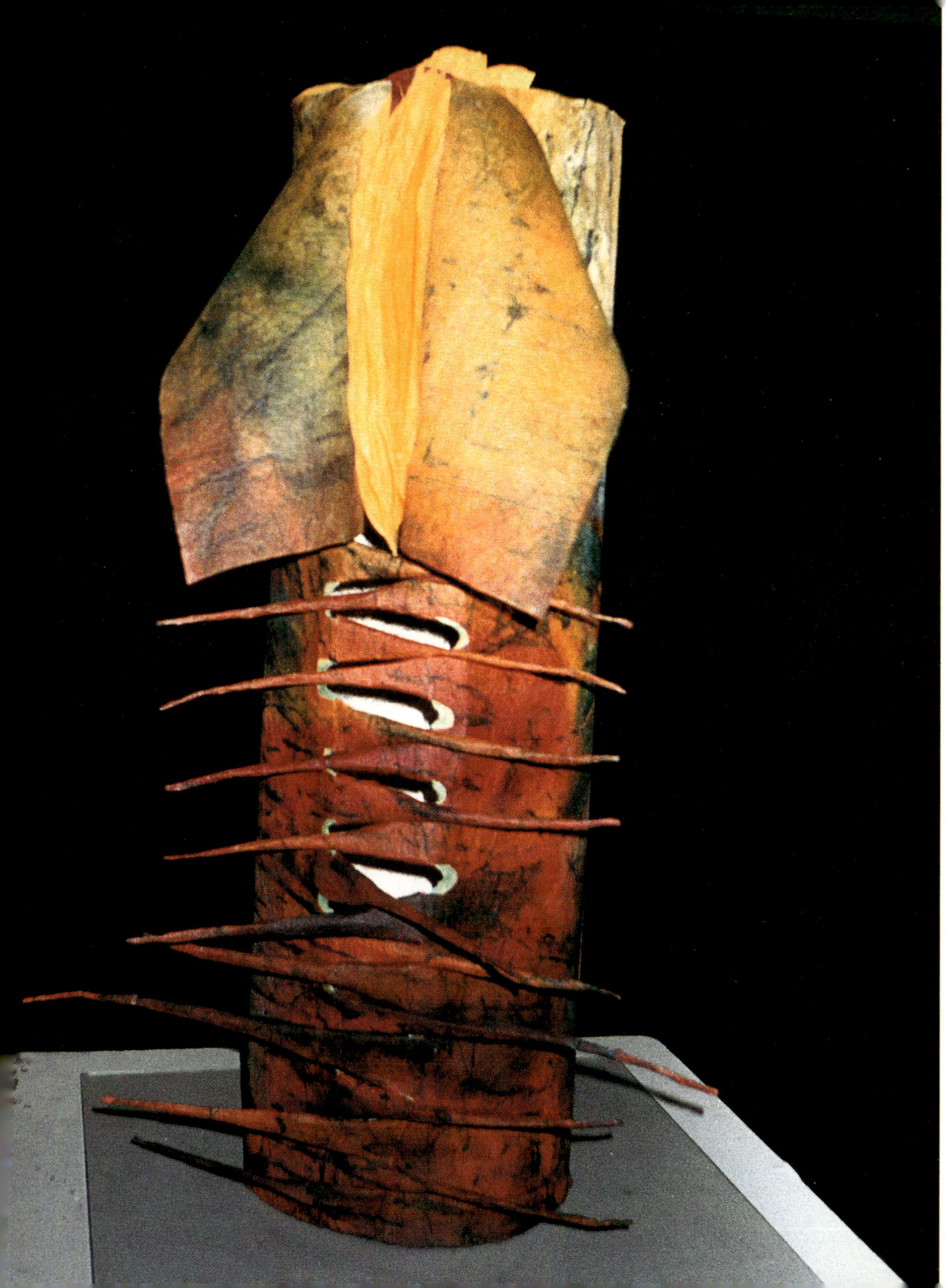

Progus
1996
40 x 20 x 65 cm
Batik auf Papier

Progus
Batik on paper

Mechthild Feuchtinger

Urbachmühle/Lorley
D-46348 Dörscheid

Tel. 06774. 14 25

*** 1946**
in Wuppertal

1965/66
Ausbildung zur Layout-Gestalterin

1966-71
Studium der Kunst- und Werkerziehung und Studium der Kunstgeschichte in Mainz

1972/76
Gymnasiallehrerin

1985/86
Zeitprofessur an der Johannes-Gutenberg-Universität Mainz, Fachbereich Textil

seit 1974
diverse Gruppen- und Einzelausstellungen, u.a. Teilnahme an:

'Erste Biennale der Deutschen Tapisserie' in München (1978)

'Experimentelle Gestaltung' in Sögel – Preis der Deutschen Kunsthandwerker (1978)

'Art Stuttgart' (1991)
Gemeinschaftsausstellung Wiesbadener Künstlerinnen – GEDOK (1995)

Barock-Bildteppich, 1976

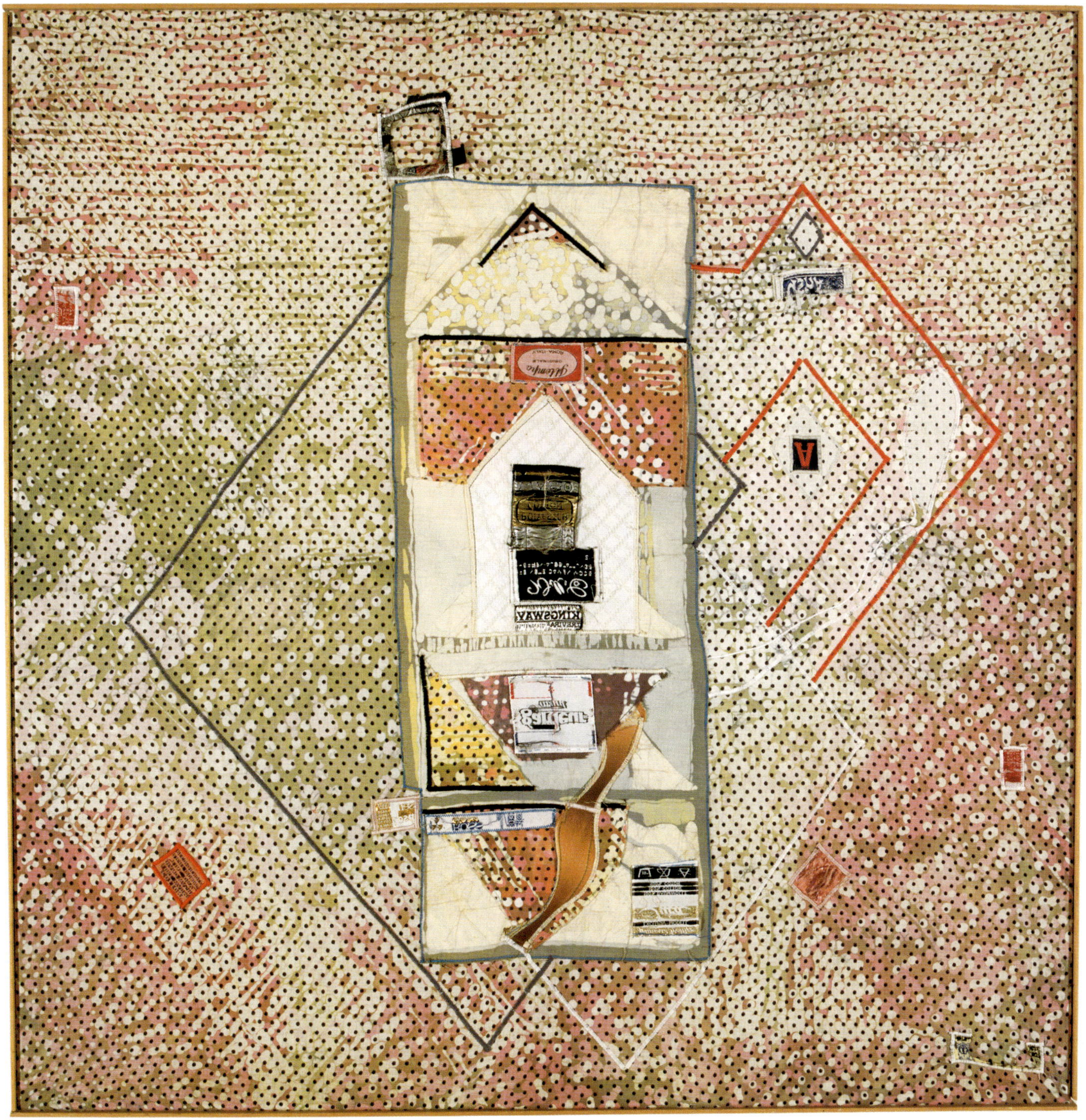

Strandgut, 1994, 205 x 160 cm, Reservetechniken, Applikation

Stranded Goods, Reservation-technique and application

Fukumoto Shigeki

Water Drops, 1983

35-4 Kitaenmachi
Nishinokyo
Nakagyo-ku
J-Kyoto 604-8462
Japan

Tel. 0081. 75. 46 39 555
Fax 0081. 75. 46 20 565

*** 1946**
in Kyoto, Japan

1970
M.F.A., Kyoto City University of Arts

1997
Professor, Osaka University of Arts

Einzel- und Gruppenausstellungen, u.a.

1984
38th Kyoto Prefectural Arts & Crafts Exhibition (Grand Prize)

1984-92
Exposition 'France-Japon', Grand Palais, Paris

1987
13th International Biennial of Tapestry, Lausanne

1992
15th International Biennial, Lausanne
7th International Triennale of Tapestry, Lodz, Polen

1995
Japanese Studio Crafts: Tradition and the Avant-Garde, Victoria & Albert Museum, London

1997
Dunia Batik Conference and Exhibition, Yogyakarta

Mitsu-Domoe
1994
88 x 88 cm
Roketsuzome
(Wachsreservage)
Faserreaktive Farben und
Blattplatin auf Baumwolle

Mitsu-Domoe
Roketsuzome
(Wax resist)
Fiber reactive dye and
platinum leaf on cotton

Brita Hansen

Ohne Titel, 1988

Auf der Höhe 46
D-50321 Brühl

*** 1955**
in Köln

1976-82
Studium Keramik/Bildhauerei Fachhochschule Köln

seit 1982
Kursleitertätigkeit in der Erwachsenenbildung

Seit 1982
Einzel- und Gruppenausstellungen in Europa und Amerika

Publikationen
'Handbuch der Seidenmalerei' DuMont-Verlag, Köln 1988

'Seidenmalerei und Modedesign' Falken-Verlag, Niedernhausen 1990

'Seidenmalerei leicht gemacht' Falken-Verlag, Niedernhs. 1993

Video 'Seidenmalerei leicht gemacht' Falken-Verlag, Niedernhausen 1994

'Klassische Muster' Augustus-Verlag, Augsburg 1994

'Seidenmalerei für Einsteiger' Augustus-Verlag, Augsburg 1995

'Seidenmalerei - Country- und Ethno-Motive' Augustus-Verlag, Augsburg 1996

'Seidenmalerei - Spiel mit Formen und Farben' Christophorus-Verlag, Freiburg 1997

Leuchtstoff
250 cm
1998
Weiße Farbe auf Seide

Leuchtstoff
White colour on silk

Ellen Harlizius-Klück

Gefallener Engel, 1992

Klever Straße 208
D-41464 Neuss

Tel. 02131. 82 37 5
Fax 02131. 84 02 68
e-mail
klueck@t-online.de

*** 1958**
in Neuss

Studium der Mathematik, Kunst und Philosophie in Siegen und Düsseldorf

1983
1. Staatsexamen

Ausstellungen

1989
'Quilt International'

1990
'Fabric Gardens'

1993
'Quilt-Biennale'

1995
Ent-Faltungen zu Velázquez, Clemens-Sels-Museum, Neuss

Seit 1996
Ausstellungen mit 'Eigenblut' Prod. in Neuss, Essen und Köln

1998
Walter Koschatzky-Preis zur Verwirklichung einer ganzheitlichen Buchidee für 'Ora Mariæ: Secretum explicandum'

Publikationen

'Der Platz des Königs: Las Meniñas als Tableau des klassischen Wissens bei Michel Foucault'
Wien 1995

'Der stets geteilte Ursprung und der Logos der stetigen Teilung', in 'Chaos, Wahnsinn: Permutationen der zeitgenössischen Kunst' Basel/Frankfurt am Main 1996

'Ora Mariæ: Secretum explicandum'
Siegendorf 1998

Matrix
1993
150 x 230 cm
Seidenfilz, Malerei, Handdruck,
Maschinenstickerei auf Nessel
(zweiseitige Arbeit)

Matrix
Felted silk, painting,
manuel printing,
machine embroidary
on nettle cloth
(two page work)

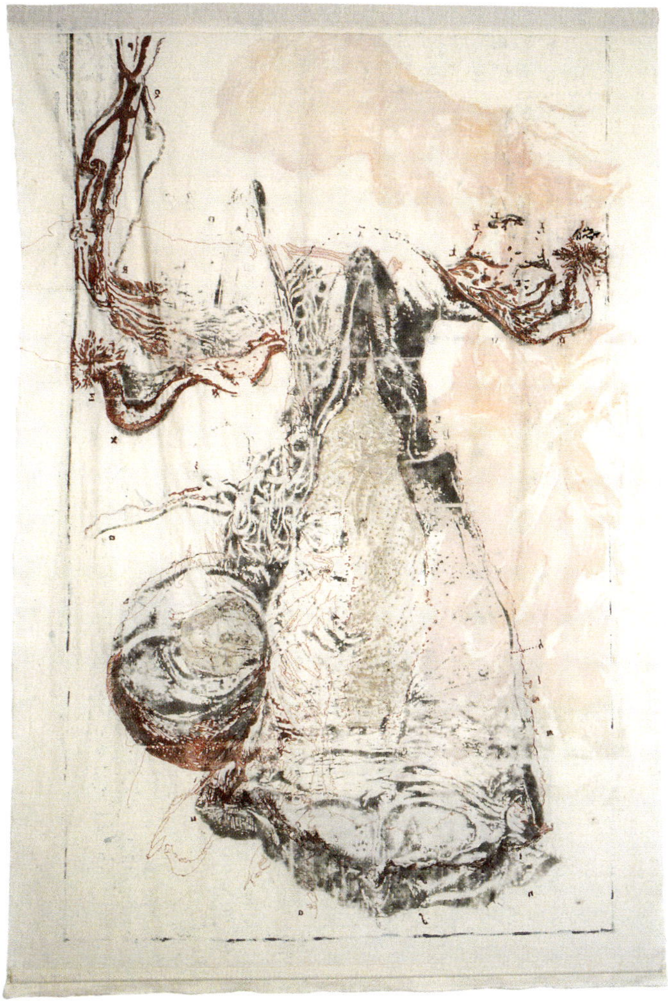

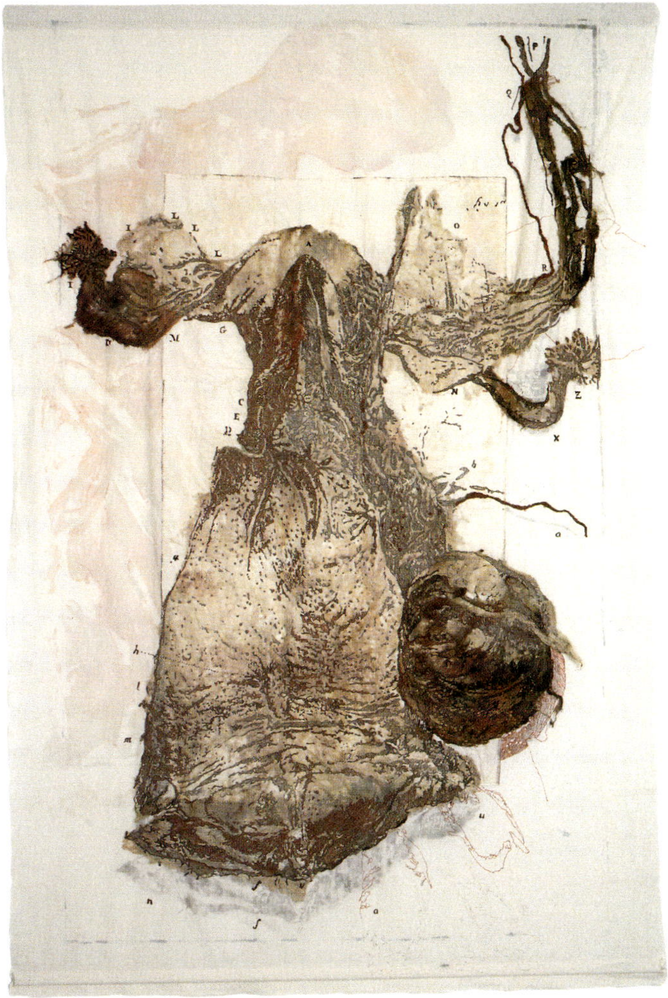

Ana Lisa Hedstrom

1420 45th Street
USA-Emeryville CA 94608

Tel. 001. 650. 94 90 761
Fax 001. 650. 94 90 761

*** 1943**
in Michigan, USA

Tätigkeit als Textildesignerin

Studienreisen durch Japan,
Südost-Asien und Indien

seit 1975
Arbeiten in der Shibori-Technik

1988
Auszeichnung: 'Ideacomo Award'
Fashion Foundation International
Textile Competition, Tokyo, Japan

Ausstellungen in den USA,
Europa und Asien

Ankäufe durch
'The American Craft Museum'
New York

'Cooper Hewitt Museum'
New York

Feathers, 1987

#3 Geometrische Serie
1998
Shibori

#3 Geometric series
Shibori

Julia Hill

Art & Textile Lab
112 Greene Street
USA-New York NY 10012

Tel. 001. 212. 96 60 378
Fax 001. 212. 43 16 412

*** 1947**
in Frankfurt

1963-69
Ausbildung als Buch- und Textilgestalterin

1970-71
Praktikum bei Liberty of London und Übersiedlung in die USA

1972-75
Studienreisen durch Südamerika und Europa

1983
Eröffnung eines Showrooms und Workshops in New York, Soho-District

seit 1975
Ausstellungen, u.a.
American Craft Museum, New York
Philadelphia Art Museum
Parrish Art Museum
Visual Art Center, Alaska
Museum of Modern Art, San Francisco
John Michael Kohler Art Center
Japan Museum, Texas
Detroit Museum of Continental Craft
The Intitute of Art, Kalifornien
Gulbenkian-Museum, Lissabon
International Art to Wear Exhibition, Kwangju, Korea

Collections-Verkäufe nach Europa, Asien und innerhalb der USA

Kimono 1981

American Velvet, 1985, Malerei auf Seide
American Velvet, 1985, Silkpainting

Susanne Hinz

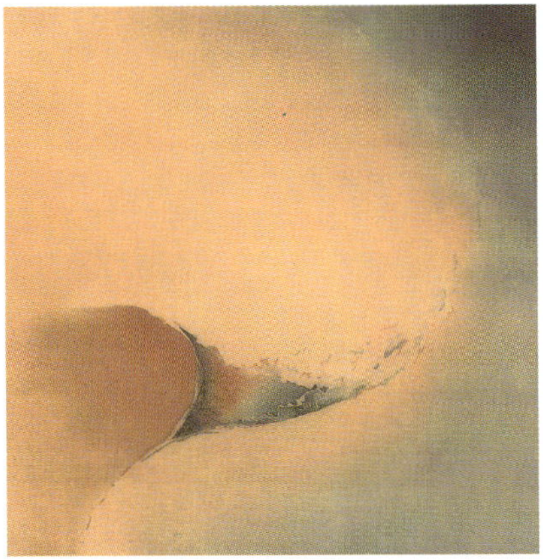

Von Innen, 1980

Marienplatz 17
D-52064 Aachen

Tel. 0241. 28 241
Fax 0241. 28 241

*** 1950**
in Kiel

1971-74
Studium Textilingenieurin/ Textilgestalterin an der Fachhochschule Niederrhein

1974-75
Studium Grafik-Design an der Fachhochschule Niederrhein

1976-84
Lehrauftrag für Textilgestaltung an der Pädagogischen Hochschule in Aachen

1988
Lehrauftrag an der Fachhochschule Niederrhein für Textilgestaltung und Seidenmalerei

seit 1978
eigenes Atelier in Aachen und freiberufliche Tätigkeit als Textildesignerin und Malerin

Seit 1979
Einzel- und Gruppenausstellungen

Publikation
'Seide und Farbe' von Susanne Hinz und Annette Pöllmann, Christophorus-Verlag, Freiburg 1988

Panneaux Spring
1996
90 x 260 cm
Malerei auf Seide
Ornamente - Aluminium poliert
Entwurf: Susanne Hinz
Ausführung:
Bronze-Atelier Mies van Gessel,
Vaals/NL

Panneaux Spring
Silkpainting
Ornament - Aluminium polished
Design: Susanne Hinz
Execution:
Bronze-Atelier Mies van Gessel,
Vaals/NL

Inge Hueber

Beckumer Straße 23
D-51109 Köln

Tel. 0221. 89 64 02
Fax 0221. 89 04 514
e-mail
Inge.Hueber@
NetCologne.de

*** 1943**
in Wismar/Mecklenburg

1962 - 1965
Pädagogikstudium Universität München (Schwerpunkt Kunst)

1965 - 1980
Lehrerin an einer Kölner Grundschule

seit 1980
freiberuflich tätig

Mitglied der GEDOK Köln
Gründungsmitglied der Gruppe QUILT ART

Zahlreiche Gruppen- und Einzelausstellungen

Vorträge in Europa, USA, Neuseeland, Australien und Japan

1991
Staatspreis des Landes Nordrhein-Westfalen

Ankäufe
Textilmuseum Max Berk, Heidelberg
Sammlung Marc Grainer, London/USA

Publikation
'Lichtblicke'
Verlag Galerie Smend, Köln 1992

Rainbow Rhythm, 1991

Motion/Emotions
1997
200 x 200 cm
Quilt, selbstgefärbte Baumwolle

Motion/Emotions
Quilt, home-dyed cotton

Paola Incze

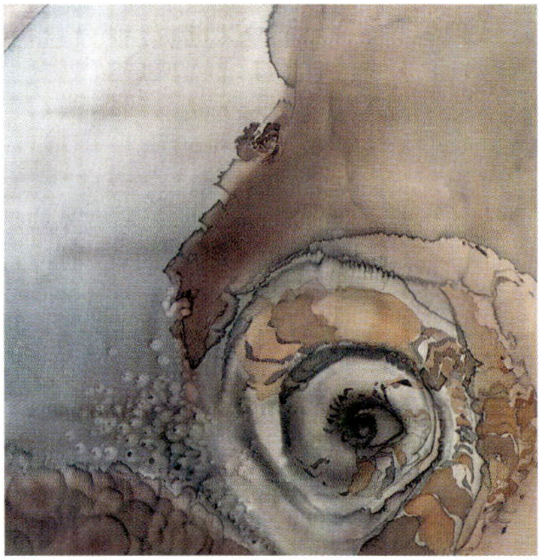

Ohne Titel, 1986

Teutoburger Straße 6
D-50678 Köln

Tel. 0221. 37 21 60
Fax 0221. 33 19 106

*** 1941**
in Wengern

Ausbildung als Dekorateurin

1959-61
Modegraphik

1962-65
Textildesign bei Frau Prof. Hitzberger an der Folkwangschule in Essen

1966-82
Designerin im Wohn- und Einrichtungsbereich für den Kaufhof Konzern, Köln

seit 1983
freiberuflich tätig im eigenen Atelier, Kursleiterin im In- und Ausland

Einzel- und Gruppenausstellungen

Publikationen
'Creationen in Seide' Christophorus-Verlag, Freiburg 1989

'Raum und Seide' Christophorus-Verlag, Freiburg 1993

'Künstlerische Seidenmalerei' Augustus-Verlag, Augsburg 1994

'Mode mit Tüchern' Augustus-Verlag, Augsburg 1997

Transparenz
1998
Stoffdesign Paola Incze
Schnittdesign Gudrun Lohner
Produktion Polo's for You

Transparency
Farbric design Paola Incze
Cut design Gudrun Lohner
manufacturer Polo's for You

Marija Jenko
Almira Sadar

Marija Jenko
Pestotnikova 6
Sl-1210 Ljubljana
Slowenien

Tel. 00386. 61.15 21 810
Fax 00386. 61.12 53 175
e-mail
Marija.Jenko
@NTFTex.Uni-LJSl

Almira Sadar
Medvedova 19
Sl-1000 Ljubljana
Slowenien

Tel. 00386. 61. 13 22 411
Fax 00386. 61. 12 53 175
e-mail
Almira.Sadar
@NTFTex.Uni-LJSl

Marija Jenko

*** 1961**
in Ljubljana

1985
Abschluß des Studiums an der Fakultät für Architektur in Ljubljana

1986
Abschluß des Studiums an der Kunstakademie in Ljubljana

1988
Studium an der Hochschule für Angewandte Kunst in Helsinki, Finnland

1990
Abschluß der Meisterklasse an der Akademie für Bildende Künste in Ljubljana

Dozentin für Textilgestaltung

Almira Sadar

*** 1963**
in Slovenj Gradec

1986
Abschluß des Studiums an der Textilfakultät, Richtung Kleidungs-Gestaltung, Ljubljana

1987
Abschluß des Studiums an der Fakultät für Architektur in Ljubljana

1994
Abschluß der Meisterklasse an der Akademie für Bildende Künste in Ljubljana

Assistentin im Fach Kleidungs-gestaltung

Tekstilna telesa I.
Textile Körper I. 1995

Hüte
1996
9 Objekte,
50 x 50 cm
Stroh

Hats
Straw

Kajiwara Shinzo

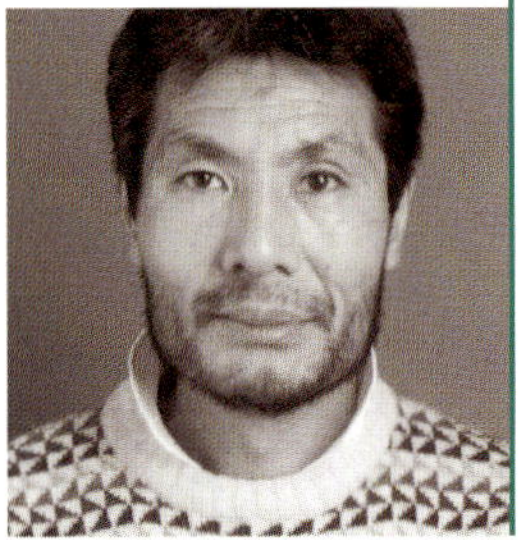

*** 1946**
in Tokyo

Professor für Textilgeschichte, Weben und Textilfärbetechniken an der Tamagawa Universität, Tokyo

Einzelausstellungen in Japan, Schweiz, Belgien und Deutschland

Tamagawa University
Tamagawa Gakuen 6 - 1 - 1
J-Machida Tokyo 194-0041
Japan

Tel. 008. 427. 39 80 90
Fax 008. 427. 39 80 90

Double Wishes II, 1990

Hesitation II, 1996, 2 x 89 x 205 cm
Hesitation II

Katazome auf Seide, Chinesische Tusche, Pflanzenfarben und Platin
Katazome on silk, Chinese ink, natural colours and platinum

Kobayashi Shoukoh

33-13 Nibanwari, Gokasho
J-UJI, Kyoto 611-0011
Japan

Tel. 0081. 774. 320. 158
Fax 0081. 774. 320. 158

*** 1955**
in Kyoto

Abschluß an der Osaka University of Arts im Färben und Weben Lehrer für Textil-Design an der Kyoto Seika University und Kunstlehrer an der Kyoto University of Education

Einzel- und Gruppenausstellungen in Europa und Japan, u.a.

1991
'15. Biennale Internationale de la Tapisserie' Lausanne

1992
'International Textile Fair' (ITF), Japan
'Kyoto Crafts Biennale' Kyoto, Japan

Preise

1990
'Kyoto Prefectual Award for Excellence', 1. Selected Arts & Crafts Exhibition

1991
'Tokyo Prefectual Governor's Award', 1. Nikoh-Kai Exhibition

1992
'Award for Excellence', Kyoto Arts and Crafts Biennale

Nachhall des Windes, 1991

Windy - 96 - I
1996
80 x 180 cm
Traditionell japan. Techniken:
"Makiro" (Wachsreservage),
"Bokashi-Zome" (Färbetechnik)

Windy - 96 - I
Traditional Japanese techniques:
"Makiro" (Special wax-reserve technique),
"Bokashi-Zome" (dye technique).

Astrid Kohlstedt-Garbers

Ablauf, 1982

Am Petersberg 15
D-21407 Deutsch-Evern

Tel. 04131. 79 16 92

*** 1959**
in Lüneburg

1978 - 1985
Studium an der Hochschule für Bildende Künste Hamburg

seit 1985
freischaffend tätig
Mitglied der GEDOK Hamburg
Mitglied im BBK Lüneburg
Mitglied der ADK Schleswig-Holstein

Zahlreiche Gruppen- und Einzelausstellungen, u.a.

1990
V. Triennale ‘Zeitgenössisches deutsches Kunsthandwerk’, Museum für Kunsthandwerk, Frankfurt a.M.

1991
Grassi-Museum, Leipzig
Kestner-Museum, Hannover

1993
Museum im Schwedenspeicher, Stade

1994
Handwerksform, Hannover
Struktur-Form-Farbe ‘94, Schloß Reinbeck

1995
Grenzbereiche der Funktion, Galerie Handwerk Koblenz

1996
Landeshaus, Kiel
Museum für Kunst und Gewerbe, Hamburg

1997
Triennale des norddeutschen Kunsthandwerks
Schloß Güstrow, Güstrow
Schloß Gottorf, Schleswig
Herbst-Zeitlos, Schloß Reinbek, Hamburg
Schloß Holdenstedt, Uelzen

Ablauf
1997
60 x 180 x 8 cm
Gehärtete Seide,
handgefärbt

Drain
hand-dyed laminated silk

Ella Koopman

Ella textile art
Wisselstraat 1 a
NL-1621 CT Hoorn
Niederlande

Tel. 0031. 229. 21 67 18
Fax 0031. 229. 23 67 04
e-mail
ceveelen@wxs.nl

*** 1947**
in Dordrecht/NL

Studium an der Akademie für Bildende Kunst in Rotterdam

seit 1985
freischaffend als Textilkünstlerin

Gruppen- und Einzelausstellungen

Stoffentwürfe für Jean Charles de Castelbajac, Louis Féraud und Claude Montana

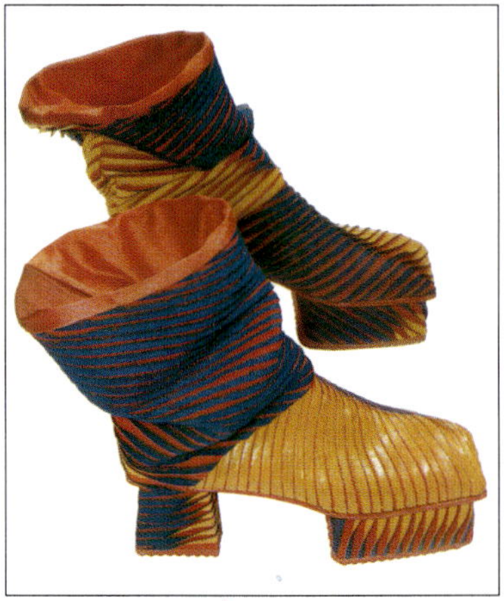

Boots, 1994

Ohne Titel
1996
400 x 200 cm
Transparentes Polyestergewebe, strukturiert, bemalt

Untitled
Transparent polyester-fabric, structured, painted

Brigitte Kramer-Peters

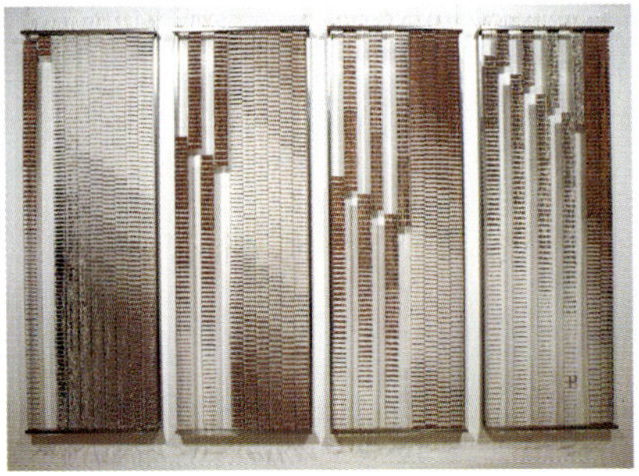

Koloratur, 1993

In der Schlade 35
D-51467
Bergisch Gladbach

Tel. 02202. 39 568

*** 1944**
in Velbert

seit 1968
freischaffend

1972 - 1986
Dozentin am Regional-pädagogischen Institut Köln

Mitglied der GEDOK Köln
AKK Köln (bis 1997)
ADK Düsseldorf
BK Frankfurt

1993
Staatspreis des Landes Nordrhein-Westfalen

Auftragsarbeiten und Ankäufe in privatem und öffentlichem Besitz

Ausstellungen (Auswahl)
Klingenmuseum Solingen

I. Textilbiennale, München

III. Textilkunstbiennale, Szombathely, Ungarn

Galerie Malten, Dortmund

'manu factum', Düsseldorf, Zons, Wesel, Düsseldorf

'Europäisches Kunsthandwerk '88', Stuttgart

'World Tapstry Today' in Melbourne, Chicago, Memphis, New York, Heidelberg, Aubusson

'Tapisserien des 20. Jahrhunderts', Baukunstgalerie, Köln

'Fiberart International '89', Pittsburg, USA

Textilmuseum Max Berk, Heidelberg

'Fantasie und Form II', Reißmuseum, Mannheim

Russia Museum, Moskau

Städt. Galerie Peschkenhaus, Moers

Galerie Lörx, Xanten

Städt. Galerie im Park, Viersen

Nordstern Han, Karaköy, Istanbul

Saarländisches Künstlerhaus Saarbrücken

Türkis geschöpft
1997
je 56 x 185 cm
Organische Fasern,
Eisendrähte und Polyamide,
handgeschöpftes Papier,
in Stahlplatten gehängt

Scooped Turquoise
Organic fibre, iron wire
and polyamids,
Bütten rag paper,
suspended on steel-sheets

Doris Kürten

Butenfeld 4
D-22529 Hamburg

Tel. 040. 56 07 406
Fax 040. 56 05 132
e-mail
kuerten.hamburg@
t-online.de

*** 1944**
in Bielefeld

1964
Studium an der Textilingenieur-schule Krefeld

1967-69
Designerin der Textilindustrie

seit 1970
selbständig im Bereich
Textil - Kunst - Design

Einzelausstellungen und Ausstellungsbeteiligungen im In- und Ausland

Ankäufe
Museum für Kunst und Gewerbe, Hamburg
Senat der Freien und Hansestadt Hamburg
Privatsammlungen

Eukalyptus, 1986

Gegensätze
Schwarz/Weiß
1996
je 100 x 120 cm
Leinwände und Seide

Contrast
Black/White
Canvas and silk

Wilma Kuil

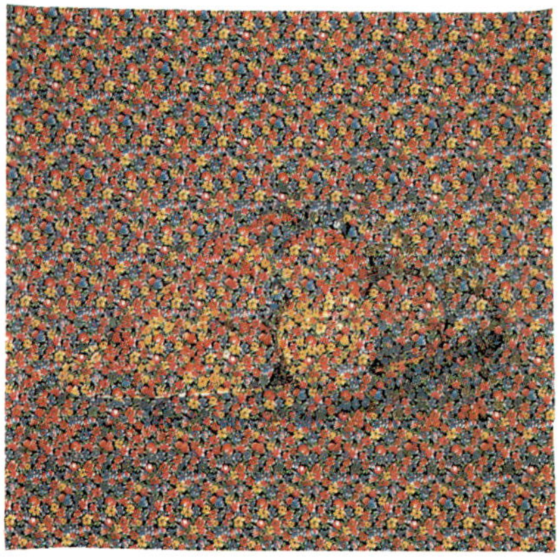

The big swing, 1991

Westlandseweg 250
NL-3131 HX Vlaardingen
Niederlande

Tel. 0031. 10. 43 58 072
Fax 0031. 10. 23 40 372

*** 1949**
in Vlaardingen

1966-72
Academy of Fine Arts Rotterdam

1969-70
Konstfackskolan
Stockholm/Schweden

Zahlreiche Gruppenausstellungen
Einzelausstellungen, u.a.

1990
Grand Palais , Paris

1990
Kapelhuis, Amersfoort

1991
Nederlands Textielmuseum,
Tilburg

1991 und 1996
Galerie Cokkie Snoei, Rotterdam

1996
Stedelijk Museum, Schiedam

Ankäufe
Dutch Textilemuseum Tilburg

Ministry of foreign affairs
Caldic collection Rotterdam

Rabobank Nederland

Stedelijk Museum Amsterdam

Rijksdienst beeldende kunst

The Haque Museum Boijmans
van Beuningen Rotterdam u.a.

Eurhythmics, 1997, 40 x 40 cm, Stoff/Leinwand
Eurhythmics, fabric on canvas

Lee, Jung-sook

Open Window III, 1995

17-105, AID Apt.
Samsung-dong,
Kangnam-Ku
ROK-135-090 Seoul
Korea

Tel. 0082. 2. 970. 5731
Fax 0082. 2. 970. 5701

*** 1946**
in Seoul

Kunsthochschule,
Seoul Nationaluniversität (B.F.A.)
Graduate School,
Seoul Nationaluniversität (M.F.A.)
Graduate School,
Kunsthochschule Chicago, USA (M.F.A.)
Professor für Textilkunst, Seoul Frauen Universität

Zeitgenössische Koreanische Metall- und Textilkunst-Ausstellung (USA, Kanada)
Koreanische Textilkunst Heute (Seoul, Tokyo, New York, Los Angeles, Paris)
Moderne Kunstausstellung (Museum für zeitgenössische Kunst, Korea)
7. Koreanische Textilkunst-Biennale, Galerie Smend, Köln

Open Window IV
1996
108 x 106 cm
Karton und Stoff, geklebt

Open Window IV
Glued cardboard and fabric

Hermine Lewiszong

Transformatie II, 1983

Hooistraat 3
NL-6651 AC Druten
Niederlande

Tel. 0031. 487. 51 52 07

*** 1947**
in Druten

1965-69
Lehrerausbildung Zeichnen/Textil

1976-79
Lehrerausbildung Textil

1980 und '82
Studienreise nach Indonesien

1984
Studienreise nach Indien

Seit 1982
Einzel- und Gruppenaustellungen im In- und Ausland, u.a.

1982
Kunsthistorisch Instituut, Nijmegen

1984
Textil Museum Tilburg

1985
Museum Swaenestijn, Voorburg

1990
Casarsa della Delizia, Udine, Italien

1993
KCB, Bergen (N.H.)

1998
Museum Kasteel Wÿchen

Ladakh
1985
60 x 86 cm
Seide, Baumwolle,
Papier, Wachs

Ladakh
Silk, cotton, paper, wax

Ingeborg Lorenz

21 Schlangen (dreiteilig), 1988

Schopenhauerstraße 7
D-90409 Nürnberg

Tel. 0911. 35 96 04

*** 1955**
in Nürnberg

1976-80
Fachhochschule Münchberg

1980-86
Akademie der bildenden Künste Nürnberg, Prof. Eusemann

1986
Debütantenpreis des Freistaates Bayern

1987
1. Preis der V. Deutschen Biennale der Textilkunst, Krefeld

1991
Förderpreis des Förderkreises Bildende Kunst, Nürnberg e.V.

Zahlreiche Gruppen- und Einzelausstellungen

Publikation
Inge Lorenz (Katalog), Nürnberg, 1987

Ohne Titel
1997
Maße 220 x 85 x 5 cm
Stoff, gewebt

Untitled
Woven fabric

Henk Mak

Beyond the Rational, 1987

Bloklandstraat 159
NL-3036 TH Rotterdam
Niederlande

Tel. 0031. 10. 46 52 240

*** 1947**
in Meppel/NL

Autodidakt

seit 1972
freiberuflich als Batikkünstler tätig

Kulturreisen nach Indonesien, China und Amerika

seit 1983
Malerei auf Seide

Leitung von Kursen und Workshops

Ausstellungen in Holland, Australien und Indonesien

Tumble Weeds
1997
140 x 55 cm
Malerei und Wachsarbeit
auf Seide

Tumble Weeds
Painting and Waxwork
on silk

Ulla Matten

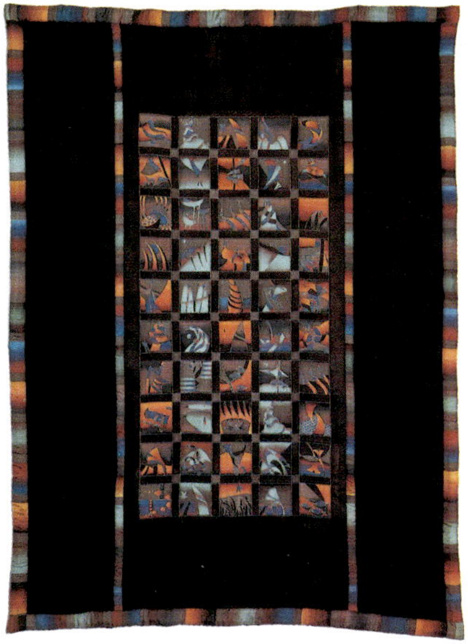

Decke, 1986

Wiesenstraße 7
D-54679 Niederroßbach

Tel. 02664. 79 92
Fax 02664. 61 93

*** 1945**
in Bad Marienberg

Lehramtsstudium mit Wahlfach Kunst

seit 1974
Beschäftigung mit Batik

seit 1981
intensive Auseinandersetzung mit Seidenmalerei und Applikation

1988-95
Studium

1995
Magister in Kunstgeschichte, Archäologie, Mittlerer und Neuerer Geschichte

1989
Staatspreis des Landes Rheinland-Pfalz

seit 1976
zahlreiche Einzel- und Gruppenausstellungen

Seidenraupen-Mutation
1997
280 x 300 cm
Seide, geklebt, genäht (Ausschnitt)

Silkworm Mutation
Glued and stitched silk (Detail)

Petra Mattern-Held

Gasteiner Straße 33
D-10717 Berlin

Tel. 030. 87 31 092
Fax 030. 87 31 092

*** 1950**
in Düsseldorf

1970-78
Studium an der Hochschule der Künste in Berlin

1979-84
Lehrauftrag für das Fach Textilgestaltung an der Hochschule der Künste in Berlin

1979
1. Preis des Landes Berlin für das gestaltende Handwerk

Einzel- und Gruppenausstellungen

Publikation
'Patchwork-Quilt, Geschichte und Formentwicklung'
Schaper-Verlag, Alfeld 1981

Installation mit 9 Tüchern, 1993

Ohne Titel
1997
24 x 154cm
Malerei auf Seide

Untitled
Silkpainting

Gisela Meyer-Hahn

Aquarell, 1982

Hogenkamp 1
D-25421 Pinneberg

Tel. 04101. 69 31 86
Fax 04101. 69 31 88

*** 1952**
in Lauterbach/Oberhessen

1974
Studienabschluß an der FHS Wiesbaden als Diplom-Designer, Fachbereich Gestaltung

1974-81
Tätigkeit als Innenarchitektin im raumbildenden Innenausbau

seit 1982
freiberuflich tätig, Seminararbeit im In- und Ausland

1982 -84
Teilnahme an den 'Salzburger Seminaren für Farbe + Umwelt', Prof. Dr. Heinrich Frieling

1991
1. Preis 'I&I'
Design-Center Stuttgart

seit 1994
Initiatorin der internationalen Veranstaltungen zum Thema 'Verständigung im Ostseeraum – Die Farbe BLAU als kulturelle Brücke' in Kiel, Travemünde und Pinneberg

Mitgliedschaft in
FICF Paris
GEDOK Hamburg
ADK Hamburg
Deutsches Farbenzentrum Berlin
ETN Netzwerk Textil

seit 1982
zahlreiche Einzel- und Gruppenausstellungen im In- und Ausland

seit 1987
Auftragsarbeiten für Innen- und Außenräume, u.a.
Textile Installationen für die Messe Frankfurt
Lichtsegel für die Deichtorhallen Hamburg
'Farbwelle' und Rahmengestaltung zur Kieler Woche, Kiel
Einkaufszentrum 'Bazaar de Cologne', Köln
'Kunst am Bau', u.a. im Landtag Kiel und in Krankenhäusern in Kiel und Wede

1998
Performance 'Polaritäten' mit Auftritt in der Neuen Nationalgalerie Berlin

Kuppelobjekt
1995
Deckenobjekt mit Aluminiumkonstruktion, drehbar, beweglich
1000 Stäbe, mit Seidenschläuchen überzogen, 100 Farbnuancen
(Hanseviertel, Hamburg)

Dome-Objekt
Pivoted ceiling object of 1.000 rods made of aluminiumlined with silk hoses, a 100 color shades

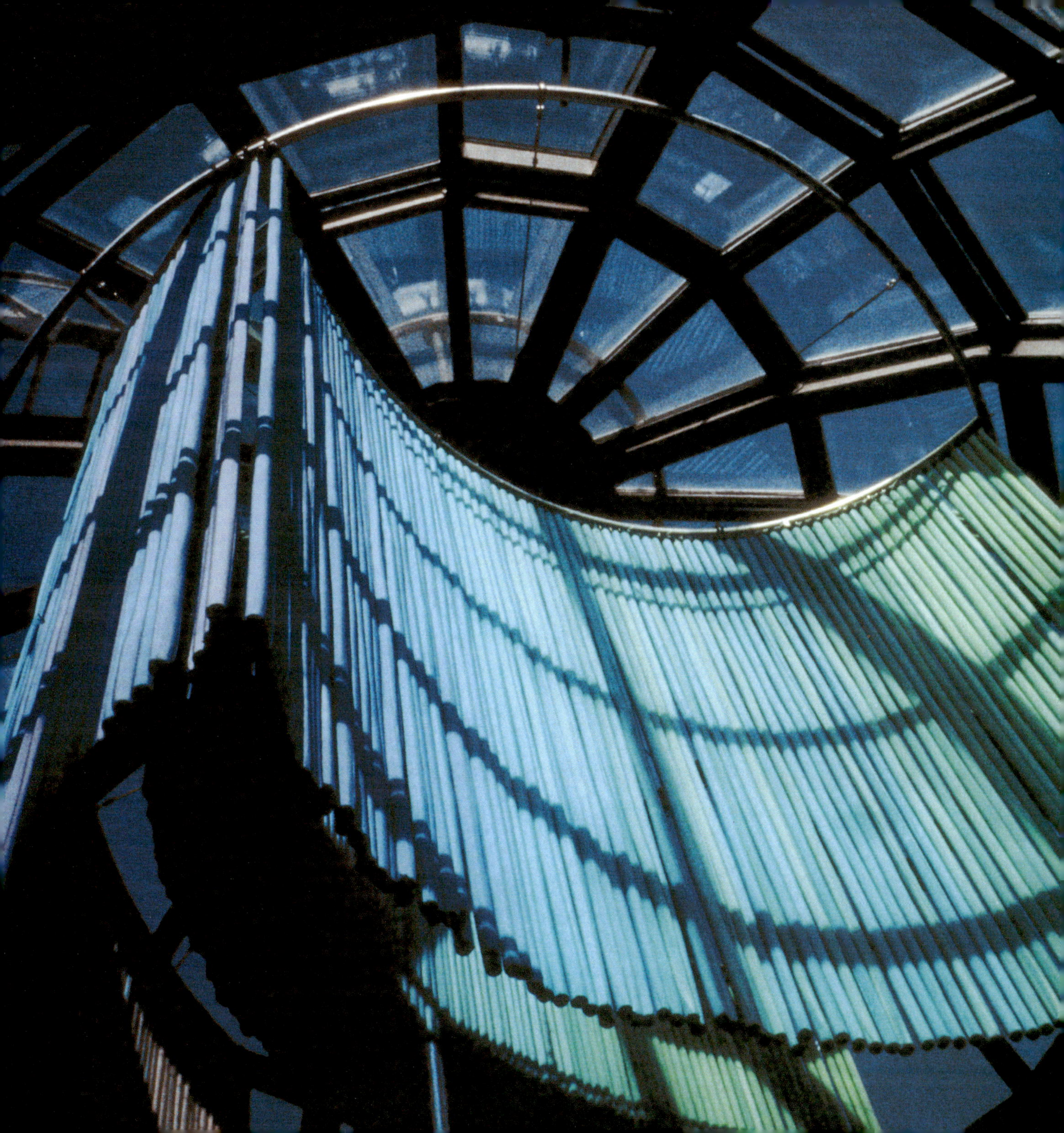

Mascha Mioni

Chilerai 46
Ch-8602 Wangen
Schweiz

Tel. 0041. 1. 83 30 416
Fax 0041. 1. 83 30 416
e-mail
info@inexsys.ch

*** 1941**
in Zürich

Autodidaktische Ausbildung für Malerei

1959
Eidg. Couture-Diplom

1960-62
Studienaufhalte in Paris, England und Florenz

seit 1986
Arbeiten auf Seide

1989
Initiierung und Mitbegründung des ART to WEAR-Teams

1996
Gründung des Greina Verlages zur Veröffentlichung von Büchern über Textilkunst

seit 1977
Ausstellungen in der Schweiz, Deutschland und den USA, u.a.

1988
Galerie Del Mese, Meister-schwanden (CH)

1991
Textilmuseum St. Gallen (CH)

1992
Schweinfurth Art Center, Auburne (USA)

Publikation
'Art to Wear' Greina Verlag, Wangen 1995

Dress for Eternity, 1995

Feuer
1997
Ensemble
(Kleid und Cape)

Fire
Ensemble
(Gown and Cape)

Ohne Titel
1997
Seidenjersey,
bemalt und
mehrschichtig gefärbt

Untitled
Paint on silkjersey, dyed several times

Veronika Moos-Brochhagen

Seitenobjekt, 1988

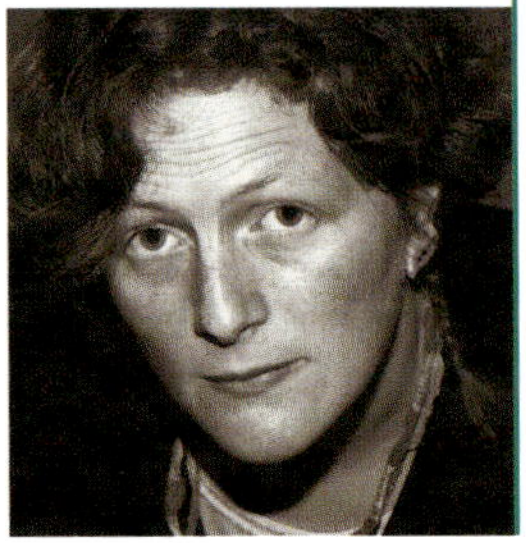

Kornstraße 22
D-51427
Bergisch Gladbach

Tel. 02204. 62 424
Fax 02204. 62 424

*** 1961**
in Bensberg

1982-88
Studium der Germanistik und Kunsterziehung in Paderborn, Essen und Mainz,
Studium der Freien Bildenden Kunst mit Diplom-Abschluß an der Universität Mainz

1989-92
Lehrauftrag an der Johannes-Gutenberg-Universität Mainz, Fachbereich Textil

Freischaffende Künstlerin

1989
Förderpreis für das Kunsthandwerk des Landes Rheinland-Pfalz

Zahlreiche Ausstellungen und Ausstellungsbeteiligungen im In- und Ausland

'manu factum' 1989, 1991 und 1993

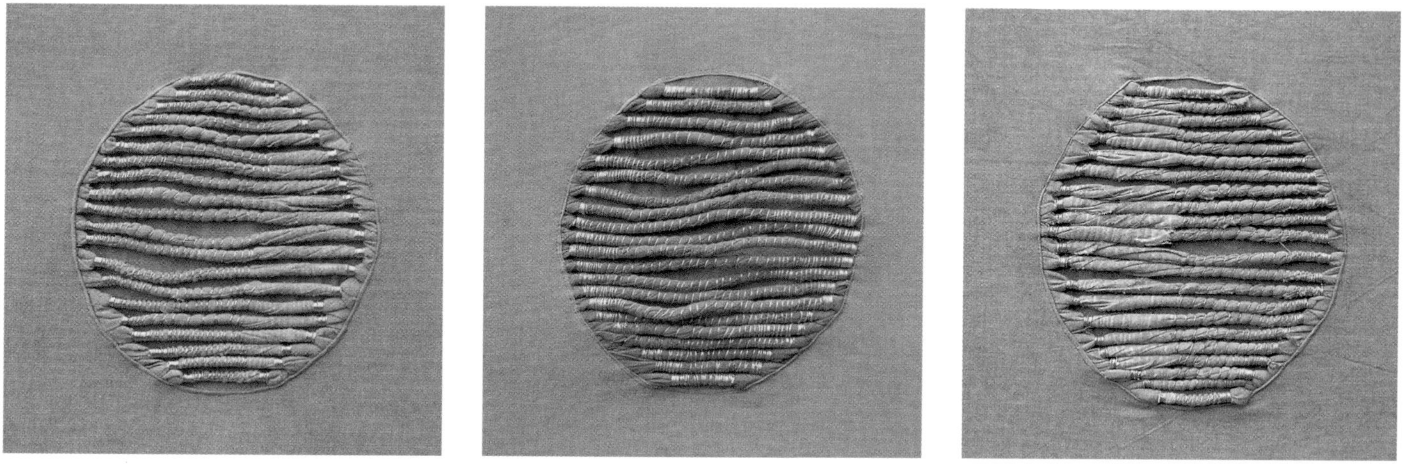

Verdrahtete Planeten
1997
je 45 x 45 cm
Modifiziertes Reserve-Verfahren (Shibori)

Wired Planets
Adjusted wax-reserve technique (Shibori)

Ursula Müller-Stellflug

Mantel, 1989

Am Rohhammer 28A
D-58515 Lüdenscheid

Tel. 02351. 78 61 11
Fax 02351. 78 61 22
e-mail
100112.2610@
compuserve.com

*** 1959**
in Lüdenscheid

1979-84
Studium der Textilgestaltung und Physik in Köln

1984-87
Berufsausbildung zur Damenschneiderin

1989
2. Staatsexamen für das Lehramt der Sekundarstufe I

seit 1990
freischaffend

Beteiligung an Gruppenausstellungen sowie Einzelausstellungen

'manu factum' 1995 und 1997

Ohne Titel
1998
150 x 200 cm
Baumwollgewebe
Polyvenyl beschichtet

Untitled
Polyvinyl laminated
cotton

Ute Patel-Missfeldt

Wattierte Weste, 1989

Schloß Grünau
D-86633 Neuburg

Tel. 08431. 49 250
Fax 08431. 40 711

*** 1940**
in Bremerhaven

1957-60
Graphische Ausbildung

1972-77
Fachlehrerin im Lehrfach Kunst

1978-86
Intendantin Österreichischer Festspiele
Kostümbildnerin

Lehrauftrag an der Universität Bhavnagar/Indien

Gründungsmitglied des Seidenkunstvereins
Schirmherrin des 1. Seidenkongresses in Bad Honnef

Zahlreiche Einzel-Ausstellungen im In- und Ausland und auf MS Europa

Publikationen
1986 'Träume auf Seide'
1987 'Malen auf Seide -Die neue Technik'
1989 'Blüten auf Seide'
1990 'Aquarelle auf Papier und Seide'
'Seidenmode mit Phantasie'
1991 'Seidenmalerei nach Motiven des Jugendstils'
1992 'Ornamentale Seidenmalerei'
'Seidenmalerei nach indischen Motiven'
'Herbstlandschaften'
1993 'Meisterschule Seidenmalerei'
1994 'Blütenträume'
'Blumen und Poesie'
'Florale Seidenmalerei'
'Meine schönsten Muster'
'Seidenkragen – traumhaft bemalt'
1995 'Jugendstil – Seidenmalerei'
1996 'Seidenkatzen'
'Seidenmalerei/Jugendstil-Motive'
1997 'Meisterschule der Seidenmalerei' (Video)
'Meine Farbenlehre'
'Harmonielandschaften'

sowie zahlreiche weitere Veröffentlichungen

Päonien, 1997, 50 x 60 cm, Doppelseidentechnik

Paeonia, Double silk technique

Annette Pöllmann

Schillerstraße 98
D-47799 Krefeld

Tel. 02151. 25 593

*** 1926**
in Iserlohn

Studium Textilkunst an der Textilingenieur-Schule in Krefeld und Freie Graphik an der Staatl. Kunstakademie, Düsseldorf Abschluß 'Meisterschülerin' – Freie Grafik bei Prof. Sackenheim

Lehrtätigkeit im Schwerpunkt Textilgestaltung an der Fachhochschule Niederrhein

Freischaffende Malerin

Einzel- und Gruppenausstellungen im In- und Ausland

Publikation
'Seide und Farbe' von Annette Pöllmann und Susanne Hinz, Christophorus-Verlag, Freiburg 1988

Splitter, 1987

Solo, 1992, 90 x 90 cm, Malerei auf Seide

Solo, Silkpainting

Marlies Raasch

Jacobstraße 2
D-04105 Leipzig

Tel. 0341. 98 32 160

*** 1953**
in Pritzwalk

Autodidaktin

1980-89
Kostümwerkstätten, Städtisches Theater Leipzig

seit 1992
Auseinandersetzung mit der Malerei auf Seide

1994-95
Textilrestaurierung, Grassi-Museum für Kunsthandwerk, Leipzig

seit 1997
freiberuflich tätig

Gruppen- und Einzelausstellungen

Räumliche Installation, 1993

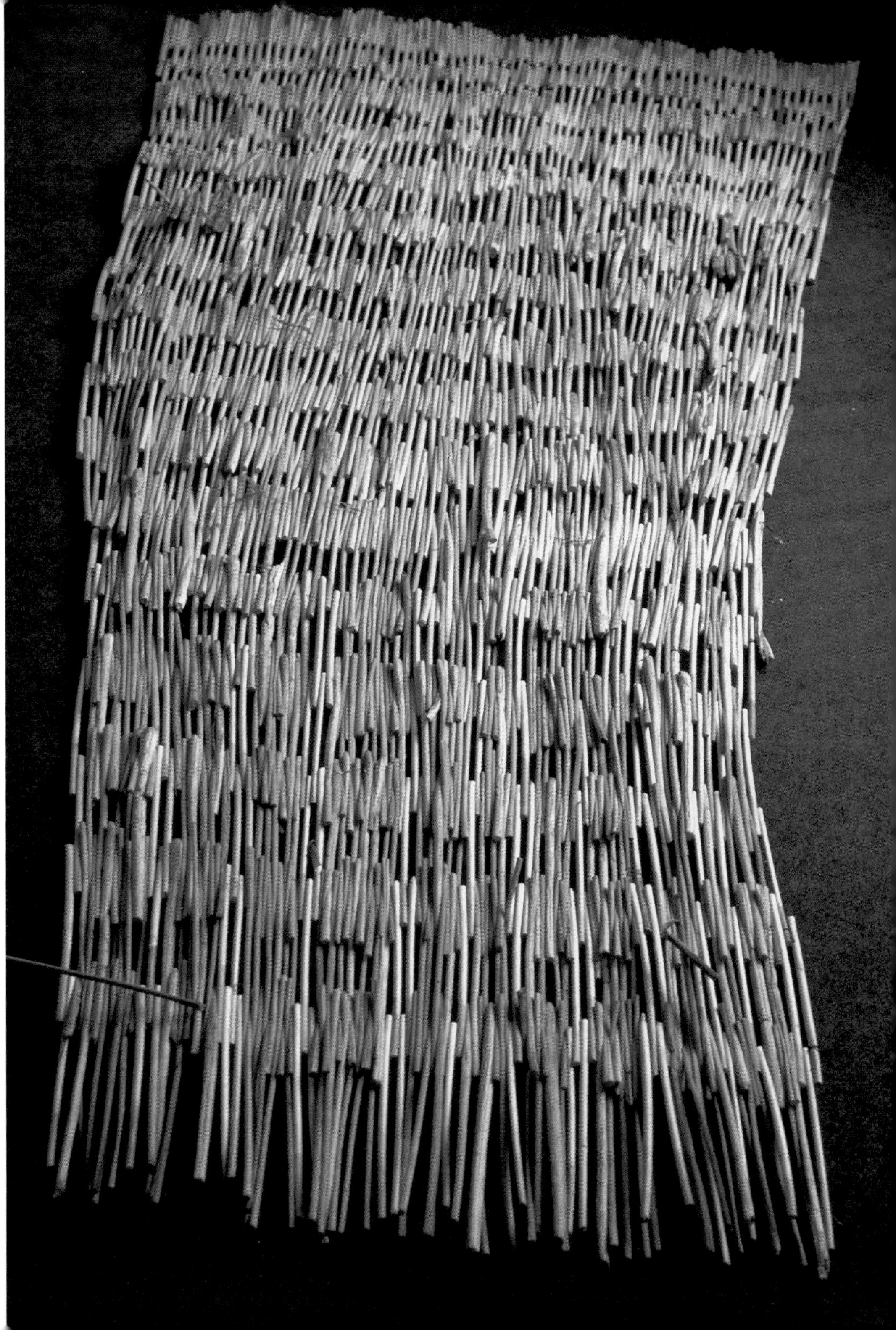

Binsenbahn
1997
140 x 600 cm
Binsenstücke
zusammengenäht

Rush Mat
Stitched rush cuts

Rolando Rasmussen

Federboa, 1980

Kaiser-Friedrich-Straße 33
D-10627 Berlin

Tel. 030. 32 74 900

*** 1942**
in Asunción, Paraguay

1954
Rudolf Steiner Schule,
Marburg/Lahn

1961
Ausbildung als Kostümmaler,
Hamburg

1964
Tanzakademie Teatro Colon,
Buenos Aires, Argentinien
als Tänzer: Deutsche Oper am
Rhein und Deutsche Oper Berlin

seit 1979
freischaffend tätig,
Textilkunst-Ateliers in Berlin,
Palma, Düsseldorf
Bereiche Artwear, Raumobjekt
und Performance

Ausstellungen und Auszeichnungen im In- und Ausland

'manu factum' 1995 und 1997

1997
Staatspreis des Landes
Nordrhein-Westfalen

Multicolor
1997
Seide bemalt

Multicolor
Painted silk

Yusman Siswandi

Tanjung Anom 1a
RI-Solo 57148 Java Tengah
Indonesien

Tel. 0062. 271. 47 515
Fax 0062. 271. 47 515

*** 1954**
in Jakarta, Indonesien

Studium der Anthropolgie an der Geisteswissenschaftlichen Fakultät der Universität Gajah Mada, Yogyakarta, Indonesien

1987
1. Preis des 'International Textile Design Contest', Tokio, Japan

1989
'Batik, Ikat and Silk Exhibition', Kiryu, Japan

1990
'Hiroshima Expo: Ikat Silk', Hiroshima, Japan

1991
'Ikat & Batik', Seibu Departement Stores, Seibu, Japan

Ausstellung, 1995

Ohne Titel
1998
110 x 220cm
Batik, Tritik, Plangi
Goldfäden, Seide

Untitled
Batik, Tritik, Plangi
Goldthread, silk

Carter Smith

25 Pleasant St.
USA-Nahant, MA 01908

Tel. 001. 617. 58 19 706
Fax 001. 617. 58 13 267
e-mail
carter@shibori.com
www.shibori.com

*** 1946**
in Baltimore, Maryland, USA

1969
Bachelor of Arts, Universität Santa Cruz

1972
Master of Arts, Universität Santa Cruz

freiberuflich tätig

Zahlreiche Einzel- und Gruppenaustellungen, u.a.

1991
International Textile Symposium, Nagoya, Japan

1992
International Textile Symposium, Nagoya, Japan

1997
International Shibori Symposium, Amedabadh, Indien

Kimono, 1990

Ohne Titel
1997
Shibori

Untitled
Shibori

Hélène Soubeyran

La Paillett - Montjoux
F-26220 Dieulefit Drome
Frankreich

Tel. 0033. 4. 75. 46 33 66
Fax 0033. 4. 75. 46 41 09

*** 1943**
in Paris

Autodidaktin, inspiriert von der Shibori-Technik

1974
Studiogründung in der Provence

seit 1981
Studien der Shibori-Kunst in Amerika, Afrika und Asien, Vorträge und Workshops

1992
Förderpreis des Französischen Außenministeriums

Livre du ciel to me I, 1995

1983
Co-Kuratorium und teilnehmende Künstlerin bei der internationalen Ausstellung 'Lié delié', Châteaux Départementaux de la Drôme, Grignan, Frankreich

1985-88
'Flying Textiles' für internationale Kongresse

1989-92
'Unfoldable Shapes' für Europäische Haute-Couture-Häuser

1992
Museu Textil, Terrassa-Barcelona, Spanien
Musée Historique des Tissus, Lyon, Frankreich
1. Internationales Shibori-Symposium, Nagoya, Japan

1993-97
'4. International Exhibition of Minitextiles' Musée d'Angers, Frankreich
'Centre d'art Contemporain' Chartreuse de Villeneuve les Avignon, Frankreich
'2. Internationales Shibori-Symposium' Ahmedabad, Indien

Publikation
1983
'Liè delié – La Teinture à réserves – Art traditionnel et contemporain'

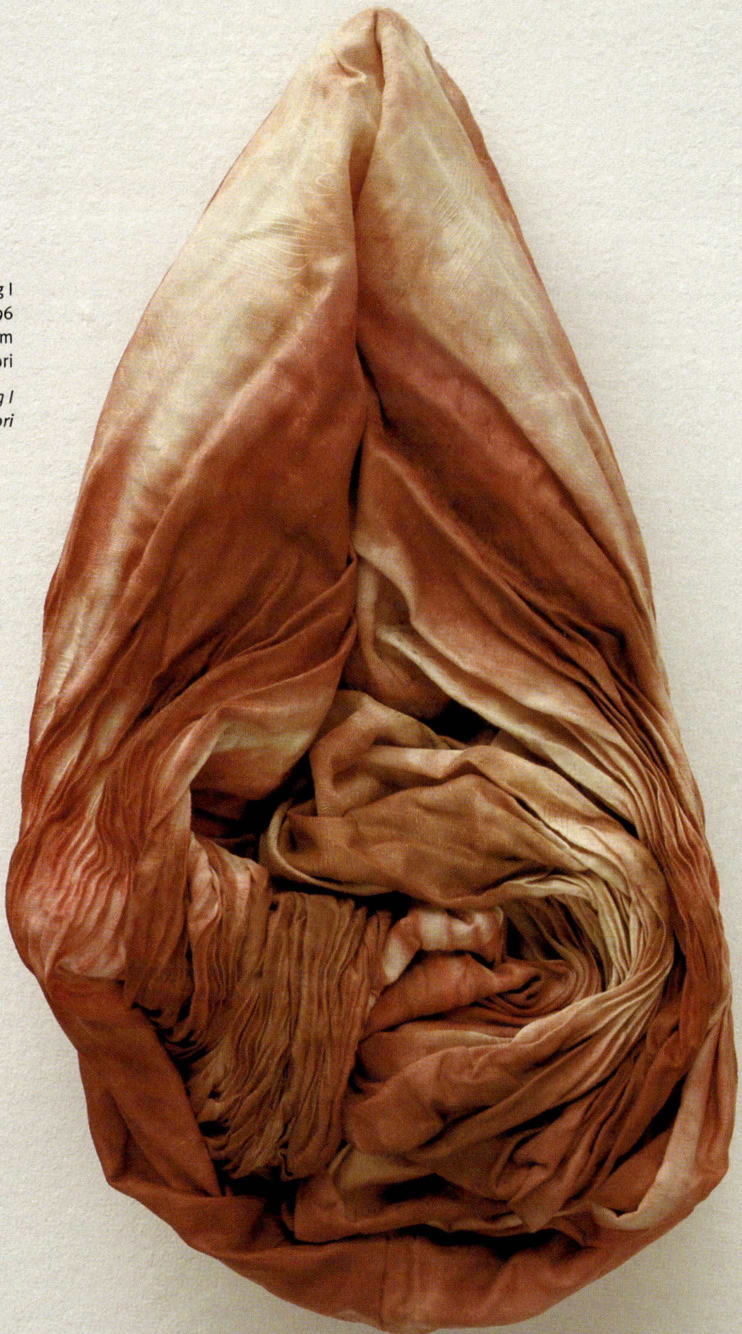

Sang I
1996
40 x 50 cm
Arashi-Shibori

Sang I
Arashi-Shibori

Miep Spée

Buch 'The hours', 1990

Vrouwenweg 3
NL-1463 PE Beemster
Niederlande

Tel. 0031. 299. 69 02 85

*** 1945**
in Roermond

Studium an der
Academy for Industrial Design
in Eindhoven /NL,
Fachbereich Textil

seit 1965
neben Unterrichtstätigkeit
freischaffende Künstlerin

seit 1975
überwiegend eigene Atelier-
arbeiten und Mitwirkung am
Aufbau des neuen Lehrfachs
"Bildend formen mit Textil"
am Lehrerseminar Amsterdam

Zahlreiche Gruppen- und
Einzelausstellungen, u.a.
Textielmuseum Tilburg
De Fundatie Het Kunsthuis,
Amsterdam
Museum Swaensteyn, Voorburg
Museum Waterland, Purmerend

Publikation
'Traditionele en moderne batik'
Cantecleer bv, de Bilt 1977
(Deutschsprachige Ausgabe bei
Hörnemann-Verlag, 1977 -
Englische Ausgabe Kangaroo
Press, 1982)

Stripes and pleats
1980
4 x 51 x 150 cm
Batik

Stripes and pleats
Batik

Monika Speyer

Tumbling Blocks 6, 1989

Frickinger Straße 1
D-86150 Augsburg

Tel. 0821. 52 27 81

*** 1959**
in Augsburg

1980-84
Studium an der Fachhochschule Augsburg, Diplom-Designerin mit Schwerpunkt Umweltgestaltung

seit 1986
freischaffende Textilkünstlerin

1987
'5. Deutsche Biennale der Textilkunst'
Deutsches Textilmuseum Krefeld

1990
'Fascinatie Textiel I' Venlo, NL

1991
Bayerischer Staatspreis (Goldmedaille)

1992
Preis für angewandte Kunst auf der 7. Triennale der Textilkunst in Lodz, Polen

1993
'Fascinatie Textyles II' Venlo, NL

1995
Akustisch neutraler Schmuckvorhang für Rosenheim

1995
Bühnenvorhang und Verdunkelung für Starnberg

Verdunkelungsrollo zum
Bühnenvorhang (Ausschnitt)
Schloßberghalle Starnberg
1995
12 x 5,6 m
Trevira CS (Polyester)
Dispersionsfarbstoff,
Airbrush

Roller-blinds
for stage curtain (detail)
Trevira CS (Polyester)
dispersion dye-stuff,
airbrush

Josephine Tabbert

Shawls, 1993

Alter Berg 9
D-82319 Starnberg

Tel. 08151. 16 073
Fax 08151. 15 354

*** 1934**
in Jägersthal/Rominten

1953-57
Graphikstudium mit Abschluß Staatsexamen
Entwerferin für Texprint, Camnago Italien, Carlo Hoefler Deutschland, Interia Deutschland, Tecta Deutschland, Polly Poppets Kalifornien

1978
Arbeitsaufenthalte in Taiwan, China, Hongkong und Bangkok

1980
Eigene Seidenkollektionen, gefärbt und gemustert mit Pflanzenfarben

seit 1991
Lehrauftrag an der Akademie für Gestaltung und Restaurierung im Handwerk, München

1993
Präsentation 'Cochineal Dyes Natural Plants' Iapma, Concordia University, Montreal, Kanada

1994-97
Lehrauftrag am Pädagogischen Institut der Stadt München

Zahlreiche internationale Einzelausstellungen und Ausstellungsbeteiligungen

Auszeichnungen
1989
Bayerischer Staatspreis

1989
Förderpreis der Stadt München

1990
Danner-Ehrenpreis

Installation
Kleidungsstücke
1997
Papier Avena Fatua
handgeschöpft

Installation Clothes
Rag paper
Avena Fatua

Yuko Takada Keller

Lundtoftegade 82,3.tv.
DK-2200 Copenhagen N
Dänemark

Tel. 0045. 35 82 35 36
Fax 0045. 35 82 35 36
e-mail:
ytakada@mail.danbbs.dk
http://www.geocities.com/Paris/4465/

*** 1958**
in Osaka, Japan

1981
B.F.A. Kyoto City University of Art

1983
M.F.A. Kyoto City University of Art

1990 - 1997
Associate Professor,
Seian College of Art and Design

1984
Kyoto Design Prize, Kyoto Design Forum

1989
Excellent Prize, Kanazawa Selected Craft Exhibition

1990
Excellent Prize, Kyoto Art Craft Exhibition

1992
Excellent Prize, 2nd Kyoto Selected Craft Exhibition

1995
First Prize, 'White Nights'
II. International Textile Exhibition

Zahlreiche Gruppen- und Einzelausstellungen

Ankäufe
National Museum, Osaka
SEIRYUKAI, Kyoto

Reflection, 1990

Expectation
1997
240 x 180 x 180 cm
Transparent Papier,
Kupferdraht

Expectation
Tracing paper,
copper wire

Peter Wenger

Selbstbildnis, 1981

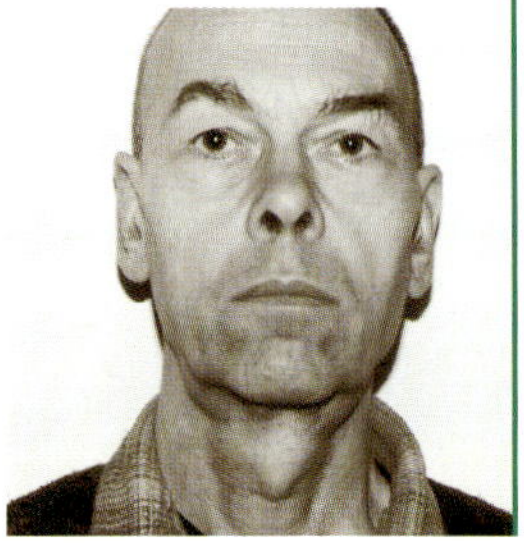

Desart Lodge,
Cuffesgrange
IRL-Co. Kilkenny
Irland

Tel. 00353. 56. 29 934

*** 1937**
in Berlin

1952-55
Einführung in die Batikmalerei durch Richard Dölker

1956-58
Fachschule für Angewandte Kunst, Berlin-Ost

1958-63
Kölner Werkschule

seit 1964
in Irland ansässig

1979
Studienreise nach Indonesien

seit 1982
Dozent für Batik an der Kunsthandwerkerschule 'Grennan Mill' in Thomastown, Irland

seit 1984
Gruppen- und Einzelausstellungen

Ankäufe durch private Sammler und öffentliche Einrichtungen, u.a. Arts Council of Ireland

Der Fluß
1997
130 x 160 cm
Batik

The river
Batik

Stefan Wewerka

Trajanstraße 12
D-50678 Köln

Tel. 0221. 31 52 34
Fax 0221. 31 52 34

*** 1928**
in Magdeburg

seit 1947
Architektur und Siedlungsbau

ab 1954
Erdarchitektur

ab 1961
Bildhauerei und Malerei

1970
Filme

ab 1979
Modeentwürfe

1981
Silberschmuck
Professor an den Kölner Werkkunstschulen

Zahlreiche Einzelausstellungen im In- und Ausland

Möbelmesse Mailand, 1982

Ohne Titel
1997
70 x 50 cm
auf Seide gemalt

Untitled
painted on silk

Erika Wienholdt

Krefelder Straße 72
D-52070 Aachen

Tel. 0241. 15 89 15
Fax 0241. 15 14 41

*** 1949**
in Herford

1969-79
Studium der Psychologie, Soziologie und Politik an der Rheinisch-Westfälischen TA in Aachen mit dem Abschluß M.A.

1974
Beginn der Auseinandersetzung mit Textilgestaltung/Textilkunst

seit 1977
eigene Werkstatt und Galerie

seit 1978
freischaffend tätig

seit 1979
zahlreiche Ausstellungen im In- und Ausland

Publikation
'Seidenmalerei nach Märchenmotiven' Eulen-Verlag, Freiburg 1992

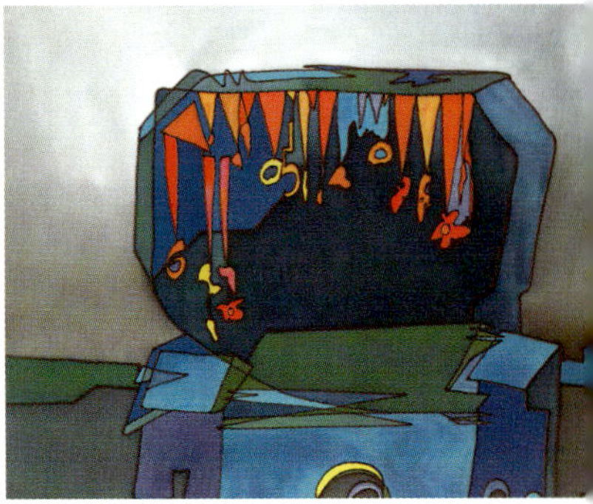

Zum Trocknen aufgehängt, 1993

Tänzerinnen
1997
ca. 30 cm hoch
Seidenpapier, Draht, Acrylfarbe

Danseuses
Tissue paper, wire, acrylic

Helga Wiese-Wittek

Ohne Titel, 1986

Gustav-Frenssen-Weg 2
D-25712
Burg/Dithmarschen

Tel. 04825. 85 00
Fax 04825. 85 00

Schneiderlehre
Meisterschule für Mode, Hamburg
Landeskunstschule, Hamburg

seit 1974
Beschäftigung mit der Batik

1985
Studienaufenthalt in Indonesien

seit 1979
eigenes Atelier

seit 1979
auch textile Objekte

Einzel- und Kollektivausstellungen, u.a.

Landesmuseum Schloß Gottorf, Schleswig
Kunsthandwerk-Biennale Schleswig

Wechselbeziehungen
1998
120 x 180 cm
Geschichtete Seide
gebrannt
12teilig, variabel

Interrelation
Burnt laminated silk,
12 pieces, no fixed order

Sunhild Wollwage

Waldbrief, 1987

Auf Berg 113
Atelier:
Peter und Paulstraße 94
FL-9493 Mauren
Liechtenstein

Tel. 0041. 75. 37 32 236

*** 1938**
in Stuttgart

Mitglied der GSMBA (Gesellschaft Schweizerischer Maler, Bildhauer, Architekten und visueller Künstler)

1988
GEDOK-Kunstpreis Berlin

seit 1972
Einzel- und Gemeinschaftsausstellungen im In- und Ausland

Teilnahme an verschiedenen internationalen Textilbiennalen und -triennalen

Feldzeichen
1997
36 x 52 cm
Glas, Paraffin,
Natur-Materialien

Banner
Glass, paraffin,
natural materials

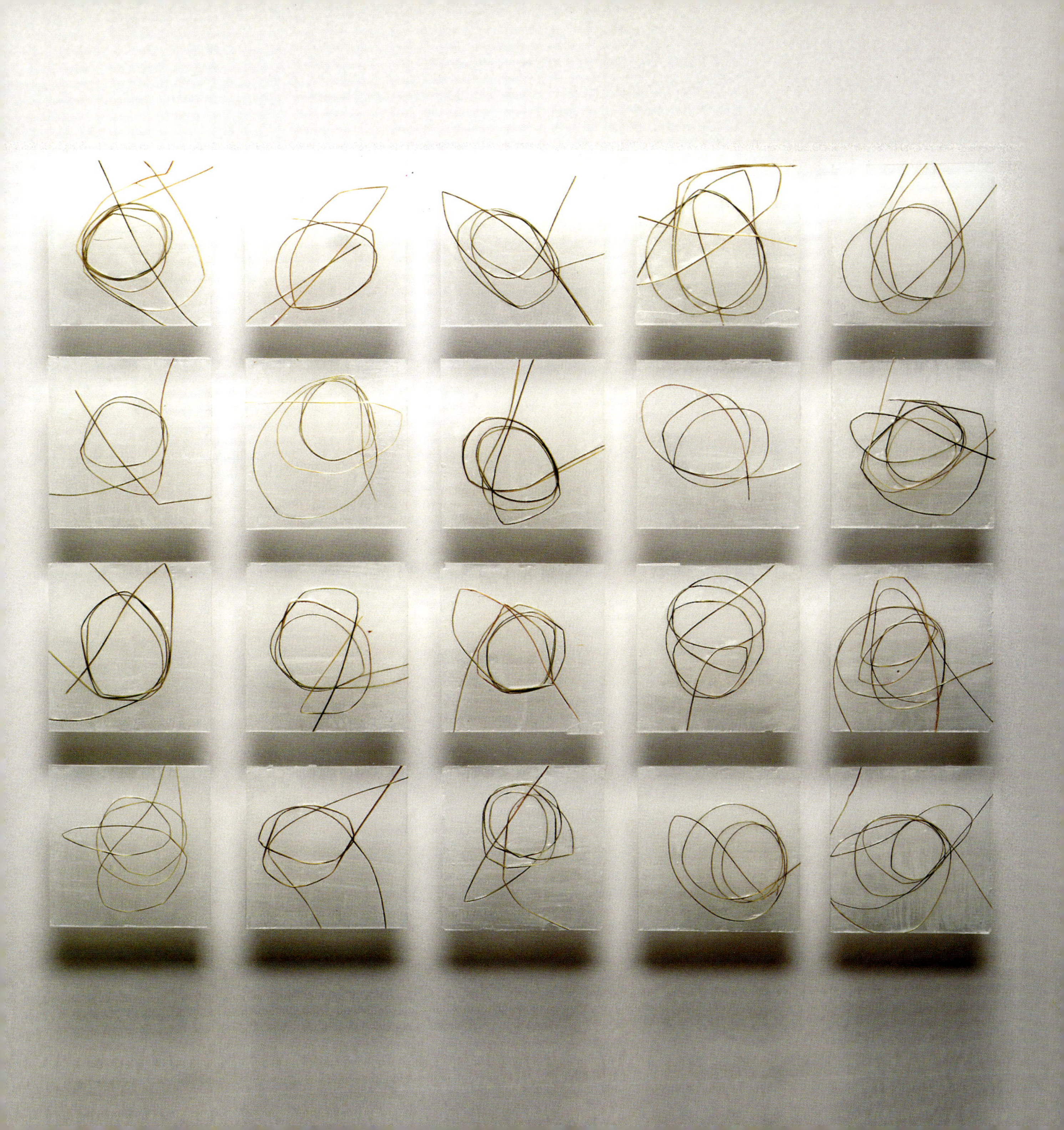

Inhaltsverzeichnis
Redaktionelle Beiträge

Material, Motive, Techniken

Kunst und Textil

Stoff wirbelt Staub auf!

Caroline Boot

Regula Müller 'Sie wollte wieder sein ein Baum im Sommerwind...' (François Villon) 1997, Nederlands Textielmuseum Tilburg

"Die Textilkunst ist den Kinderschuhen entwachsen, alles ist in Bewegung. Jeder Textilkünstler versteht sich in erster Linie als Künstler und wird seinen eigenen Weg suchen.(...) Meines Erachtens besteht die Gefahr, daß das Werk von Textilkünstlern seinen eigenen Weg zwischen allen anderen Kunstformen nur schwer finden kann, da es immer zusammen gezeigt wird", schrieb die niederländische Künstlerin Loes van der Horst 1981.[1] Seitdem weigert sie sich konsequent, sich an Sonderausstellungen über Textilkunst zu beteiligen.
Es ist nicht das erste und sicher auch nicht das letzte Mal, daß Künstler, die mit Textilien arbeiten, auf die Barrikaden gehen und sich den Kopf über Reputation und Position der Textilkunst innerhalb der etablierten Kunstwelt zerbrechen. Manch einer wandte sich bewußt von Textilien ab, andere kämpften weiterhin um die Anerkennung von Textilien als bildendes Medium.

Zwischen Textilkunst sowie Glaskunst und Keramik, wo seit den 60er Jahren ebenfalls eine "Emanzipationsbewegung" stattgefunden hat, lassen sich Parallelen ziehen. Aus der Tradition der angewandten Kunst heraus, in der Textilien (aber auch Glas oder Keramik) vor allem einem Zweck dienten oder eine Funktion hatten und das dekorative Element an erster Stelle stand, wurden jetzt die Studien nach Material und Technik wichtig. Statt der Vorstellung gewann das Äußere – die Textur – des verwendeten Materials an Bedeutung. Mitunter begannen Fäden und Gewebe, ein Eigenleben zu führen. Es entstanden selbständige räumliche Textilplastiken. Diese Betonung der Technik oder des Materials erwies sich zugleich jedoch als Fallstrick: Statt einer Idee oder Auffassung Ausdruck zu verleihen – das Wesen der bildenden Kunst – wurde der Akzent oft genug zu stark auf die formalen Aspekte gelegt.

Es ist freilich verführerisch, sich in das Äußere von Textilien zu verstricken und sein Augenmerk lediglich auf Technik oder Material zu richten. Textilien sind taktil, wollen berührt werden und haben eine ganz eigene Ausstrahlung. Man kann sie raffen, falten, stärken, formen usw. Textilien umgeben uns tagtäglich: wir schlafen darin, wir kleiden uns darin, wir werden darin begraben. Zudem wirkt sich die kulturelle Vorbelastung erschwerend auf die Arbeit mit diesem Material aus, denn oft wird Textilkunst mit "Frauenarbeit" assoziiert.[2] Statt den Stoff als Vehikel für die Visualisierung einer Idee zu nutzen, behinderte die Technik- und Materialfixierung eine positive Anerkennung der Textilkunst als Form der bildenden Kunst. In der bildenden Kunst wurde die Textilkunst daher nicht immer für voll genommen. Als "Textilkünstler" bezeichnet zu werden, brachte ein negatives Image mit sich.

Zum Teil ist diese Diskussion durch die Entwicklungen der heutigen Zeit obsolet. Viele Künstler sprengen die üblichen Rahmen und überschreiten die Grenzen ihrer Disziplin. Die Abgrenzungen traditioneller Kategorien wie Malerei und Bildhauerei sind dehnbar geworden. Auf unorthodoxe Weise wird von einer ganzen Skala an Materialien, auch Stoff, Gebrauch gemacht.[3] In der zeitgenössischen Kunst steht die Suche nach Wesen und Gefühlswelt des Individuums im Mittelpunkt. Auch Textilkünstler arbeiten inzwischen anders mit Stoff: Anstelle von Technik und Material lassen sie Inhalte oder Konzepte vorherrschen.

Nach meiner Sicht erfüllt das Prädikat "Textilkunst" in unserer Zeit keinen Zweck, denn es verweist zu stark auf das Material. Ein Textilkünstler versteht sich in erster Linie als Künstler. Das Wesentliche dessen liegt darin, einer persönlichen Vision Ausdruck zu verleihen; daß dies mit Stoff geschieht, ist von sekundärer Bedeutung.

1 Loes van der Horst in einem Brief an die Projektkommission Textil vom 8. Oktober 1981. Siehe Standpunten, Hrsg. Nederlands Textielmuseum, Tilburg 1986. Autor: Marjan Unger (Katalog der Ausstellung im Nederlands Textielmuseum Tilburg 1986).
2 Vgl. den Beitrag von Astrid Rokossa, *Einblick in fremde Textilkulturen*, S. 198 (Anm.d.Red.).
3 Siehe den Beitrag von Els van Baarle, *Surface Design in den USA*, S. 192 (Anm.d.Red.).

Drs. Caroline Boot ist Konservatorin für bildende Kunst am Nederlands Textielmuseum Tilburg.

Veteranengeburtstage zwischen Depression und Vitalität

Eine Reflexion nach der 7. ETN-Konferenz '98 in Spanien

Dietmar Laue

Ein Vierteljahrhundert Galerie Smend! – Fünf Jahre nach den Ereignissen des Jahres 1968 etablierte sich Rudolf Smend mit seiner Textilgalerie in Köln.
Es war im Jahr 1973, der Zeit des 1. Ölpreisschocks, der ersten Erfahrungen mit autofreien Autobahnen – und vielen Hoffnungen auf eine Neubesinnung in einer perspektivlos erscheinenden Zivilisation, als in vielen Nischen der Gesellschaft schlummernde Hoffnungen erwachten. Im selben Jahr erschien erstmals die Zeitschrift "textilkunst". Den lauten endsechziger Jahren folgte eine sanfte Revolution, eine Zeit des Umdenkens. Das war die Stunde der Karriereaussteiger und "Alternativen". Es war auch eine Sternstunde weiblich beackerter Kulturfelder, zu denen zweifellos das Textile gehört.

Mit dem 2. Ölpreisschock '78 orientierte sich auch die Textilwerkstatt in Hannover um. Ab 1981 verschrieb sich deren damalige Inhaberin, Beatrijs Sterk, der Sammlung der textilkulturellen Kräfte im deutschen Sprachraum. Sie verstärkte die Kontakte zu fremdsprachigen Kollegen in aller Welt und gründete, zusammen mit anderen, den Verein Textilforum e.V., der die gleichnamige Zeitschrift schon ein Jahr später herausgab.

Seit jenen Tagen ziehen die Galerie Smend und Textilforum an einem Strang.

Die Existenz einer permanent erreichbaren Galerieadresse und zweier Fachzeitschriften für textile Kunst und Kultur geben bis heute einen positiven Eindruck vom deutschen Beitrag zum internationalen Geschehen. In Wirklichkeit treiben aber die Briten, Nordamerikaner und Japaner die textilkulturelle Entwicklung voran. Von wenigen Ausnahmen abgesehen, treffen wir auf internationalen Veranstaltungen kaum deutsche Autoren und so gut wie kein deutsches Publikum.
Die Deutschen scheinen sich seit Öffnung der Grenzen zu Mittel- und Osteuropa und seit dem Beitritt der ehemaligen DDR zur Bundesrepublik vollends eingeigelt zu haben, anstatt ihrer geographischen Lage und ihrer natürlichen Funktion als kulturelle Drehscheibe im Herzen Europas gerecht zu werden. Kulturpolitik ist in Deutschland kleinstaatlich organisiert und wird in der alltäglichen Praxis äußerst verfassungskonform nachgelebt.

Um aus dem auf 16 Kleinstaaten angewachsenen und balkanisch miteinander verknäultem Land

'Deutsches textilforum' Die erste Ausgabe vom April 1982

'textile forum ETN' Heft 1, April 1998 (dt./engl.)

überhaupt noch herausblicken zu können, löste sich Textilforum e.V. auf und empfahl seinen Mitgliedern, dem seit 1990 bestehenden Europäischen Textilnetzwerk (ETN) beizutreten. Rund 140 Deutsche, Österreicher und Schweizer folgten dieser Empfehlung. Zu den Entschlossenen der ersten Stunde gehörte die Galerie Smend.
Das Netzwerk versucht, eine neue Plattform für Begegnungen und europäische Gemeinschaftsaufgaben zu schaffen. Es gründete sich 1993 formell als eine internationale Vereinigung unter dem Dach des Europarates in Strasbourg. Seit dem Sommer 1997 steht ihm eine Kulturstiftung (NET) zur Seite, die von europäischen Textilregionen, Städten und Firmen getragen ist und die unter der Schirmherrschaft der Versammlung der Regionen Europas steht.

Im vergangenen Jahr – und wieder unter Mitwirkung von Rudolf Smend – wurden die Formalitäten der neuen ETN-NET-Allianz in Brüssel festgelegt. Daran beteiligt waren 36 Mitglieder und Stifter aus 16 europäischen Ländern.

Die europäischen Textiler können stolz auf sich sein, denn sie verfügen – sieben Jahre nach der politischen Überwindung der Spaltung Europas – über ein organisatorisches Korsett zur Zusammenarbeit in zwei wesentlichen Entwicklungsrichtungen:
1. Interdisziplinäre Entwicklung – Projektmöglichkeiten quer zu den klassischen Organisationsmustern der Bereiche Kulturerbe, zeitgenössische Kulturproduktion in Kunst, Handwerk und Design, sowie Aus- und Fortbildung (Mitgliedschaft in der ETN-Vereinigung)
2. Interregionale Entwicklung – Projekte mit Partnern in nahezu allen Ländern Europas, mit stetig wachsender Unterstützung durch lokale und regionale Förderer und die ansässige Textil- und Bekleidungswirtschaft (Mitglieder der NET-Kulturstiftung).
Diese Möglichkeit zur Horizonterweiterung über disziplinäre und geographische Grenzen hinaus wird trotz hoher Mitgliedsanteile der deutschsprachigen Länder in diesen noch nicht sonderlich genutzt. Die treibenden Kräfte im Netzwerk sind die organisatorisch und mental besser disponierten Briten, die von ihrer historischen Empire-Weltläufigkeit zehren, während viele Festlandseuropäer zumeist nur Innenansichten ihrer jeweiligen Länder einbringen. Besonders die Deutschen machen im innereuropäischen Vergleich den Eindruck, auf hohem materiellem Niveau depressiv zu sein. Die kommunikative Immobilität der Künstler, Kuratoren und Dozenten ist dem Insider kaum noch zu verbergen. Sie wird dem flüchtigen Betrachter weniger bewußt, weil die Veteranen der deutschen Textilszene immer wieder darauf achten, daß die internationalen Veranstaltungskalender mit zahlreichen Ausstellungs-, Fortbildungs- und Wettbewerbsterminen aus dem deutschsprachigen Raum angefüllt bleiben.

Das 25-jährige Bestehen der Galerie Smend und der Zeitschrift "textilkunst", sowie die 17-jährige Existenz der Zeitschrift TEXTILFORUM sind Beharrungsleistungen, die sich sehen lassen können. Die Veteranen sollten aber an ihrem Stolz nicht erblinden, denn ihr kultureller Untergrund bleibt schlüpfrig. Die textilen Freizeitmoden wechseln schnell und die wenigen Professionellen der textilen Kulturszene können weder Galerien noch Zeitschriften tragen. Eine Belebung der Szene ist nur im kulturellen Austausch zu erzielen. Uns allen ist anzuraten, Kontakt zu den Nachbarn zu halten, uns weder in Technik-, Ästhetik- oder Wissenschaftsdisziplinen zu isolieren, noch uns in provinzielle Zirkel einzuschließen.
Der Autor dieser Zeilen konnte z.B. im März dieses Jahres, anläßlich der 7. ETN-Konferenz in Madrid, der Präsentation estnischer Textilkünstler beiwohnen, deren Werke eine unerwartet starke Gestaltungskraft und Zuversicht ausstrahlten, so als trete aus dem Urgrund einer verschütteten Kultur ein gänzlich frischer Lebensquell hervor. Als Europäer sind wir ein Teil der Wiedergeburt benachbarter Kulturlandschaften. Es macht Mut, die Vitalität unserer Nachbarn mitzuerleben, wissend, daß wir selbst des Glückes fähig sind, wenn wir uns bewegen.

Meine Botschaft an die Geburtstagskinder dieses Jahres:
Laßt uns den Rückblick genießen, depressive Zeiten still erdulden und auf die regenerative Kraft bewußten Leidens vertrauen. Eines Tages wird auch in unserem Land wieder frischer Quell fließen und wir werden Lust haben, unsere Vitalität mit den Nachbarn zu teilen. – Ich danke unseren estnischen Freunden für diese neue Zuversicht.

Dietmar Laue ist Architekt und Redakteur der Zeitschrift TEXTIL-FORUM, Mitinitiator des Europäischen Textilnetzwerks (ETN) und Mitarbeiter des ETN-Sekretariats,
Pf. 5944, D-30059 Hannover

Textilkunst: Ein- und Aussichten

Veronika Moos-Brochhagen

Titelseite des Kataloges zur 16. Internationalen Biennale von Lausanne 1995. 'Reaktor' A.R. Penck, 1990,

Textilkunst – meine ersten Kontakte entstanden aus der Perspektive eines Kunststudiums der 80er Jahre, bei dem ich mit großem Erstaunen und einer zunehmenden Identifikation die Weite der Textilszene kennenlernte. Das war mehr als Nähen und Stricken, das Material war eine Fundgrube für künstlerische Ideen und Gestaltungen und es gab hinsichtlich zahlreicher Dimensionen eine Vielzahl möglicher Vorbilder (z.B. Magdalena Abakanowicz, geb. 1930 oder Ritzi Jacobi, geb. 1941, die als Bildhauerinnen und als Textilkünstlerinnen in der Öffentlichkeit standen). Die Biennale der Tapisserie in Lausanne[1] war Status quo. Textilschaffende waren auch in Deutschland aus ihrem Schattendasein herausgetreten, hatten sich verbündet und stark gemacht. Sie organisierten konzeptionelle Ausstellungen und riefen 1978 erstmals die deutsche Biennale der Textilkunst ins Leben.

Diese "textile Revolution" bewirkte nicht zuletzt die Begriffsbildung und den Status der Textilkunst im Kontext der Kultur- und Kunstszene sowie ihre Abgrenzung zum Kunsthandwerk, eine künstliche Trennung über die (allzu) viel diskutiert wird und dem Gesamtbild der Textilkunst immer wieder zu schaffen macht. Es war vielversprechend und lockend, in dieser lebendigen Szene Kontakte zu finden, mitzuarbeiten und -zugestalten.

Die Textilkunst hatte einen höheren Stellenwert bekommen, sie war vom anfänglichen Rand- und Schattendasein ins Licht gerückt. Meine heutige Berufsbezeichnung, Textilkünstlerin, basiert letztlich auf den Aktivitäten jener KollegInnen, die dem Selbstvertrauen der Textilkunst erst den Weg bereitet haben. Ich konnte an das von ihnen Erreichte anknüpfen und einen geebneten Weg beschreiten.

Doch die Euphorie hat sich rasch gelegt und die nackten Tatsachen der Wirtschaftlichkeit zeigten mir bald, daß "klassische Kunst" doch "besser", d.h. lukrativer ist!? Mein Start in die berufliche Selbständigkeit war bereits von einer zunehmenden Skepsis der Öffentlichkeit gegenüber des Textilen geprägt. Trotz positiven Echos und guter Kritiken war eine wirtschaftliche Unabhängigkeit als Textilkünstlerin von Beginn an fast unmöglich. Die finanzielle Entwicklung, die zunächst vor allem "Grenzbereiche" der Kunst betraf, hat sich bis heute erschreckend ausgeweitet – im März 1998 trat die Kulturreferentin der Stadt Köln Kathinka Dittrich van Weringh zurück, da sie die Durchführung ihrer Arbeit in dem gesteckten finanziellen Rahmen nicht mehr gewährleistet sah.

Für den Bereich der Textilkunst begann die Rezession spätestens, als die Biennale in Lausanne 1995 nur noch einen beschränkten Personenkreis zuließ. Einige Zeit danach verschwand sie ganz, wie auch ihre kleine Schwester, die Deutsche Biennale der Textilkunst.[2]

Dieses stagnierende Interesse der Öffentlichkeit an der Textilkunst, speziell hier in Deutschland, hat gewiß viele Gründe und Ursachen, die ich nicht alle an dieser Stelle ansprechen kann: Änderungen in den Wertmaßstäben sorgen für zunehmende Gewinnorientierung im Berufs- und Privatleben, es mangelt weiterhin an Ausbildungsmöglichkeiten und diesen wiederum an Praxisbezug, die wirtschaftlichen Möglichkeiten sind insgesamt eingeschränkt, hiervon sind besonders hart die "nicht-klassischen" Kunstrichtungen betroffen, die fortschreitende Technisierung (Multimedia) scheint die manuell ausgerichteten, bildenden Künste zu verdrängen.

All dies sind äußere Einflüsse, die Aufbruchstimmung und Fortentwicklung der Textilkunst mit gebremst haben. Warum erscheint mir jedoch, daß die Entwicklung hier noch negativer verläuft als in den übrigen Kunstrichtungen? Existiert in diesem Bereich nicht auch eine Stagnation von innen?

Die Textilkunst hat mit dem Tempo des 20. Jahrhunderts in kürzester Zeit Maßstäbe aufgearbeitet und gesetzt. Diese sorgten für Bewegung, doch die Entdecker sind in die Jahre gekommen und es wurde versäumt, die Kontinuität zu sichern. Gebraucht wird heutzutage Ausdauer und die Kraft zur Integration. Immer wieder sucht und entdeckt die Textilkunst Grenzbereiche, die die nötige Stille und Konzentration zu kreativer Tätigkeit und zu Austausch bieten: Sowohl innerhalb der Textilkunst selbst als auch bei der Auseinandersetzung mit anderen Künsten kommt es zu überraschenden Begegnungen und schließlich Ergebnissen. Leider finden sich immer weniger neue KollegInnen, die bereit sind, sich in dieser insgesamt kritischen Situation mit der Textilkunst zu identifizieren, da weder die Möglichkeiten noch das Erscheinungsbild im Bewußtsein der Öffentlichkeit sind.

Die Aufklärungs- und Werbearbeiten hierzu sind bei weitem noch nicht abgeschlossen. Um so wichtiger ist es, mit persönlichen Initiativen, wie zum Beispiel die der Galerie Smend, Textilkunst in den Kunstraum und ins Blickfeld der Öffentlichkeit zu rücken und damit neue Berührungspunkte zu schaffen. Aktivitäten dieser Art werden nur durch ihre Kontinuität etwas in der Akzeptanz der Öffentlichkeit gegenüber der Textilkunst ändern können.

Als Textilkünstlerin glaube ich an das Überleben der Textilkunst. Die Stärke dazu birgt sie in sich selbst. In unserer schnellebigen Zeit wird es immer wieder Menschen, vor allem Frauen geben, die ausbrechen und in Grenzbereichen stillere, langsamere, besinnlichere Prozesse und Techniken für ihre Arbeiten wählen werden. Und es gibt allerorts und zu allen Zeiten Menschen, die diese lebendige Kraft des warmen und hautnahen Materials für sich zu schätzen wissen.

1 Erstmals 1962, seit 1992 "Biennale der Textilkunst".
2 Siehe hierzu den Beitrag von Brigitte Tietzel, *Die VI. und letzte Biennale der Textilkunst*, S. 147 (Anm.d.Red.).

Veronika Moos-Brochhagen ist Textilkünstlerin.
Siehe Vita und Werk der Autorin auf Seite 88.

'Armloser Rücken' Magdalena Abakanowicz, 1976

Wo bleibt der Nachwuchs?

Gedanken zur Aus- und Weiterbildung, zu Wettbewerben und Preisen

Antje Soléau

In diesem Frühjahr gab es turnusmäßig wieder einmal den Gestaltungswettbewerb "Junges Handwerk NRW". Er ist der älteste Gestaltungswettbewerb, den es in Deutschland gibt; er existiert seit den 50er Jahren, richtet sich an junge Kunsthandwerker aus allen Bereichen der angewandten Kunst – also auch aus dem Textilbereich – und versteht sich als Förderpreis für junge Leute bis 30 Jahre. Leider lag bei Redaktionsschluß das Ergebnis noch nicht vor, es ist aber davon auszugehen, daß die Einreichungen und die schließlich zugelassenen Arbeiten gerade in der Textilkunst genauso frustrierend waren wie in den Vorjahren.

Schon 1986 urteilte die Fachjurorin Pia Fillinger-Nolte: "Im Fachbereich Textil wurden weder Preise noch Belobigungen vergeben, es wurde überhaupt nur ein Stück für ausstellungswürdig befunden. Leider war die Teilnahme hier ausgesprochen schwach, und das Niveau der wenigen eingereichten Arbeiten ließ sehr zu wünschen übrig. Wo bleiben die jungen Textilschaffenden, welche die Szene mit neuen Ideen und gestalterischen Auseinandersetzungen beleben? Es bleibt zu wünschen, daß beim nächsten Mal mehr Textilleute motiviert sind, sich beim Wettbewerb bzw. in der Ausstellung mit förderungswürdigen Arbeiten vorzustellen."
An dieser Aussage hat sich leider bis 1996 nichts geändert; der Wunsch von Pia Fillinger-Nolte ist nach wie vor hochaktuell.
Wenn es 1982 noch zehn zugelassene AusstellerInnen in diesem Werkbereich gab, darunter zwei Männer, so schwankte seit 1992 die Anzahl zwischen drei und vier Ausstellerinnen. Das spricht nicht unbedingt für die eingereichten Arbeiten. Wo also bleibt der Nachwuchs in unserem Lande in der Textilkunst?

Ähnliche Erfahrungen sind seit etwa zehn Jahren auch bei der Landesausstellung "manu factum" zur Ermittlung der nordrhein-westfälischen Staatspreisträger im Kunsthandwerk gemacht worden. Abgesehen von einer rühmlichen Ausnahme – 1989 erhielt die erst 27-jährige Marie-Luise Rawe den Sonderpreis – sind alle Staatspreisträger NRW im Werkbereich Textil seither gestandene, reife Künstlerpersönlichkeiten. Bezeichnenderweise gibt es nur einen Mann unter ihnen: Rolando Rasmussen erhielt 1997 den Sonderpreis.

Angesichts dieser Entwicklung stellt sich die berechtigte Frage: Wo bleibt der talentierte und gut ausgebildete Nachwuchs? Für die Textilkunst gilt wie für alle anderen Bereiche der angewandten Kunst auch heute noch das, was Walter Gropius bereits bei der Eröffnung des Bauhauses in Weimar im Jahre 1919 postulierte: "Es gibt keinen Wesensunterschied zwischen dem Künstler und dem Handwerker. Der Künstler ist die Steigerung des Handwerkers. Die Grundlage alles Werkmäßigen ist unerläßlich für den Künstler. Sie ist der Urquell des schöpferischen Gestaltens."

Die handwerkliche Ausbildung, das heißt das Erlernen von Grund auf der Techniken und Materialien, ist heute weitgehend ins Hintertreffen geraten. Die Gründe hierfür sind vielschichtig. Zum einen hat die Anzahl der Handwerksbetriebe im Textilsektor drastisch abgenommen, von der Anzahl der Ausbildungsbetriebe ganz zu schweigen. Die Ausbildung von jungen Leuten ist für die Betriebe zu einem horrenden Kostenfaktor geworden, den ein Ein-Mann/Frau-Betrieb nicht mehr aufbringen kann. Zum anderen – und das ist durchaus auch mitzuberücksichtigen – werden von den übergeordneten Handwerksorganisationen gewachsene Strukturen und Gemeinschaften um einer höheren Verwaltungsratio willen kaputt fusioniert. Das gilt für alle gestaltenden Handwerke. Es ist deshalb nicht verwunderlich, daß sich die Betroffenen nach neuen Rechtsformen außerhalb der Handwerksorganisation umsehen.

Doch das bringt die handwerkliche Grundausbildung nicht voran. So hat zum Beispiel die Werkstatt für kirchliche Textilkunst der Franziskanerinnen von Nonnenwerth in Bad Honnef erst kürzlich ihre Ausbildungswerkstatt geschlossen. Aus dieser Werkstatt kamen immerhin seit Beginn der 50er Jahre bis weit in die 90er hinein fast alle Bundessieger im Praktischen Leistungswettbewerb der Handwerksjugend im Stickerhandwerk.

Was als Ausbildungsstätte für künftige Textilkünstler bleibt, sind zum einen die Kunsthochschulen. Sie setzen keine praktische Ausbildung voraus, sondern vermitteln zuvörderst freie Kunst. Erst später im Verlaufe des Studiums entscheidet sich der Studierende für sein Medium, unter Umständen für die Textilkunst. Das Ergebnis sind dann so fragwürdige Reihungen wie die maschinengestrickten Pullover einer Rosemarie Trockel. Pullover, die jede Hausfrau an ihrem heimischen Strickapparat unter Umständen besser fertigstellt, nur daß es der

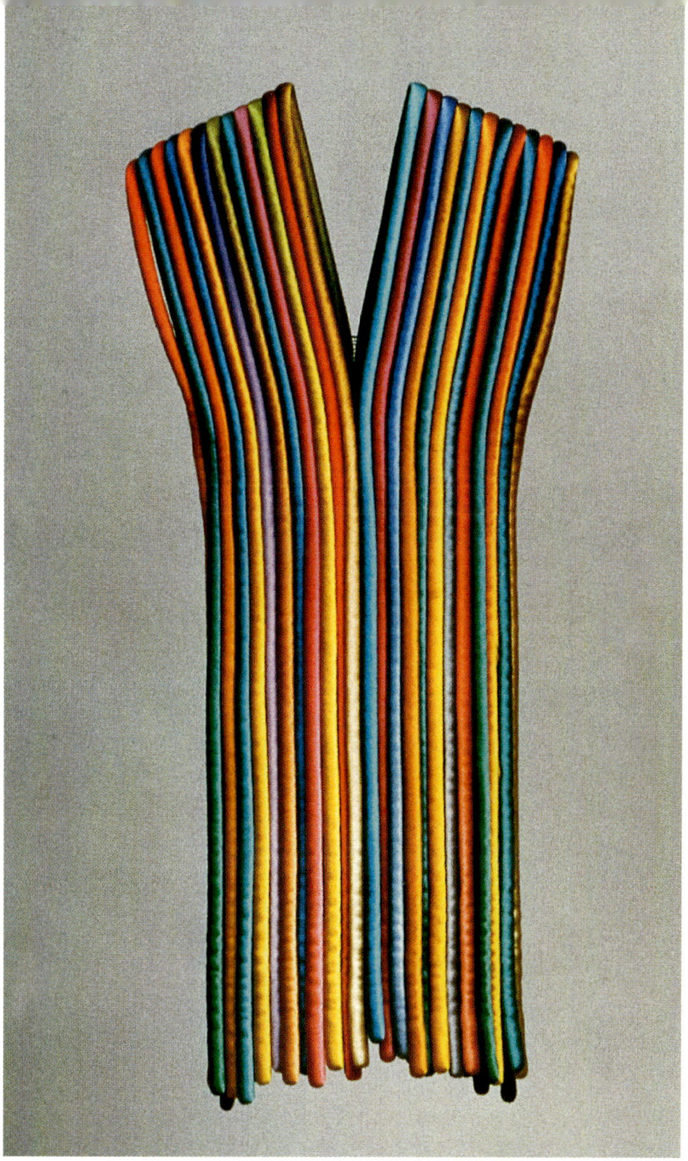

'Oberteil' Rolando Rasmussen, manufactum 1997
Staatspreis des Landes Nordrhein-Westfalen

Hausfrau am allgewaltigen Kunsthandel im Rücken fehlt, der eine Rosemarie Trockel puscht.

Als Ausbildungsstätten bleiben ferner die Fachhochschulen. Sie begnügen sich mit dem Nachweis eines Praktikums im jeweiligen Werkbereich. Diese Praktika können auch im industriellen oder halbindustriellen Bereich geleistet werden. Eine gründliche handwerkliche Ausbildung in den einzelnen Techniken oder mit den unterschiedlichen Materialien ist auch hier nicht gefragt. Es soll sogar Hochschullehrer geben, die dies als hinderlich für die künstlerische Entwicklung betrachten!

Die dritte Möglichkeit sind die Akademien für die gestaltenden Handwerke, wie sie seit der Mitte der 80er Jahre vom Handwerk zur Weiterbildung des eigenen Nachwuchses in Sachen Gestaltung gegründet wurden. Nur – sie haben als Zugangsvoraussetzung die Gesellenprüfung in einem entsprechenden Gewerk. Hier wird also das Pferd von hinten aufgezäumt.

Es sei dem Handwerk und seinen Verantwortlichen dringend anzuraten, die noch wenigen vorhandenen kleinen ausbildungsfähigen und ausbildungswilligen Betriebe zu fördern, sie in ihrer Ausbildungsbereitschaft zu unterstützen, statt sie abzuzokken, wenn die von Walter Gropius zu Recht geforderten Grundlagen für die angewandte Kunst nicht verloren gehen sollen.

Antje Soléau lebt als freie Journalistin in Köln.

Das Studium der Textilgestaltung für das Lehramt – Reflexionen

Sonja Junick

Von 1991 bis 1996 studierte ich an der Erziehungswissenschaftlichen Fakultät der Universität zu Köln Textilgestaltung für Lehramt für die Sekundarstufe I. Im Gegensatz zum Kunststudium, bei dem vor der Zulassung eine Mappe mit eigenen Arbeiten vorgelegt werden muß, ist bei dem Lehramtsstudium für Textilgestaltung kein Nachweis über besondere künstlerische und kunsthandwerkliche Voraussetzungen und Fähigkeiten erforderlich. Vielleicht ist das der Grund dafür, daß ich – neben vielen anderen Studierenden – Schwierigkeiten hatte, die Inhalte und Ziele des Studiums zu erkennen.
Meine persönlichen Vorstellungen hinsichtlich des Studiums gingen vom traditionellen Handarbeitsunterricht aus, der in erster Linie Mädchen im Erlernen textiler Techniken unterweist. Ich erwartete, auf die Erteilung eines derartigen Unterrichts vorbereitet zu werden. Darüber hinaus machte ich mir keine genauen Gedanken, wie das Studium aussehen würde. Ich konnte lediglich auf ein Jahr Textilgestaltungsunterricht im 6. Schuljahr zurückblicken. Mein persönlicher Ausgangspunkt war die Freude am Häkeln, Stricken und Nähen und meine Begeisterung am Kunstunterricht.
Das Studium ist jedoch nicht wie eine handwerkliche Ausbildung zu sehen, in der textile Techniken von Grund auf gelernt werden, um diese später SchülerInnen zu vermitteln, sondern es hat den künstlerischen Ausdruck und die gestalterische Auseinandersetzung mit vorrangig textilem Material zum Ziel. Genau hier ergibt sich das Problem: Textile Techniken und Fertigkeiten werden weitestgehend vorausgesetzt.
Ich persönlich hatte oft das Gefühl eines fehlenden Fundaments, denn ohne ein breites Wissen um technische Möglichkeiten und aufgrund fehlender Umsetzungsfähigkeit konnten viele Ideen nicht verwirklicht werden.
Mit Blick auf meine spätere Tätigkeit als Lehrerin war ich bemüht, mich mit möglichst vielen unterschiedlichen Techniken und Materialien auseinanderzusetzen.
Angeregt durch viele Textilkunstausstellungen entwickelte ich eine immer größer werdende Experimentier- und Schaffensfreude.
Seit Februar 1997 befinde ich mich im zweiten Teil meiner Ausbildung, der Lehramtsanwärterzeit. Zwischen Studium und Schule stelle ich nun eine große Diskrepanz fest (was in gewisser Weise natürlich auf sämtliche Fächer zutrifft). Für das Unterrichtsfach Textilgestaltung kommt erschwerend hinzu, daß es nicht kontinuierlich erteilt wird. Demzufolge verfügen SchülerInnen im

Brunhilde Berke bei der Eröffnung ihrer Ausstellung in der Galerie 1996 mit Michael Zepter, Universität Köln

9. Schuljahr häufig nur über ein sehr geringes Vorwissen. Das Bedürfnis, textile Techniken zu erlernen, ist bei einer Vielzahl der SchülerInnen recht hoch. Das Problem bei der Vermittlung stellt also weniger mangelndes Interesse am Fach als vielmehr zu große Klassen mit durchschnittlich 32 SchülerInnen dar, und die Tatsache, daß der Unterricht nicht immer im Fachraum sondern im Klassenraum erteilt wird. Aber auch eine gute Textilraumausstattung ist nicht in jeder Schule gewährleistet. Durch diese Umstände, die einem Lehrer und Schüler gleichermaßen befriedigenden Textilunterricht entgegenstehen, muß ein zu hoher Anspruch an das Fach durch die Wirklichkeit korrigiert werden.
Ich persönlich hätte mir eine größere Transparenz im Studium gewünscht, d.h. eine deutlichere Zielbestimmung. Für den Studienanfänger sind die Tradition des Handarbeits- bzw. Textilgestaltungsunterrichtes und die sich daraus ergebenden neuen didaktischen Positionen (mit künstlerisch-kreativem Schwerpunkt) fundamental wichtig, um den Problemstand des Faches und sein Bemühen um Gleichberechtigung neben der Kunst nachvollziehen zu können. Denn angefangen mit dem schweren Stand des Schulfaches findet selbst die Textilkunst in unserer Gesellschaft nicht die gleiche Anerkennung wie die Kunst als solche.
Abschließend möchte ich nicht versäumen, mein Studium insgesamt als eine große Bereicherung für mein Leben zu bezeichnen. Ich betrachte es als Beginn meiner künstlerischen Entwicklung und hoffe, diese weiter fortsetzen zu können. Für meine Tätigkeit in der Schule wünsche ich mir ein zunehmend besser werdendes didaktisch-methodisches Know-how, sowie engagierte SchülerInnen und KollegInnen, um dem Fach seine berechtigte Chance zu geben.

Sonja Junick, Düsseldorf, ist Lehramtsanwärterin für Textilgestaltung und Deutsch an einer Realschule. Sie setzte sich im Rahmen ihrer Examensprüfungen mit dem Werk der Kölner Textilkünstlerin Brunhilde Berke auseinander.

Unfrisierte Gedanken zum Streit über Begriffe

Uta M. Klotz

'KUNSTHANDWERK & DESIGN ' Heft 3'97. Schwerpunkt: Textil

Zwischen "Teufel" und "Theriak" ist im altehrwürdigen "Kluge-Mitzka", einem etymologischen Lexikon, lediglich der Begriff "Text" verzeichnet. Von Textil oder Textilkunst keine Spur.
"Text m. Lat textus, das zu Textere 'weben' und von 'Gewebe' zu 'Zus.-Hang der Rede', 'Wortlaut' geworden war, ist in spätmhd. Zeit entlehnt zu 'tëxt'. S. Technik." Auch allgemeine Lexika neuerer Art verzeichnen ihn nicht, den oftmals in der Szene so heiß umstrittenen Begriff der "Textilkunst". Textilien sei die *"allg. Bez. für beliebige Gefüge aus verspinnbaren Fasern; i.e.S., die daraus hergestellten Halb- oder Fertigfabrikate (...); allg. sprachlich u.a. Bez. für die Fertigfabrikate der Bekleidungsindustrie."*
Doch halt, neben den vielen technischen Begriffsvarianten gibt es immerhin einen kleinen Absatz, der sich mit der Gestaltung beschäftigt:
"textiles Gestalten, Unterrichtsfach der allgemeinbildenden Schulen, früher unter der Bez. 'Nadelarbeit' oder häufiger 'Handarbeit' (...)" und so weiter.

Zu mehr Klarheit verhelfen all diese Versuche einer definierenden Beschreibung nun gerade nicht, das ist offensichtlich. Besonders die Auslassungen verraten dafür um so mehr. Vor allem, daß der Begriff zeitlichen Wandlungen unterworfen ist, die im Bereich des Textilen auch immer mit technischem Fortschritt zu tun haben. Eine andere Dimension betrifft das Bewußtsein, die Meinung der Allgemeinheit, der Nichtspezialisten, die in Hinblick auf Textilkunst oder besser textile Gestaltung oft auf eigene Erfahrung zurückblicken, in Form von "Nadelarbeit-" oder "Handarbeit-" Stunden.

Der historisch gesehen neue Begriff der "Textilkunst" kämpft heute an zwei Fronten. In ihm trifft die rückwärts gewandte Frage "Was ist Textil?" auf die vorwärts gerichtete "Was ist Kunst?". Damit steht er allerdings nicht allein. Er teilt das Schicksal mit fast allen Materialien oder Techniken, die man vom heutigen Standpunkt aus bislang dem angewandten Bereich zugeordnet hat. Gibt es Papierkunst, Glaskunst, Schmuckkunst oder keramische Kunst? Möglicherweise erweist sich hier der Begriff "Kunst" als Schlüssel. Der zeitgenössische westliche Begriff setzt weniger auf Kunstvolles oder Kunstfertigkeit als auf sogenannte Konzepte. Werfen wir noch einmal einen Blick in unser Lexikon. Interessant wird dort besonders der letzte Absatz, der unter dem Stichwort "Kunst" auf die Besonderheit des Kunstbegriffs im 20. Jahrhundert eingeht:
"Bes. wird auf den Zusammenhang von gesellschaftl. Wirklichkeit und K. hingewiesen, d.h. einerseits auf die K. als Selbsttäuschung einer Gesellschaft, andererseits auf den Bezug der K. zur Wahrheit gesellschaftl. Wirklichkeit. Aus den Gedanken der engen Verflechtung von Leben (...) und K. ergibt sich die Vorstellung, daß alles tendenziell K. ist (...). Hinter dieser Auffassung zeichnet sich als Hoffnung oder Utopie ab, daß so ein Beitrag gelingen könnte, verkrustete Gesellschaftsstrukturen zu brechen und damit gesellschaftl. Erneuerung und Veränderung zu bewirken."

Angesichts solcher Versuche zur sprachlichen Eingrenzung muß jeder weitere zur genauen Definition von Textilkunst per se zum Scheitern verurteilt sein. Vielleicht sollte man sich viel lieber damit vertraut machen, daß auch ein Begriff wie "Textilkunst", wenn man ihn denn nun für die Bezeichnung eines bestimmten Gegenstandes wählen will, ganz unterschiedliche Bedeutungen haben kann. Sprache an sich ist schließlich ein lebendiges Instrumentarium. Sie ist zwar einerseits bestimmend, ist aber auch durchlässig, paßt sich an und kann jederzeit verändert werden. In den meisten Fällen allerdings gehen die Begriffe der Entwicklung nicht voraus (eine berühmte Ausnahme: Am Anfang war das Wort) sondern umgekehrt. Im nächsten Schritt dann mühen sich Sprachwissenschaftler und sonstige Theoretiker um die genaue Begriffsbestimmung und Définition.

Wer aber heutzutage sogenannte Textilkunst macht, der sollte sich lieber weniger mit dem Begriff beschäftigen, als vielmehr ernsthaft damit, was für ihn Kunst ist und sein soll; was er ausdrücken will, warum, womit und wie.

Literatur:
Friederich Kluge: *Etymologisches Wörterbuch der deutschen Sprache,* Berlin 1975.
Meyers großes Taschenlexikon, 24 Bde., 4. vollst. überarb. Aufl. Mannheim/Leipzig u.a. 1992.

Uta M. Klotz, Köln, ist Chefredakteurin der Zeitschriften KUNSTHANDWERK & DESIGN und NEUES GLAS/NEW GLASS.

Ist Seidenmalerei Kunst ?

Monika Speyer

Vorbereitung der Installation von Monika Speyer zum 20jährigen Bestehen der Galerie, 1993

Der Berufsverband Bildender Künstler (BBK) beantwortet die Frage mit Nein: Kunst sind Malerei, Graphik, Bildhauerei, sowie Mixed Media, Performance, Foto und Film. Der Rest ist Nicht-Kunst. Alle Künste, die sich nützlich machen, sind dem BBK verdächtig. Bis heute werden Architekten, Keramiker, Goldschmiede und Textilkünstler nur dann in den Berufsverband aufgenommen, wenn sie ein künstlerisches Hochschuldiplom bzw. ein Akademiestudium nachweisen können. Eine Seidenmalerin, die der Aufnahmejury Arbeiten vorlegen muß, hat schlechte Karten.

Die deutschen Finanzämter
beantworten die Frage "Ist Seidenmalerei Kunst?" mit Ja und Nein. Die Entscheidung – Künstleranerkennung oder nicht – ist für jeden Selbständigen ökonomisch folgenreich. Finanzämter unterscheiden zwischen "freier Kunst" und "angewandter Gestaltung". Auf Kunst muß nur der halbe Mehrwertsteuersatz entrichtet werden, während für Gestaltung die volle Umsatzsteuer erhoben wird. Bezogen auf Seidenmalerei funktioniert die Kunstdefinition der Finanzämter ungefähr so: Wenn eine bemalte Seide über einen Rahmen gespannt wird, so daß sie wie ein Bild "nutzlos" an der Wand hängt, dann ist Seidenmalerei Kunst. Wird dieselbe bemalte Seide als Tuch um den Hals gelegt, dann ist Seidenmalerei angewandte Gestaltung. Wegen dem Hals; bzw. wegen dem Nagel in der Wand. Sie verstehen?

Seidenmalerei als Hobby
Wer den Katalog eines Versandhändlers aufschlägt, liest folgende Botschaft: "Basteln ist kreativ. Ganz schnell, ganz leicht machen Sie ein Kunstwerk mit unseren Produkten. Nichts kann schiefgehen, wenn Sie unsere Anleitungen befolgen." Auch für diejenigen SeidenmalerInnen, denen selbst das Durchpausen einer Vorlage zu hoch ist, hat der Bastelbedarf ein Produkt entwickelt: die "Gutta-Kollektion". Das sind Seiden mit vorgedruckten Guttalinien, die nur noch ausgemalt werden. Diese Vermarktung der Seidenmalerei als Hobby hat dazu geführt, daß heute fast jede Frau das Seidenmalen schon probiert hat, und zwar in einem Zusammenhang, der mit Kunst oder Gestaltung wenig zu tun hat: als Therapie, als Beschäftigung, als Unterhaltung. Die Marketing-Strategie der Hobbybranche läßt sich als Kunstdefinition so formulieren: "Konsumieren ist eine Form von Kreativität. Kunst machen geht wie Kuchen backen."

Die Galerie Smend
Rudolf G. Smend hat seinen Wunsch (jede Galerie handelt mit Kunst) in Wirklichkeit umgesetzt und dadurch lang und erfolgreich darauf hingearbeitet, daß Batik und Seidenmalerei zumindest als Textilkunst anerkannt werden. Ich bin der Galerie Smend dankbar, denn ich weiß es zu schätzen, wenn ich wie ein Künstler behandelt werde: herrliche Drucke, tolle Handbücher, rauschende Vernissagen. Es ist ein offenes Geheimis, daß Smend keine verkaufsstarke Galerie ist. Smend finanzierte seine Ausstellungen nicht aus Kunstverkäufen, sondern durch den Handel mit Seide, Farben, Zubehör und Büchern. Die ausstellenden SeidenmalerInnen konnten von den Ausstellungsverkäufen ebenfalls nicht leben, sondern nur mit Hilfe anderer Geschäfte, wie sie sich beispielsweise aus den Handbüchern der Galerie Smend entwickelten. Diese schräge ökonomische Konstruktion funktio-

nierte bis Anfang der 90er Jahre ganz passabel. Künstler und Galerie profitierten voneinander wechselseitig, indem sie sich gegenseitig Image spendeten. Heute ist die wirtschaftliche Lage der Künstler schlecht; viele müssen jobben, während manche Galerie es nötig hat, Bastelartikel zu verkaufen.

Smends 25. Jubiläum wird von der wirtschaftlichen Flaute überschattet, und es ist die Frage, wie es mit der künstlerisch ambitionierten Seidenmalerei weitergehen wird.

Wann ist Seidenmalerei Kunst?
Einzelne Werke aus Seide und Reaktivfarbstoff genießen durchaus die Anerkennung als Kunst – fallweise, ausnahmsweise – obwohl die tradierten Vorurteile gegen die Seidenmalerei weiter bestehen. Ich denke, die Seidenmalerei braucht keine eigenständige Kunstdefinition, solange sie den allgemeinen Anforderungen an das Schöpferische genügt. Was das Schöpferische (das Erfinderische) ist, das ist an einem fertigen Werk schwierig zu erkennen, dazu ist es zu individuell. Es gibt gute und schlechte Kunst, gute und schlechte Seidenmalerei. Edles Material, Seide, zusammen mit einer hochwertigen Färbung, sind ein Indiz für

Carl-W. Schümann und Monika Speyer bei der Eröffnung der Ausstellung 'Quilts und Textile Objekte', 1989

handwerkliche Qualität – das allein macht eine Seidenmalerei noch nicht zur Kunst.
Das Schöpferische läßt sich im Prozeß des Machens besser erkennen, nämlich daran, welches Risiko beim Entwurf und der Herstellung eingegangen wird. Wer glaubt, Kunst machen wäre ein ebenso zielgerichteter und überschaubarer Vorgang wie Kuchen backen, der schließt sich selber vom Abenteuer des Schöpferischen aus, ebenso wie von den Freuden des Schöpferischen: die Überraschung über ein Resultat, das ganz neu erscheint; das Glück, daß sich eine Idee so und so realisieren läßt, obwohl nichts dafür sprach.

Ich kann mein persönliches Risiko beim schöpferischen Handeln beziffern. Für die Herstellung eines Seidentuchs ist die Erfolgsquote durchschnittlich 50%; d.h. ich male zwei Seidenquadrate; eines finde ich gelungen, es wird rolliert; das andere wandert in die Restekiste. Bei der Erfindung eines Bühnenvorhangs ist meine Erfolgsquote niedriger, ungefähr 1:9. Ich entwerfe zehn Vorhänge, nur einer wird realisiert.

Als ich Ende der 80er Jahre meinen ersten Bühnenvorhang[1] aus Seide machte, stellte ich fest, daß die Frage "Wann ist Seidenmalerei Kunst?" auch am Format hängt. Große Arbeiten genießen eher diese ausnahmsweise Kunst-Anerkennung, während kleine Werke, wie Krawatten oder Brillenetuis, zumeist als Kunstgewerbe beurteilt werden. Das Publikum und die Künstlerkollegen fragen sich anscheinend: "Könnte ich diese Seidenmalerei selber herstellen?". Wenn eine Seidenmalerei weit jenseits der kreativen Möglichkeiten der Allgemeinheit liegt, dann wird sie als Kunst anerkannt, sogar bei felsenfesten Vorurteilen.
Die Zukunft der Seidenmalerei ist folglich auch abhängig von der allgemeinen wirtschaftlichen Lage. Die Kassenlage der öffentlichen Auftraggeber hat sich derart verschlechtert, daß nur noch die insgesamt billigste Kunst am Bau beauftragt wird. Deshalb realisiere ich meine Unikat-Vorhänge jetzt nicht mehr in Seide, sondern in Trevira CS (Polyester). Als Material ist Trevira CS nicht billiger, es ist jedoch schwerentflammbarer als Seide, wodurch die Bauherren am Brandschutz (Sprühflut, Sprinkler) einsparen können.

Obwohl die Anerkennung der Seidenmalerei als eine der Künste fraglich bleibt – die Seidenmalerei ermöglicht, durch die Zuverlässigkeit ihrer Farbstoffe und deren einfache Handhabung, unübertroffene schöpferische Freuden.

1 Der Sultans of Swing Vorhang, Günzburg, Abbildung im Handbuch 5 der Galerie Smend, S. 199.

Monika Speyer ist freischaffende Textilkünstlerin.
Siehe Vita und Werk der Autorin auf Seite 108.

Textilkunst in Deutschland –

Ein Rückblick nach 25 Jahren

Barbara Koch-Münchmeyer

Für die textile Kunst in Deutschland war das Jahr 1973 der Beginn einer dynamischen Entwicklung; denn entscheidende Impulse und Aktivitäten in der textilen Szene gingen seinerzeit nur von den USA, Frankreich und Polen aus und als einzige Ausstellung in Europa zeigte die "Biennale Internationale de la Tapisserie" in Lausanne zeitgenössische Wandteppichkunst und Textilobjekte.
Da wagten es zwei Unternehmen, etwas Neues mit bzw. für künstlerische Textilien aufzubauen:
In Köln richtete Rudolf G. Smend mit indonesischen Batiken und fernöstlichen, traditionell in Reservierungstechniken bemusterten Seiden- und Baumwollstoffen eine Galerie ein. Aufgrund des zunehmenden Interesses an Batiken wurden auch praktische Unterrichtskurse in der Galerie mit den dazu gehörenden Materialien angeboten.

In Hannover editierte der Verlag M. & H. Schaper im gleichen Jahr seine neue Fachzeitschrift "textilkunst" mit dem Ziel, den künstlerisch und handwerklich tätigen Textilschaffenden eine Möglichkeit zu bieten, ihre Arbeiten einer breiten Öffentlichkeit vorzustellen – zumal in jenen Jahren die textile Kunst als ein noch junger Bereich innerhalb der bildenden

'textilkunst'
Die erste Ausgabe von Juli 1973

Kunst wenig Chancen hatte, sich Geltung zu verschaffen. Seitdem wird in jeder Ausgabe den Lesern ein Querschnitt geboten über Arbeiten aus den unterschiedlichen textilen Anwendungsbereichen sowie regelmäßig über bedeutende Ausstellungen im In- und Ausland berichtet. Nicht nur bekannte Künstler werden mit ihren Werken vorgestellt, sondern ganz bewußt auch gute Arbeiten aus dem Laienschaffen veröffentlicht.

Im Laufe der zurückblickenden 25 Jahre haben sich deutlich textile Schwerpunkte verlagert. So stand beispielsweise in den 70er Jahren Makramee noch hoch im Kurs. Heute ist diese Knüpfkunst – bis auf wenige Ausnahmen – nahezu vergessen. Naturverbundenheit und alternative Lebensformen lösten Anfang der 80er Jahre große Begeisterung für Spinnen und Weben aus; aber längst ist das vorbei, denn viel bequemer und kostengünstiger lassen sich Fertigerzeugnisse kaufen. Viele Freunde von Batikstoffen und -bildern wollten gern selbst die Fachkenntnisse erlernen. Doch heute führen nur noch überzeugte und engagierte Batiker diese anspruchsvolle und traditionelle Kunst der Stoffreservierung aus. Seidenmalerei auf edlen Materialien kann dagegen viel rascher zum Erfolg führen, so daß sich diese Kunstfertigkeit zunehmend großer Beliebtheit erfreut – sowohl in der Mode für individuelle Kreationen als auch für leuchtende Raumobjekte. Die künstlerische Stickerei mit ihren zahlreichen Sticharbeiten und -variationen hat hierzulande leider keine bedeutende Wertschätzung erlangt (von der Paramentenstickerei abgesehen) und blieb mehr der seltener ausgeübten freien Technik vorbehalten. Vielleicht vermögen Stickwettbewerbe, zur allgemeinen weiteren Verbreitung dieser subtilen Kunstform mit beizutragen. Die aus den USA stammende Patchwork-Quilt-Kunst hat sich dagegen auch in Deutschland zu einem echten Boom entwickelt und groß- und kleinformatige

'textilkunst international', Heft 1'98

Patchwork-Quilt-Arbeiten zeigen in Motiven, Stoffen, Farben und Stepplinien wohl die mannigfaltigsten Gestaltungsmöglichkeiten.

Sowohl von Hannover als auch von Köln gingen kontinuierlich wichtige Impulse für die textile Kunst und Kultur aus. Redaktion und Galerie pflegten stets gute Kontakte miteinander: Auf der einen Seite wurden renommierte Galerie-Künstler in der Zeitschrift vorgestellt, auf der anderen Seite arrangierte die Galerie Smend Ausstellungen für Künstler, denen zuvor in der "textilkunst" ein eigener Beitrag gewidmet worden war. Verstand sich die Galerie Smend anfänglich als reine Batik-Galerie, hat sie seit 1983 – in Anpassung an geänderte Publikumswünsche – mit Seidenmalerei einen neuen und breit angelegten Schwerpunkt aufgebaut. Inzwischen werden auch Kurse in anderen Textiltechniken – z.B. Patchwork, Shibori und Filzen – offeriert.

Minitextilien, in allen denkbaren Techniken flächig und dreidimensional ausgeführt, waren in der Vergangenheit als anerkannte Gestaltungsform international verbreitet. Daher wurde anläßlich des 10-jährigen Bestehens der Zeitschrift "textilkunst" ein erfolgreicher Wettbewerb für eine jurierte Ausstellung ausgeschrieben, die erst in der Handwerksform Hannover und anschließend im Textilmuseum Tilburg (NL) zu sehen war.

Die Textilkunst hat sich in der abgelaufenen Zeitspanne von 25 Jahren entscheidend gewandelt und mit der Einbeziehung textilfremder Materialien zu innovativen Ausdrucksformen gefunden, die neue Betrachtungen oder eine Absage an bisherige Projekte erfordern. Die Deutsche Biennale der Textilkunst hat ihr Konzept letztmalig 1990/91 realisiert. Die große internationale Präsentation zeitgenössischer Textilkunst in Lausanne steht nicht mehr für Tapisseriekunst im weitesten Sinn. Durch einen neuen Ausrichtungsmodus mit neuen Ausstellungsorten stellte man sich 1995 den Herausforderungen zwischen Vergangenheit und Gegenwart, zwischen 30 Jahren Tradition und einer möglichen Zukunft, sowie zwischen Textilkunst und bildender Kunst – wobei als Leitfaden das Element Textil erhalten bleiben sollte.

Es gibt Neuanfänge für textile Ausstellungen mit internationalen Beteiligungen – sowohl in Deutschland als auch in den Nachbarländern mit Zusammenschlüssen auf dem Ausstellungssektor. Ihren engagierten Initiatoren gelingt es, neben bekannten Namen auch Newcomer in der textilen Szene zusammenzuführen. Dadurch wird das breite Spektrum künstlerisch-kreativen Textilschaffens – vom Traditionellen bis hin zum Experimentellen – auch in Zukunft seine Bedeutung und Anerkennung behalten.

Barbara Koch-Münchmeyer, Hannover, war von 1973 bis 1995 Herausgeberin der Zeitschrift "textilkunst".

Kleid, Weib, Wahrheit

Ellen Harlizius-Klück

Die Metapher von der nackten Wahrheit, die man wie eine Frau enthüllen muß, hat in der Philosophie eine zweitausendjährige Tradition. Ihr entspricht in der literarischen Hermeneutik die Vorstellung von einem Text (von lat. texere = weben) aus Buchstaben-Material (von lat. mater = Mutter), welches einen eigentlichen Sinn verbringt.

Wissenschaft wird deshalb als historische Abfolge von Entdeckungen und Enthüllungen aufgefaßt, die immer weiter fortschreitet. Dem hat sich der Anblick von Texten unterzuordnen. Zur leichteren Erfaßbarkeit werden Buchstaben standardisiert, der Text wird gegliedert, betitelt, kursiv, klein, groß oder in Gänsefüßchen gesetzt usw. Die sichtbare Materialität wird als das angesehen, was dem Sinn des Textes äußerlich ist, also übersehen werden kann oder soll.

Dies war nicht immer so. Das Verhältnis von Zeichen und Bezeichnetem, von Stoff und Wahrheit, ist Veränderungen unterworfen, die sich an der Einschätzung der Verhüllungsfunktionen von Text oder Textil ablesen lassen, so daß die Metapher von der nackten Wahrheit immer auch etwas über das Wissenschaftsverständnis der Epoche aussagen kann.

Die Lesbarkeit der Welt ist im Mittelalter nicht auf eine Enthüllung angelegt. Auch wenn die Vorhänge der revelatio veritatis sich wie ein roter Faden durch die Kunstwerke der Zeit zieht, so ist ihre Funktion doch eher, eine Schwelle anzuzeigen, auf der sich Wahrheiten sichbar manifestieren, weniger eine Grenze zu ziehen, jenseits derer man die Wahrheit finden würde, denn diese bleibt dem allmächtigen Gott vorbehalten, der jenseits dieser Grenze wohnt.

Zweifelhafte Berühmtheit hat der mittelalterliche Allmachtsvorbehalt schließlich dadurch erhalten, daß er zum stärksten Argument im Prozeß gegen Galileo Galilei wurde. Dort erscheint er nur noch als Skrupel der mittelalterlichen Theologie bezüglich der Erforschung des Himmels, während mit Galilei die neuzeitliche Entdeckung der Wahrheit über das Himmelszelt ihren Siegeszug in den Wissenschaften antritt. In einer Schmähschrift hat er seine Ansicht über das Verhältnis von Textilien und Wahrheit auf die prägnanteste Form gebracht:

Raum-Installation von Ellen Harlizius-Klück

Hatte eine Frau irgendeinen Makel,
Wußte sie ihn zu bedecken
Mit drei oder vier Kastanienblättern bloß;
So wurden die Leute nicht betrogen,
Wie es heutzutage zugeht, da sie betrogen werden.
Wenn allerdings der Mann nicht mehr ist, als ein Kenner:
Der von außen sieht, was gut ist,
Wenn du sie erst unter dem Gewand prüfst
Kann es dir gehen wie mit der Büchse der Pandora.
So sieht man wohl, für jede Täuschung, jeglichen Betrug,
Gibt es nur einen Grund:
Das ganze Jahr in Kleidern herumzulaufen.

Ellen Harlizius-Klück ist freischaffende Textilkünstlerin.
Siehe Vita und Werk der Autorin auf Seite 88.

DIE VON GOTT ERSCHAF
FENE WELT IST ALLES, WAS
DA LEBT UND WEBT,
HEISST ES IN DER BIBEL.
DIESES GROSSE TUCH DES
LEBENDIGEN, WELCHES
DIE WELT IST, STELLTE
MAN SICH IM MITTEL
ALTER NICHT NUR ALS
GEWEBE VOR, DAS DEN
WOHNORT GOTTES ALS
HIMMELSZELT VERBARG,
SONDERN AUCH ALS
TEXT, ALS BUCH GOTTES,
DAS MAN ABER NICHT IN
DER WEISE LAS, WIE WIR
ES HEUTE TUN, WAS MAN
NICHT ZULETZT DARAN
ERKENNT, DASS DIE
TEXTE ÜBER GOTTES
TEXT UNS WIE TEXTILIEN
DARGEBOTEN WERDEN.
FEHLENDE KLEINSCHREI
BUNG, FEHLENDE INTER
PUNKTION UND ZEILEN
UMBRÜCHE MITTEN IM
WORT, WINZIGE ZEILEN
ABSTÄNDE, FEHLENDE
TITEL ODER FEHLENDE
GLIEDERUNGEN ERZEU
GEN DIESEN GEWEBE
CHARAKTER DES TEXTES,
DER AUCH AUF DER IN
HALTLICHEN EBENE EINE
ROLLE SPIELT, ABER NIE
ALS DORT ZU VERNACH
LÄSSIGENDES ELEMENT,
SONDERN ALS ORT DER
SICHTBARKEIT DES
GÖTTLICHEN WELTGE
WEBES SELBST, ABER
NICHT ALS ORT DER
SICHTBARKEIT GOTTES
SELBST, JEDENFALLS
NICHT IN DER WEISE,
WIE WIR UNS DAS SEHEN

DENKEN. GOTT SELBST
BLEIBT WESENTLICH VER
BORGEN. SEINE WAHR
HEIT AUF ERDEN IST DER
SOHN, DER SICH IM
SCHOSS MARIAS INKAR
NIERT ALS ZUNÄCHST
EBENSO VERBORGENES
KIND. MARIA WIRD DA
DURCH ZU EINER DER
STOFFIGUREN DER BIBLI
SCHEN GESCHICHTE, DIE
DIE WOHNORTE GOTTES
ANZEIGEN. VOM BUNDES
ZELT ÜBER DEN SAUM
DES HERRN IM TEMPEL,
VOM VORHANG VOR
DEM ALLERHEILIGSTEN
BIS ZU MANTEL UND
KLEID MARIAS SPANNT
SICH DAS NETZ DIESER
FIGUREN, DIE NICHT SO
WOHLUNTERSCHIEDEN
SIND, WIE WIR UNS
DINGE UND BEGRIFFE
HEUTE VORSTELLEN,
DENN DIE WAHRHEIT
DIESER GESCHICHTE IST
NICHT EVIDENT, SON
DERN BREITET SICH IM
GANZEN TEXT AUS, DAS
HEISST IM GEWEBE DIE
SER WELT, DEREN GREN
ZEN DAS HIMMELSZELT
UND DAS MARIENKLEID
SIND. ALBERTUS MAG
NUS SCHREIBT ÜBER
MARIA: UND SO WERDEN
DREI WUNDERBARE
DINGE BETREFFS DER
INKARNATION GEZEIGT:
DENN DAS UNSICHTBARE
IST SICHTBAR GEMACHT,
UND DAS UNZÄHLBARE
IST ZÄHLBAR GEMACHT,
UND DAS UNMESSBARE

IST MESSBAR GEMACHT,
SELBSTVERSTÄNDLICH
ZUSAMMENGEDRÄNGT
UNTER DEM JUNGFRÄU
LICHEN SCHOSS.
IST DER LEIB MARIAS, IHR
ROTES GEWAND, GOTTES
ERSTE WOHNUNG AUF
ERDEN, SO IST DESSEN
ERFORSCHUNG MIT
ÄHNLICHEN VORBE
HALTEN VERSEHEN WIE
DIE ERFORSCHUNG DER
HIMMELSSPHÄRE, DIE ALS
GÖTTLICHER WOHNORT
UNTER DEN ALLMACHTS
VORBEHALT GOTTES
FÄLLT: DESHALB IST
MARIA DURCH DAS
SIEGEL DER JUNGFRÄU
LICHKEIT VERSIEGELT
ALS GEHEIMNIS DES
HERRN, WELCHES MAN
VOR FEIND UND TEUFEL
VERBIRGT. MARIAS VER
SIEGELTER KÖRPER IST
EIN ORT DER OFFEN
BARUNG DER WAHRHEIT,
DIE NUR GOTTES ALL
MACHT ZUGÄNGLICH
MACHT. DIESES ARGU
MENT BEKAM GALILEI ZU
SPÜREN, DER DEN KARDI
NÄLEN ALS PROTAGO
NIST EINER UNMÄSSIGEN
NEUGIER GALT, DIE OFT
ALS LIBIDINÖSE BEGIER
DE CHARAKTERISIERT
WURDE, WEIL DER NEU
GIERIGE SICH UNTER
MISSACHTUNG GOTT
LICHER VORBEHALTS
RECHTE ZUGANG ZUR
SPHÄRE SEINES VER
LANGENS VERSCHAFFEN
WILL.

Spinnen, Weben, Malen, Dichten – Text und Textilie

Christoph Schmitz-Scholemann

Penelope und Telemachos, Zeichnung nach einer rotfigurigen Vase (5. Jhdt. v. Ch.)

Der berühmte Ministerpräsident! Welche Überraschung, als kürzlich im Radio die Stimme dieses Tigers der Tat und Technikers der Macht erklang und das Wort “Dichtung” aussprach, und “Werk” und “Philosophie” und “Insel”, und das alles in einem Ton, den begeistert zu nennen nicht ausreichen würde, weil da noch diese beinah religiöse Beimischung von Andacht und Ergriffenheit mitschwang. Nach Zimt duftende Inseln kamen mir in den Sinn, durch Säulenhallen wandelnde Philosophen, Kalypso und Nausikaa und alle Mädchen des Mittelmeers, die den alternden Odysseus in ihre handgewebten Tücher wickelten, mit ihrer Schönheit erquickten und ihren süßen Genossen nannten – doch dann rief ich mich zur Ordnung und sagte: “Spinnerei! Du hast Dich verhört! Der berühmte Ministerpräsident und die Kunst – unmöglich!” Aber er sprach tatsächlich von Dichtung. Ich hatte richtig gehört. Nur, leider, falsch verstanden: Sein Dichtungswerk stand in keinem Buch, sondern südwestlich von Lüneburg, die Philosophie war die Produktions-Philosophie des KAI-ZEN und der Fertigungsinseln, und das vorbildliche Unternehmen stellte Gummiringe her und machte mächtige Gewinne. Das Geld war es, was der Stimme des Herrn die

Andacht verlieh. Nichts gegen Geld, nichts gegen Gummiringe und KAI-ZEN! Aber als Gegenstand der Phantasie und verglichen mit Kalypso und Nausikaa und ihren Geweben? Was soll man sagen? Dichtung und Dichtung ist eben nicht dasselbe. Noch nicht einmal die Herkunft der Worte, sagen die Etymologen, sei die gleiche: Die Dichtung der Flanschen und Muffen hat etwas mit "dick" und "dicht" zu tun, der Dichter dagegen mit dem "dictator" und dieser leitet sich von dem lateinischen Verb "dicere" ab – sagen, reden, befehlen. Es gibt Ähnlichkeiten, die nicht auf Verwandtschaft beruhen – "false friends" heißen sie auf Englisch: falsche Freunde.
Es gibt aber auch echte Verwandtschaften, die so offensichtlich sind, daß man sie kaum wahrnimmt. Ein Beispiel für dieses Phänomen ist das Verhältnis der Worte "Text" und "Textilie". Beide stammen vom lateinischen "texere" – und das bedeutet: weben. Die Textilie ist also das Gewebte – und der Text ist es auch, nur das Material ist ein anderes, im einen Fall sind es Fäden, im anderen Gedanken, die miteinander verwoben werden. Man kann sogar noch tiefer in der Wortgeschichte graben und findet dann "TAK" als indogermanische Wurzel von "texere"; diese Wurzel "TAK" hat vielleicht lautmalerischen Ursprung; sie tritt in griechischen und lateinischen Wörtern auf, die fundamentale menschliche Erzeugungsprozesse beschreiben: behauen, bilden, zeugen, und sie steht im Zusammenhang mit dem griechischen Ur- und Inbegriff "techne", der zugleich Technik und Kunst, Handwerk und Wissenschaft bezeichnete – für die Griechen gab es da keine Rangunterschiede. Die Frage, ob Seidenmalerei Kunst ist, hätten sie nicht einmal verstanden: Sie hatten denselben Respekt vor dem Bildhauer Phidias wie vor der Lyrikerin Sappho, sie ehrten die Kunst ihrer Baumeister nicht weniger als die Raffinesse erotischer Gedichte und die Brillanz ihrer Gerichtsredner und Politiker, sogar das Geldverdienen selbst war für sie "techne" – Kunst. So vernarrt waren sie in Geschicklichkeit jeder Art, daß einige ihrer Philosophen ihnen vorwarfen, sie seien zu oberflächlich. Es dürfe bei allen Künsten und Gelehrsamkeiten, so lautete die Mahnung der Philosophen, letztlich nicht um den äußerlichen Glanz, um gesellschaftliches Ansehen und schon gar nicht um Geld gehen, sondern man müsse mit den Künsten *die Seele färben*. Eine merkwürdige Metapher! Ist die Seele ein Gewebe oder ein Gewässer, das man färben kann? Es wäre reizvoll, sich in dieses Bild zu vertiefen... Welche Farbe wird die Seele annehmen, wenn sie mit Kunst und Gelehrsamkeit getränkt ist? Vielleicht das Blau der Poesie? Oder den bleichen Ton der Seide? Das Gold der Ökonomie?
Womit wir wieder bei dem tatkräftigen Politiker und seinem Dichtungswerk wären. Wünschen wir ihm Glück! Viel Glück! Denn vielleicht regnet etwas von dem schönen Gold, an dem ihm soviel liegt und für das er sich so reckt und biegt, auf die Künste herab. Dann würde aus dem "false friend" doch noch ein süßer Genosse.

Christoph Schmitz-Scholemann ist Richter am Arbeitsgericht Düsseldorf und lebt in Köln.

St. Nicolai Lüneburg

Museum und Galerie

Der Händler und die Seinigen

(frei nach Johann Wolfgang von Goethe)

Carl-Wolfgang Schümann

Carl-W. Schümann und Donald J. Harper

Als ich Direktor des Deutschen Textilmuseums in Krefeld wurde, kannte ich von der Sammlung wenig. Händler, die Textilien sammelten und Privatsammler waren bestenfalls in Umrissen bekannt. Den Händlern und Kollegen in diesem kleinen Sammelgebiet war ich selbst wiederum kaum bekannt. Es mußte sich etwas ändern! Die weltumspannende Sammlung in Krefeld erforderte dies.
Das war vor fast 20 Jahren. Schon im ersten Monat meiner Tätigkeit bekam ich ein sehr gutes Angebot von europäischen Stoffen aus Paris. Später gab es auch gute Kontakte zu anderen Händlern, die weitgehend im Ausland lebten oder sich dort zumindest jedes Jahr bedeutende Zeit aufhielten. Es gab noch Geld und so gab es auch Offerten. Viele der Kontakte hatten sich schon bei meinen Vorgängern ergeben und konnten von mir als Nachfolger genutzt werden. Textilsammler und Händler bilden eine kleine übersehbare Gruppe und so war es ganz natürlich, daß ich die einzige Textilgalerie in Deutschland von Rudolf Smend in Köln aufsuchen mußte. Da ich Ethnologie nur im Nebenfach studiert habe und in meiner Zeit überwiegend soziale Probleme der Ethnologie im Vordergrund standen, mußte ich mich in die Realienkunde erst einlesen und vor allen Dingen einsehen.
Rudolf Smend wurde Berater, Lehrer und Freund. Ein wichtiger Entschluß war eine Reise nach Java und Bali mit einer Gruppe von Textilkünstlern. Es wurde die entscheidende Begegnung mit indonesischer Textilkunst. Ich lernte hier selbst, wenn auch höchst ungeschickt, das Erstellen einer Batik und eines Ikats. In textiler Handarbeit war ich nicht geschult. Auf dem Basar in Solo, in Hotelräumen in Jakarta, in Galerien in Yogyakarta, bei ausländischen Residenten, vor allem auf Bali, machte ich meine ersten eindrücklichen Begegnungen mit indonesischer Textilkunst und ihren "tukans" (Zuträgern), den "runnern all around".
Man erinnert sich an Josef und seine Brüder, Händler und Popsänger zugleich – unvergessene Impressionen, die große Sympathien nach sich zogen.

Smend half dem Newcomer auf allen Gebieten und die große Sammlung indonesischer Textilien in Krefeld entstand in Zusammenarbeit. Aus anfänglich 30 Textilien wurden es über 1000. Der Galerist machte mich völlig neidlos mit Sammlern bekannt, ohne etwa an Kommissionen zu denken. Die Freundschaft mit Alit und Harmen Veldhuisen[1] wurde so gestiftet. Andere Sammler kamen hinzu. Freundschaften und Kenntnisse vertieften sich und tun das bis heute. Smend wurde zum Seelenführer durch die komplizierte Welt des indonesischen Textils. Verbindungen zum Kölner Rautenstrauch-Joest-Museum ließen die beiden umfangreichen Kataloge zu indonesischen Textilien in Nordrhein-Westfalen entstehen, Kataloge, die heute auch in Indonesien Textilkünstlern als Vorbildsammlung dienen.[2]
Hinzu kamen Kongresse in Köln und Krefeld 1985. Sparkassen und Landesstiftung halfen bei der Erweiterung der Sammlung. Aber ohne Händler und Sammler wäre das nicht möglich gewesen. Wie alle anderen auch muß ein Museumsdirektor "by doing" lernen. Vertrauen und Freundschaft zu diesen Lehrern war das Fundament, und wie in Schulen und Universitäten ist dieser Prozeß ein Geben und Nehmen und sollte im Grunde ein Leben lang so weitergehen.

1 Harmen Veldhuisen ist Besitzer einer bedeutenden Sammlung Indonesischer Batiken in den Niederlanden, Alit Veldhuisen-Djajasoebrata ist Kuratorin am Museum voor Land- en Volkenkunde in Rotterdam (Anm.d. Red.).
2 Khan Majlis, Brigitte: *Indonesische Textilien. Wege zu Göttern und Ahnen.* Bestandskatalog der Museen in Nordrhein-Westfalen, Köln 1984; *Indonesian Textiles. Symposium 1985,* Hrsg. Gisela Völger u. Karin von Welck, Köln 1991 (= Ethnologica NF, Bd. 14). (Anm.d.Red.)

Dr. Carl-Wolfgang Schümann ist seit 1979 Direktor des Deutschen Textilmuseums Krefeld.

Wege zu Göttern und Ahnen –

Indonesische Textilien im Rautenstrauch-Joest-Museum für Völkerkunde, Köln

Brigitte Khan Majlis

'Wege zu Göttern und Ahnen' Plakat zur Ausstellung 1984 (Ausschnitt)

Zeremonielles Hüfttuch 'dodot' aus dem Sultanspalast von Yogyakarta, ca. 1900 (340 x 420 cm)

Im Jahre 1984 fand im Rautenstrauch-Joest-Museum die Ausstellung "Indonesische Textilien – Wege zu Göttern und Ahnen" statt, die den Abschluß einer mehrjährigen Forschungsarbeit über die indonesischen Textilbestände in Nordrhein-Westfalen bildete. Ausgangspunkt war der Wunsch, unsere fast fünfhundert Textilien aus dieser Region zu erfassen und der Öffentlichkeit durch einen Katalog zugänglich zu machen. Während der Vorbereitungszeit kamen durch Vermittlung der sich in der Nähe des Museums befindlichen Galerie Smend zahlreiche Kontakte zu Museumskollegen und Sammlern im In- und Ausland zustande. Dies verband an Textilien und Indonesien interessierte Enthusiasten zu einem engen Netz, das heute noch Bestand hat. Zwischen Galerie und Museum besteht ein reger Austausch an Informationen und Hilfestellungen, die beidseitig befruchtend wirken und die wir nicht missen möchten.

Das Rautenstrauch-Joest-Museum blickt auf eine langwährende Sammeltätigkeit indonesischer Textilien zurück. Mehr als ein Drittel des Bestandes kam vor 1925 ins Museum. Die ersten Textilien aus Sumatra, Java und Bali stammen noch von Wilhelm Joest, dessen umfangreiche, auf Forschungsreisen Ende des 19. Jahrhunderts erworbene Sammlung den Grundstock des Museums bildet. Ebenfalls in die achtziger Jahre des letzten Jahrhunderts gehören 16 Textilien aus Borneo, die der berühmte Rajah von Sarawak, der englische Regierungsbeamte Charles Hose, dort während seiner Amtszeit erworben hatte. Besonders stolz sind wir auf ein Konvolut von 120 Textilien aus den Südlichen Molukken, die zu der großen Sammlung des Forschers Wilhelm Müller-Wismar aus den Jahren 1912/13 gehören. Damit besitzen wir international die umfangreichste historische Textilsammlung aus diesem Gebiet. Aus der gleichen Zeit stammen Textilien aus Borneo und Sulawesi, die der Berliner Ethnologe Albert Grubauer von seinen Forschungsreisen mitbrachte. Er interessierte sich besonders für Rindenbaststoffe, wodurch eine umfangreiche Kollektion in unseren Besitz gelangte. Im Lauf der Jahre wurden immer wieder kleinere Konvolute angekauft. Dazu gehört eine sehr qualitätvolle Sammlung von sogenannten Schiffstüchern, tampan und palepai, aus Südsumatra. Deren Produktion war Anfang dieses Jahrhunderts eingestellt worden. Heutzutage erzielen qualitätvolle, alte Stücke hohe Preise, was dazu geführt hat, daß mittlerweile erstaunlich gute Nachbildungen angefertigt werden. Durch die große Ausstellung im Jahre 1984 kam es nochmals zu einigen gezielten Ankäufen und Schenkungen besonders qualitätvoller Textilien, die unsere Sammlung um einige Spitzenstücke aus Sulawesi, Borneo und Flores bereicherten. Dazu gehören auch Importtextilien aus Indien, die in letzter Zeit immer mehr in den Mittelpunkt des Interesses geraten, weil bei manchen ein weit höheres Alter als bisher angenommen nachgewiesen werden konnte.

Bei den textilen Techniken liegt der Schwerpunkt der Museumssammlung bei den Ikatreservierungen. Das reicht von Kettikat-Textilien aus Baumwolle, Lontar- oder Lembafasern von verschiedenen Inseln, über die berühmten, in Doppelikat ausgeführten Zeremonialtrachten des Dorfes Tenganan Pageringsingan auf Bali, bis hin zu feinsten seidenen Schußikat-Textilien aus Sumatra.

Leider gehören Batiken aus Java nicht zu unseren besonderen Stärken, ein Manko, dem bei der Ausstellung 1984 durch die großzügige Unterstützung der Galerie Smend abgeholfen wurde: Als herausragendes Beispiel dieser Textilgattung wurde uns ein großformatiger dodot mit semen-Musterung im Randbereich und Goldauftrag als Leihgabe zu Verfügung gestellt. Mittlerweile besitzt das Museum rund fünfhundert indonesische Textilien von 24 Inseln und 52 Ethnien, und wir freuen uns, daß sich der Bestand in jedem Jahr, wenn auch nicht durch Ankäufe, so doch durch Schenkungen, erweitert.

Brigitte Khan Majlis M.A. ist wissenschaftliche Mitarbeiter im Rautenstrauch-Joest-Museum für Völkerkunde in Köln, zuständig für Textilien.

Die VI. und letzte Biennale der Textilkunst

Brigitte Tietzel

'Sprunghose' von Daniela Mayr, 1988

Wie war das eigentlich damals, 1990 – das ist auch schon wieder so lange her – warum hat Rudolf Smend unseren Katalog gedruckt? Die einfachste Antwort liegt auf der Hand: Natürlich hatte das Museum, das Deutsche Textilmuseum Krefeld, kein Geld. Museen haben ja eigentlich nie Geld. Aber warum ist Rudolf Smend eingesprungen?
Der Mann ist mir bis heute ein Rätsel geblieben.
Denn selber Geld verdienen mit dem Katalog konnte er wohl nicht. Aber eine Galerie wie die seine 25 Jahre lang am Leben zu erhalten, ohne wenigstens davon leben, seine Familie davon ernähren zu können und eine schließlich gar nicht ganz kleine Anzahl von Mitarbeitern zu bezahlen, das ist im Grunde auch nicht möglich. Vielleicht ist es diese ungewöhnliche Kombination von gesundem Geschäftssinn und einem unabhängigen Idealismus, die Rudolf Smend so sympathisch wie undurchschaubar macht.

Jedenfalls hat das damals Spaß gemacht, und niemand hätte geglaubt, daß die VI. Biennale der Textilkunst, die dritte, die in Krefeld stattfand (nach 1982 und 1987), die letzte sein würde. Sie war vielseitig, und sie war ungewöhnlich. Letzteres schon durch die 1. Preisträgerin, die inzwischen verstorbene Marie-Luise Schülein, die damals immerhin 76 Jahre alt gewesen ist. Ein solcher Preis für eine Künstlerin, die noch gar nicht großartig in Erscheinung getreten war, keine bedeutenden Lehrer in ihrer Vita nennen konnte und dabei eindeutig am Ende ihres Lebens stand? Es war eine Entscheidung für die Sache, für die Kunst; für die Kühnheit einer ungewöhnlichen, dem Textilen so nahen und das Textile überschreitenden Arbeit. Alle Preise sollten anonym, nicht

VI. Biennale der Textilkunst, 1990/91

in Kenntnis des oder der Schaffenden vergeben werden, allein das Ergebnis würdigend!

Und sie war vielseitig, diese Biennale. Die Werke reichten von bei aller farblicher Zurückgenommenheit so ausdrucksstarken Arbeit wie Martha Kreutzer-Temmings Applikationen und Stickereien auf Leinen, über Ingeborg Lorenz' wilden Dreiteiler "21 Schlangen", einer Arbeit, mit der die 1. Preisträgerin der Biennale von 1987 ihre künstlerische Kraft auch drei Jahre später behauptete, bis hin zu den gruselig-erschreckenden Hautobjekten der Verena Welten von Arb oder der phantastisch-heiteren Sprunghose der Daniela Mayr. Hier fand sich das Althergebrachte, im guten Sinn Konventionelle neben Frische, Freiheit, Frechheit, Filz. Das war damals kein Ende, eigentlich.
Wenn ich den Katalog heute durchblättere, bekomme ich Lust auf eine neue Textilbiennale.

Und mit Rudolf Smend würde ich jederzeit wieder zusammenarbeiten.

Dr. Brigitte Tietzel arbeitete von 1986 bis '93 am Deutschen Textilmuseum Krefeld und wurde danach Direktorin des Museums für Angewandte Kunst in Köln.

Museum für Angewandte Kunst
An der Rechtschule
50667 Köln
Tel. 0221. 2 21. 38 60
Fax 0221. 2 21. 38 85

Die 7. Koreanische Textilkunst-Biennale in der Galerie Smend

Einführende Worte zur Eröffnung

Carl-Wolfgang Schümann

Ausstellungseröffnung 7. Koreanische Textilkunst-Biennale 1996

Die Galerie zeigt die 7. Koreanische Textilkunst-Biennale, die zum ersten Mal in Folge dieser Ausstellung außerhalb Koreas in Köln gezeigt wird.

Das Deutsche Textilmuseum Krefeld durfte drei deutsche Textilbiennalen ausrichten. Dann wurden die Künstler übermütig und gingen mit der siebten und letzten nach Bayreuth. Da setzte die Götterdämmerung ein. Es sollte alles größer und schöner werden, und vor allen Dingen war an Wanderausstellungen gedacht, die auch ins Ausland gehen sollten. Ein finanzielles Fundament, auch von Seiten der Künstler, war nicht vorhanden. Wie der verblendete Wotan sah man das Phantastische gern, das Mögliche aber nicht.

Wer sieben Biennalen veranstaltet, versteht sein Metier. Es ist belehrend und schön, die aus weiter Ferne zu uns kommenden Werke wenigstens für kurze Zeit in Köln zu haben. Wer Textilkataloge aus Deutschland, der Schweiz und etwa Polen kennt, wird beim Durchblättern der Abbildungen manche Parallele erkennen. Er wird dabei sehen, wie stark moderne Textilkunst international und kontinentübergreifend ist. Die gegenseitigen Anregungen sind unübersehbar.
Wenn Künstler und Künstlerinnen so sinnvoll mutig und opferbereit weiter machen, werden wir sicher noch viel von koreanischen Textilien hören und sehen. Da nach ostasiatischer bzw. asiatischer Ethik im Idealfall jeder ebenso zielbewußt wie fleißig und bescheiden sein soll, ist ein solches Ziel sicher erreichbar. Der individuelle europäische Künstler leidet oft am Aufflackern der Hybris.

Rudolf Smend, Galerist und Museumsfreund, hat Ihnen seine Hallen zur Verfügung gestellt, die hoffentlich nicht zu Walhall oder gar zur Giebichungen Halle werden. Für den Direktor des Textilmuseums ist es immer ein bißchen bedauerlich, daß sich so wenig Männer mit Textilien befassen. Sei es aktiv oder passiv. Denn der Gott als Weber der Welt wird noch von Johann Wolfgang Goethe "an den sausenden Webstuhl der Zeit" gesetzt. Ich hoffe, daß alle, die in diesen Räumen sind und noch kommen werden, viele Anregungen mitnehmen können. Und vielleicht bleibt auch dieses oder jenes Werk in Europa zurück. Denn neben der webenden Göttin Athena gibt es auch den Geldbeschaffer Merkur.
Zur Ausstellung wünsche ich viel Erfolg.

'Abgeschiedenheit des Windes'
Sohn, Soon-bok, 1995

Die 7. Koreanische Textilkunst-Biennale wurde am Donnerstag, den 11. Juli 1996 in der Galerie Smend eröffnet (Anm.d.Red.).

Dr. Carl-Wolfgang Schümann ist seit 1979 Direktor des Deutschen Textilmuseums Krefeld.

Deutsches Textilmuseum
Andreasmarkt 8
47809 Krefeld-Linn
Tel. 02151. 57 20 46

Die Ausstellung "200 Jahre Mode" und die Galerie Smend

Gisela Reineking von Bock

'Festliches Gewand'
Rolando Rasmussen, 1988

'Kleid mit Überwurf'
Monika Grimm, 1990

Textile Kunst und Kleidermode sind heute enger miteinander verbunden als je zuvor. Zwar spielt die Qualität der Gewebe, der Borten oder Spitzen und der Stickereien nicht die gleiche Rolle wie in zurückliegenden Jahrhunderten, aber das Gewand als solches kann jetzt in weit höherem Maße die Arbeit eines freischaffenden Künstlers sein als in der Vergangenheit. Der Höhepunkt der individuellen Kleiderschöpfungen phantasiereicher Künstler liegt ganz offensichtlich in den 80er Jahren unseres Jahrhunderts. Gerade damals wurde deren Schaffen von einem breiten Publikum unterstützt, das sich in seiner Kleidung ganz bewußt von den Vorbildern der international gepriesenen und gehandelten offiziellen Mode abzuwenden versuchte. Lob war dem Künstler gewiß, der diesem hungrigen Publikum Alternativen zu Vorbildern aus Paris und Rom anbieten konnte. Allerdings versuchten nur wenige unter ihnen, aus dem zeitgemäßen und beliebten "Schlabberlook" mit eigenen Ideen wirklich etwas Neues zu schaffen. Vieles davon, auch wenn es schlecht oder gar häßlich war, wurde auf der Straße getragen, weil die nur nach revoltierenden Ideen Suchenden oft kritiklos sind. Da ist es für einen Historiker, der mit einer Ausstellung gerade die Gegenwart zeittypisch und gleichzeitig qualitätvoll belegen möchte, nicht einfach, die richtigen Beispiele im sehr breiten Angebot des Augenblicks zu finden.

Dies ist der Moment, wo ein Museum sich freut, wenn ihm ein Galerist zur Seite steht, der sich in der Modeszene bereits umgesehen hat und Kenntnisse aufweist, die es ermöglichen, Zeit und Lehrgeld zu sparen. Für die Ausstellung "200 Jahre Mode"[1], die die Modeentwicklung bis in den Anfang der 90er Jahre belegte, war daher die Zusammenarbeit des Museums für Angewandte Kunst Köln mit der Galerie Smend von unschätzbarem Wert. Da alle Exponate der Ausstellung im Besitz des Museums sein sollten, mußten diese Objekte auch gekauft werden. Hierbei hilft am besten eine lebendige Galerie, die mit Einzelausstellungen glänzt und dabei die Interessenten mit vielen Arbeiten eines Künstlers vertraut machen kann. So war es ein Glücksfall, daß die Galerie Smend gerade zum richtigen Zeitpunkt Gewänder von Rolando Rasmussen und von Monika Grimm vorgestellt hat. Von beiden erwarb das Museum für Angewandte Kunst Köln je ein Kleid und besitzt damit zwei vorbildliche Beispiele für die Mode der 80er Jahre, die eben keine offizielle Mode sind. Das festliche Seidengewand von Rolando Rasmussen (1988) imponiert durch seinen regenbogenartigen Dekor, bei dem sich die Farben nahtlos mischen, wie auch durch die kunsthandwerkliche Verarbeitung aller Details. Das Kleid mit Überwurf von Monika Grimm (1990) wiederum präsentiert eine kunstvoll ausgearbeitete Variante des damals sehr verbreiteten "Fetzenlooks". Mit herbstlichen Farbnuancen erinnert es an die Vergänglichkeit fallenden Laubes und zeigt in "neuer Bescheidenheit" eine künstliche Armut, die bei diesem Kleid Luxus ist.

Das Museum für Angewandte Kunst Köln dankt der Galerie Smend für die Hilfe beim Ankauf dieser qualitätvollen Beispiele. Es ist natürlich schade, daß diese Kleider nie wirklich getragen worden sind. Dadurch aber, daß sie in einen Museumsfundus kamen, werden sie die Erinnerung an die so außergewöhnliche Kleiderlust unserer Zeit auch in Zukunft wach halten.

1 *"200 Jahre Mode. Kleider vom Rokoko bis heute"*, Museum für Angewandte Kunst, Köln 1991. (Anm.d.Red.).

Prof. Dr. Gisela Reineking von Bock war stellvertretende Direktorin am Museum für Angewandte Kunst Köln und bis 1997 Leiterin der dortigen Textilsammlung.

100 Jahre Walter Spies ...

und das Engagement der Galerie Smend

Karl Mertes

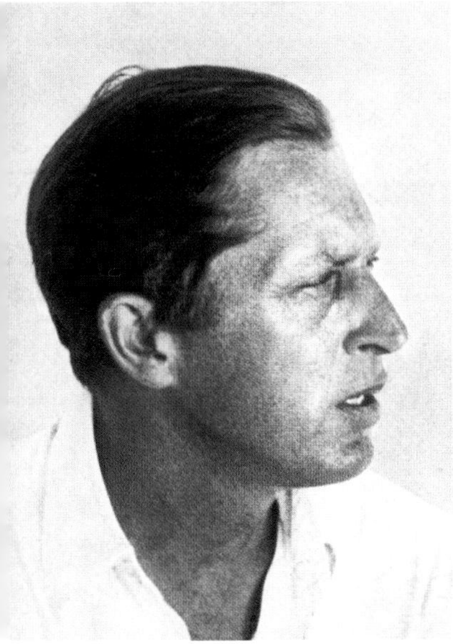

Walter Spies (Bali 1935)

Walter an Rudolf... ein fiktiver Schriftwechsel

"Mein lieber Rudolfwardono, nun, da Du Dich in Bali so gut eingerichtet hast, will ich Dir kurz von meiner neuen Umgebung berichten. Ins Heilige Köln am Rhein hat es mich verschlagen und ich habe Gelegenheit, in der Südstadt in einer Galerie für mein Auskommen zu sorgen. Warum schreibe ich Dir das? Nun, einmal, weil ich einen neuen Füller habe und zum anderen, weil ich die Tinte nicht mehr halten kann.

In dieser Galerie habe ich eine herzliche Aufnahme gefunden. Das Ehepaar, das hier sein gutes Geld zurecht verdient, hat mir sogar ein paar Räume als neues Zuhause angedient – nur ein paar Meter von den Geschäftsräumen. Allerdings liegt die kleine Wohnung im Keller – Souterrain sagen die Kölner vornehm – und es ist dort meist schön feucht, immerhin ist die Luft deshalb nicht so trocken.

Nun, was mache ich so den ganzen lieben langen Tag? Dir will ich es einfach aufschreiben, denn Du verwahrst ja alles immer so gut auf, und wenn ich später mal nachlesen will, wie es früher war, dann kann ich ja bei Dir noch mal nachfragen. Also, ich pflege Textilien hier. Und es sind die allerfeinsten Stoffe, mit denen ich zu tun habe. Die Galerie ist nämlich die erste Adresse für feinen Zwirn aus – stell Dir das vor – Indonesien. Das Ehepaar ist vernarrt in die Stoffe und Motive. Selbst in ihren Fußabtreter haben sie ein traditionelles Motiv von der Insel Sumba 'einweben' lassen. Viele Leute kommen täglich, um sich beraten zu lassen, um zu kaufen oder an Batikkursen teilzunehmen. Ja, sie wollen nicht nur Geschäfte machen, sind keine Pfeffersäcke, sondern geben auch ihr Wissen und ihre Kenntnisse weiter. Und es ist eine Freude, sehen zu können, wie liebevoll und sorgfältig sie mit all den Sachen umgehen:

Bei Smend geht es behend
von Anfang bis End
um Stoff und Textil,
aber nicht um's Reptil.

Ich höre hier jetzt auf, weil mir sonst noch ein anderer Schüttelreim einfällt.
Mit vielen Grüßen nach Balinesien bin ich

Dein Walterowski aus Colonia".

So, oder so ähnlich hätte sich vielleicht ein Brief gelesen, wenn Walter Spies an Rudolf Smend hätte schreiben können. Doch dazu bestand keine Möglichkeit. Denn die Smends haben Spies erst spät entdeckt und kennengelernt.

Smend war schon lange eine bekannte Anlaufstelle – nicht nur für Textilien. Zwischen der Galerie und der Deutsch-Indonesischen Gesellschaft (DIG) hatte es schon mehrere gemeinsame Ausstellungen und Projekte gegeben. Anfang der 90er fingen wir innerhalb der DIG an, uns Gedanken über ein paar besondere Initiativen zum 100. Geburtstag von Walter Spies zu machen, der im September 1995 anstand. Und da fühlten sich Karin und Rudolf Smend offensichtlich besonders gefordert.

Die Erinnerung an Walter Spies – 1895 geboren und 1942 umgekommen – war für uns der Anlaß, entlang der Biographie und der Arbeiten eines Multitalents den personifizierten Brückenschlag zwischen Indonesien und Deutschland nachzuzeichnen. Spies war als Sohn eines deutschen Geschäftsmannes in Moskau zur Welt gekommen, genoß die Erziehung der berühmten Vitzthum-Schule in Dresden und geriet während der Wirren des Ersten Weltkrieges als Internierter der Russen hinter den Ural. Als Musiker und Maler machte er sich im Berlin der 20er Jahre einen Namen. 1923 fuhr er von Hamburg aus per Schiff nach Batavia, dem heutigen Jakarta. In Yogyakarta stieg er zum Hofkapellmeister des Sultans auf, bis er sich schließlich in Bali niederließ und auf eine unnachahmliche Weise die Kultur ergründete und auf bemerkenswerte Art und Weise weiterentwickelte: Er unterstützte lokale Künstler in der Entwicklung von Malstilen und -techniken, er dokumentierte Gamelanmusik und trug archäologische Fundstücke zusammen. In seinem eigenwilligen und originellen Malstil schuf er eine Reihe von Gemälden, die dem Magischen Realismus zugeordnet werden. Und in seiner außergewöhnlichen Position als ein nahezu integrierter europäischer Künstler in Bali war er für viele Besucher der Verbindungsmann zwischen den Kulturen. Kurzum, Walter Spies steht für eine aufgeschlossene Begegnung unterschiedlicher Kulturkreise.

Seine Vita nachzuzeichnen und Teile seines Schaffens für eine Ausstellung zusammenzutragen, war ein schwieriges Unterfangen – weil es keine zusammenhängende Spies-Sammlung gibt und Unterlagen nur mühsam zu beschaffen sind. Und dieser Herausforderung stellten sich Rudolf und Karin Smend, das war wohl etwas so recht nach ihrer Art: Recherchieren, nachfassen, organisieren, sortieren, publizieren. Mit ungeheurem Eifer, mit einer besonderen Hartnäckigkeit, mit außergewöhnlicher Hingabe und – ich wage es so festzustellen – mit Zuneigung haben sich die Smends in einen Teil der Nachlaßverwaltung von Walter Spies eingebracht. Rudolfs Kontakte erleichterten die komplizierte Vorbereitung und Durchführung der geplanten Ausstellung. Er hat sich krumm gelegt und beileibe nicht die Mark umgedreht, als es in das Endstadium ging und in den Räumen des Rautenstrauch-Joest-Museums im September '95 schließlich die Bilderschau zustande kam. In der Galerie

'Der Affe' oder 'Buyansee' Walter Spies, 1934 (65x63 cm, Öl/Leinwand)

organisierten wir ergänzend eine Fotoausstellung. Das Rahmenprogramm ist auch mit wesentlicher Unterstützung von Rudolf durchgeführt worden. Richtig in Hochform lief er aber anschließend auf: Die sorgfältige Dokumentation der Besucher, der Ausbau und die Pflege der Fotosammlung, die Unterstützung bei der Gründung der Walter-Spies-Gesellschaft und die anhaltende Bereitschaft, sich um das Erbe dieses Mannes zu bemühen, das ist schon etwas Besonderes. Manches Mal habe ich mich gefragt, ob sich hier nicht nachträglich gemeinsame Interessen auffinden lassen. Denn Rudolf und Karin Smend fördern den Kulturaustausch, die Begegnung von Indonesiern und Deutschen, und tragen auf ihre Art zu einer friedlichen Verständigung sowie zu einem kreativen Miteinander bei.

Bis heute kann Rudolf nicht von Spies lassen. Mit bemerkenswerter Beharrlichkeit bemüht er sich um die Vervollständigung von Unterlagen. Und demnächst ergibt sich vielleicht erneut eine Gelegenheit, Walter Spies auszustellen. Denn jüngst sind Dokumente, Skizzen und Gemälde aufgefunden worden, die öffentlich noch nicht bekannt sind. Vielleicht ist das wieder eine neue Herausforderung...

Herzlichen Glückwunsch zu einem Vierteljahrhundert erfolgreicher und fruchtbarer Arbeit – und zu dem Spaß, den Ihr daran habt!

Karl Mertes ist Redakteur beim WDR und Präsident der Deutsch-Indonesischen Gesellschaft.

Textilmuseum Neumünster

Klaus Tidow

Die Geschichte
Das Neumünsteraner Museum wurde 1914 als "Städtisches Museum" gegründet, und zwar mit den Abteilungen "Heimatmuseum" und "Industriemuseum". Die Sammlungen wurden in verschiedenen städtischen Gebäuden untergebracht und nur ein kleiner Teil konnte besichtigt werden.

1938 bezog das Museum einen Neubau in der Stadtmitte auf der Klosterinsel und nannte sich nun "Museum Germanischer Trachtenkunde". Während eines Bombenangriffes im Oktober 1944 wurde das Museum total zerstört und ein Großteil der Sammlungen ging verloren.

Nach dem Zweiten Weltkrieg begann der mühsame Wiederaufbau mit der Neuordnung noch vorhandener Bestände und der Nachbildung zerstörter Webgeräte und Webstühle. In Sonderausstellungen wurden Teile der Museumssammlung gezeigt, um für die Einrichtung eines neuen Museums zu werben. Diese Arbeit war erfolgreich: 1961 beschloß der Magistrat der Stadt Neumünster, das Museum in "Textilmuseum Neumünster – Gewebe und Trachten der Vorzeit" umzubenennen. Kurz darauf zog das Textilmuseum in ein eigenes Haus (Parkstraße 17) ein und wurde dort im November 1962 feierlich eröffnet. In den nächsten Jahren erfolgte ein kontinuierlicher Ausbau der ständigen Ausstellungen. Die zwei Hauptabteilungen "Frühgeschichte des Webens" und "Entwicklung der Webtechnik" werden heute auf 600 qm präsentiert. Schwerpunkte dieser Abteilungen sind die Rekonstruktion von frühgeschichtlichen Webgeräten und funktionsfähige Handwebstühle des 18. bis 20. Jahrhunderts.
Eine neue Phase der Museumsarbeit in Neumünster begann 1984, als erstmals über den Aufbau eines neuen Museums (Industriemuseum, Museum der Arbeit) diskutiert wurde. In diesem Museum sollte die Entwicklung Neumünsters vom Flecken zur Industriestadt dargestellt werden. Mittelpunkt der Ausstellung sollte eine vollstufige Tuchfabrik mit den wichtigsten Maschinen der Spinnerei, der Weberei und Ausrüstung sein. Es sollten die Arbeitsabläufe, aber auch die Arbeits- und Lebensbedingungen der Fabrikarbeiter und -arbeiterinnen gezeigt werden. Doch diese großen Museumspläne scheiterten 1991 am Geld. Das Textilmuseum befindet sich weiterhin in der Parkstraße. Die industriegeschichtliche Sammlung ist in einer ehemaligen Werkhalle magaziniert.

Walkmühle 18. Jahrhundert (Modell)

Textilausstellungen im Wandel
Seit Ende der 60er Jahre finden im Textilmuseum in den Sommermonaten Sonderausstellungen statt. In den ersten Jahren waren es zunächst historisch-technische Ausstellungen, in denen Textilien und Geräte aus der Sammlung des Museums gezeigt wurden, die nicht in der ständigen Ausstellung untergebracht werden konnten. Diese Museumsstücke aus dem Magazin wurden durch Leihgaben aus schleswig-holsteinischen Museen ergänzt. Themen waren u.a. die Geschichte des Wirkens und Strickens, die Spitzenherstellung, die Technik des Blaudruckes, das Beiderwandweben sowie Wandteppiche aus der Scherrebeker Webschule. Besonders diese Ausstellung mit Jugendstilteppichen fand überregionale Beachtung. Sie führte dazu, daß im Textilmuseum Neumünster vermehrt zeitgenössische Textilkunst vorgestellt wurde.
Im Jahre 1976 begann dann die Ausstellungsreihe "Kontraste in Textil", die in den nächsten zehn Jahren sowohl bei den Museumsbesuchern als auch in Fachkreisen großen Anklang fand. Es

wurde alte und neue Textilkunst in zwei bis drei Ausstellungen gegenübergestellt. Es waren Wandteppiche, Experimentalgewebe und Textilobjekte, die einen umfassenden Überblick über die damalige Textilkunst vermittelten. Einige dieser Wandteppiche und Textilobjekte konnten die Stadt Neumünster und Förderer für die Sammlung des Textilmuseums erwerben. Es war geplant, diese Sammlung zeitgenössischer Textilkunst durch Neuerwerbungen ständig zu erweitern, um daraus eine Wanderausstellung aufzubauen. Leider ist auch dieses Projekt Anfang der 90er Jahre aus finanziellen Gründen gescheitert. Der letzte Wandteppich wurde 1991 angekauft.

Das Ende der Ausstellungsreihe "Kontraste in Textil" zeichnete sich 1987/88 ab, als das Interesse an Textilobjekten spürbar nachließ. Ein neues Konzept für die Sonderausstellung mußte entwickelt werden.
In Schleswig-Holstein gab es in diesen Jahren mehrere Gruppen, die sich mit alten Textiltechniken befaßten, um sie mit zeitgenössischen Materialien neu zu gestalten. Zu den erfolgreichsten gehören die Patchworkgruppe Schleswig-Holstein (1985 gegründet) und die Webgruppe '84, die mehrfach ihre neuesten Arbeiten im Textilmuseum gezeigt und zur Diskussion gestellt haben.

Wiederbelebt wird auch die klassische Bildweberei in Gobelintechnik.
Einzel- und Gruppenausstellungen mit den bekanntesten Bildwebern und Bildweberinnen aus Norddeutschland wie Ute Gayk, Ursula Jaeger, Peter Horn und Gästen aus dem Ausland zeigten, daß Wandteppiche auf hohem künstlerischen Niveau zeitlos sind. Erfreulich ist auch, daß es jetzt Gobelinweberinnen gibt, die diese Bildwebtechnik weiterentwickeln. Besonders starken Eindruck hinterließen im Textilmuseum in den letzten Jahren Arbeiten der leider viel zu früh verstorbenen Cigdem Gürel, Wandteppiche der finnischen Textilkünstlerin Leila Selmo, der lettischen Textilkünstlerin Ieva Krūmina und der in Madrid lebenden deutschen Gobelinweberin Andrea Milde.

Es würde den Rahmen dieses Beitrages sprengen, alle WeberInnen, StrickerInnen und TextildesignerInnen zu nennen, die in den Jahren zwischen 1976 und 1997 ausgestellt haben. Es sind immerhin 37 Textilkunstausstellungen gewesen, die neben einigen anderen Sonderausstellungen mit textilhistorischen Themen die Museumsarbeit im Textilmuseum Neumünster positiv beeinflußt haben.

Das Textilmuseum wird auch in Zukunft Textilkünstlern und -künstlerinnen die Möglichkeit geben, in den Sommermonaten hier auszustellen. Schwerpunkte werden allerdings weiterhin hochwertige Gebrauchstextilien, Wandteppiche und Kleidung sein.

Klaus Tidow ist Textilingenieur. Er leitet das Textilmuseum Neumünster seit 1976.

Textilmuseum Neumünster
Parkstraße 17
24534 Neumünster
Tel. 04321. 9 42-23 16

Blick in eine Tuchmacherwerkstatt

Kunst und Kultur · Messen und Märkte

GALERIE SMEND – Mein Fenster in der Südstadt

Heinrich Breloer

Ausstellungseröffnung in der Mainzer Straße 31

Wohnung für drei Monate zu vermieten.
Mainzer Straße 28
Ein Inserat mit Folgen für Rosty und Karin Smend. Aber das konnte 1973 noch niemand wissen.
Die beiden Galeristen kannten sich noch gar nicht: nicht gegenseitig und sich selber nicht. Als Rudolf auf der Suche nach Rosty in das Dreimonatsarrangement einstieg, sollte das Haus bald danach abgerissen werden. Und das war kein Problem, die lange Reise nach Australien, die vielleicht ein Leben lang dauern sollte, war gebucht. Aber vor das Auswanderungsland Australien haben die Götter das Zauberland Indonesien gelegt. Rudolf Smend fand hier auf der Durchreise etwas, mit dem Rosty bei seiner Rückkehr eine Galerie eröffnen konnte: Batiken einer jungen Generation von Kunsthandwerkern, die in den schönen Farben, die der Indigostrauch und die Cochenille-Laus hergeben, ländliche Motive mit Büffeln, Bergen und Sonnenuntergängen in überzeugend einfachen Formen auf die Baumwolle aufgetragen hatten.
Das war nur ein Einfall ganz zu Beginn: Im Rucksack unterwanderte das Kunsthandwerk das ästhetische Weltniveau der edlen Domstadt. Das Haus in der Mainzer Straße 28 war doch nicht abgerissen. Die Stadtväter hatten mit der geistigen Nachhilfestunde einer öffentlichen Diskussion begriffen, was gewachsene Stadtviertel mit Altbauten für das Leben der Kölner bedeuten können. Ende des Kahlschlags. Aufbau der Kleingalerie Smend im Schlafzimmer. Mit dem Zuspruch und Nachschub aus dem Land der Indigosträucher wurde das Wohnzimmer in der Mainzer Straße 28 nun schon jeden Mittwoch von 15-21 Uhr zur Etagengalerie. Kontakt und Vermittlung von Künstlern und Kunsthandwerk zwischen Indonesien und der Südstadt. Rosty hatte die Rolle seines Lebens gefunden und Karin den reservierten Rosty. Seitdem haben die Reservierungstechniken in der Kölner Südstadt einen erheblichen Aufschwung genommen. Zur Freude aller Anrheiner. Der Königseinfall: Wir ziehen auf die andere Straßenseite und gewinnen ein Fenster für die Kunst. Und nebenbei eine Wohnung für Heinrich Breloer. Danke dafür, aber auch für die schönen Aussichten. Bei jedem Spaziergang blüht es in diesem Fenster, es leuchtet das Kunsthandwerk in blau, gelb, rot und grün. Auch wenn es schneit, habe ich hier meine Freude an den wechselnden Bildern und Farben. Die Preise unter den Exponaten haben sich in den letzten 25 Jahren von den Fünfzigmark-Stücken aus dem Rucksack auf 15.000.- DM das Stück Japanischer Tritik entwickelt und Rucksackgalerist Rosty weiß bei sieben zusätzlichen Arbeitsplätzen neben dem Wort Batik den Begriff Lohnnebenkosten zu schätzen.

Batik: der Lichtpunkt in der Dunkelheit. So nennen die Menschen in Indonesien diese Technik der Reservierung eines Punktes auf der Baumwolle mit einem Tropfen Wachs. Batik sind die beiden Fenster bei meinen täglichen Gängen durchs Viertel: Lichtpunkte, die dadurch entstehen, daß man noch drei weitere überflüssige Reisebüros in der Südstadt uns allen mit einer Galerie erspart hat.
Nun reisen Künstler aus aller Welt zu uns, geben mit ihren Kursen das Wissen und die alten Techniken im Umgang mit Textil und Farbe weiter. Textile Kunst, Seidenmalerei und Surface Design, wie man es auch nennen und eingrenzen will. Immer wieder kann ich mich nur wundern, was die Galeristen schon wieder für exquisite Exponate herangeschafft haben: Paravents, Tücher und Kleider, Bilder und Vorhänge. Da gibt es nichts, was es nicht gibt. Und deshalb bin ich immer wieder gespannt auf mein Fenster in der Südstadt."What's new Rosty?"

Dr. Heinrich Breloer, Autor und Regisseur, lebt in der Kölner Südstadt.

Licht in der Südstadt

Bert Brune

Die Werkschule am Ubierring war seinerzeit der Farbklecks der Südstadt. Nicht nur schöne Plakate von Ausstellungseröffnungen hingen draußen an den Wänden, sondern auch die Burschen und Mädels, die dort ein- und ausgingen, waren "bunte Vögel" – in jeder Beziehung. Freie Kunst-Adepten, die nicht ständig den Schein im Blick hatten, den sie nach dem erfolgreichen Examen in die Hand gedrückt bekamen. Sondern sie produzierten ununterbrochen selbst. Forcierten frühzeitig eigenständig und vor allem eigenwillig ihre berufliche Entwicklung. Und man sah ihre Bilder in den Kneipen hängen, in der Halle der alten Stollwerkfabrik... Die bunte Fülle ist nicht mehr.

Die Bürokratie und die Medienmanager haben die Südstadt erobert. Aber nicht ganz. Ein Licht leuchtet um so eindringlicher in der Finsternis, um es mal etwas dramatisch – aber nicht weniger wirklich – zu nennen: die Galerie Smend, nur hundert Meter vom alten Kunstzentrum entfernt. Sogar sonntags, wenn doch alle Institutionen und gewerblichen Räume im Dunkeln liegen, ist hier Helligkeit, ist hier Leben. Frauen – ein paar Männer – sind über die auf Tischen gespannten Tücher gebeugt und arbeiten. Hantieren mit Pinsel und Spritzinstrumenten und bearbeiten riesige Seidenflächen.
Regelmäßig stehe ich dann, oft mit meinem Sohn, an der Scheibe, für einen Moment nur, man will ja nicht zu aufdringlich erscheinen, und betrachte die Hände, die zarte Linien auf die Unterlage setzen. Die Blicke der Macherinnen und Macher konzentriert. Hin und wieder treten sie zurück, begutachten das Werk, um ihm dann schließlich den letzten Schliff zu geben. Später kann man das Ergebnis dann an den Wänden sehen – leuchtende Farben dringen durch das Fenster und werfen, so scheint es, noch auf den Bürgersteig bunte Schatten.

Nach der Schule

Ich bleibe übrigens nicht einfach aus bloßer Neugier dort an jenem Fenster stehen, sondern will natürlich auch was lernen. Als Künstler – wenn auch hauptsächlich Dichter – ist man ja immer im Dienst. Überhaupt ist es, denke ich, für alle anziehend, Menschen zuzusehen, wenn sie kreativ sind. Und vor allem, wenn sie dazu noch zaubern. Neidisch blicke ich manchmal auf die fertigen Produkte an den Wänden. Ich male nämlich hin und wieder ebenfalls, mache Aquarelle – so farbenprächtige, gleichsam aus sich heraus glühende Bilder habe ich leider bei mir noch nie an die Tapete hängen können. Auch Aquarelle können glühen, aber Malerei auf Seide ist in dieser Hinsicht einfach unschlagbar.
Den Sohn habe ich übrigens nicht zufällig neben mir stehen bei solchen Gelegenheiten.
Vielleicht, denke ich, springt auch auf ihn was über, vielleicht bleibt was hängen, bleiben solche Momentaufnahmen dieser konzentriert arbeitenden Frauen und Männer bei ihm hängen, vielleicht bekommt er so plötzlich auch diesen Samen eingepflanzt, jetzt, oder auch später, sich das nötige Material zu besorgen, meinetwegen bei Rudolf und Karin sich welches zu besorgen und selbst Hand anzulegen, selbst zu zaubern...
Kann ja sein, daß man dann glücklich wird. Ich meine, mit Farben arbeiten kann zumindest zum Glück beitragen (oder sogar das Pech, das Mißgeschick tatsächlich vertreiben?).
Habe ich jedenfalls den Eindruck, wenn ich sie gelegentlich in der Pause erlebe, diese Leute in Smends Atelier. Sie machen Pause, lassen die halbfertigen Textilien auf dem Tisch zurück

Teepause, Kurs mit Elsa Kühn 1994

und treffen sich in der Ecke, nachmittags um drei oder eben auch Sonntag mittags. Man sieht dann diese kleine Gruppe dort sitzen, Frauen meist, und mittendrin Rudolf, der Hahn im Korb, Rudolf, der Organisator, wie immer super angezogen, also bunt, wie sich das für solche Art von Galeristen und Geschäftsinhabern gehört, zumindest die Krawatte wirft nur so mit Farben um sich. Und sie hocken da zusammen, trinken Kaffee, erzählen, tratschen oder stellen sicherlich fachmännische, sagen wir fachfrauliche Fragen. Aber, sie fühlen sich wohl, hat man den Eindruck, sie haben vielleicht rote Backen oder glühende Ohrspitzen, weil mitten im schöpferischen Prozeß noch, aber fühlen sich wohl, ermuntern sich, sammeln Kräfte für den Endspurt.

Die Werkschule liegt heute grau und tot da, keine Bewegung mehr, sogar ganz realistisch betrachtet tut sich vorm Eingang wenig, geschweige denn in den Räumen selbst. Jedenfalls bin ich schon Jahre nicht mehr da flanieren gegangen, um die Kunstwerke jener Artisten damals zu bewundern.

Aber die Südstadt ist eben nicht tot. Man muß nur die Mainzer Straße runtergehen. Unterwegs bleibt man nämlich automatisch stehen – es geht nicht anders – und drückt, mit großen Augen die Schätze bewundernd, die Nase an die Scheibe...

Bert Brune ist Schriftsteller und lebt in der Kölner Südstadt.

"Nachtspaziergänge in der Südstadt"

Dieter Wellershoff

Ausstellungsraum, Mainzer Straße 31

Am späten Abend, manchmal auch nachts, wenn ich meine Arbeit an der Schreibmaschine beendet oder das Buch, in dem ich gelesen, zugeschlagen habe, mache ich meistens noch einen Rundgang durch die Kölner Südstadt... Seit fast zwölf Jahren wandere ich hier herum, wechsele nach Laune die Richtungen und die Straßenfolge. Überall gehe ich hier in meinen eigenen Spuren... Manche kennen und grüßen mich, wenn ich gedankenversunken an ihnen vorbeitrotte. Ich schaue in bekannte Gesichter und angele in den trüben Tiefen meines Gedächtnisses vergeblich nach den vergessenen Namen. Und sie akzeptieren das und lassen mich weiterziehen. Ich nehme an, ich bin für sie eine Art Geistererscheinung, die um Mitternacht in den Straßen auftaucht, um irgendeinem alten Fluch zu gehorchen. Wie recht sie haben. Ich will meinen Phantasiegestalten entkommen. Sie haben mich leergesogen den Tag über, und nun gespenstere ich, gierig nach fremdem Leben, am Rand der nächtlichen Szene herum...

Während im Kneipenareal das Leben pulsiert, herrscht vor meiner Haustür längst nächtliche Stille, wenn ich zu meinen Spaziergängen aufbreche. Nur noch wenige Fenster der gründerzeitlichen Fassaden sind erleuchtet. Die Hausgenossen Jan und Paul, zwei englische Journalisten, arbeiten noch. Auch gegenüber in der Dachwohnung unserer Freundin, der amerikanischen Malerin Jack Ox, brennt gewöhnlich noch Licht. Sie arbeitet seit Jahren an dem monumentalen Vorhaben, die Strukturen, Klangfarben und Motive von Anton Bruckners 8. Sinfonie über viele Zwischenstufen in eine Serie von meterlangen Gemälden umzusetzen: gemalte Musik, aber nicht als bloße subjektive Nachempfindung, sondern in Form einer systematischen Nachkonstruktion mit völlig anderen medialen Mitteln. Vielleicht hat sie sich etwas Verrücktes vorgenommen. Doch die strenge Methode gibt ihren Bildern eine Formkraft, wie ich sie lange nicht mehr in einer Ausstellung zeitgenössischer Kunst gesehen habe...

Ich wohne seit Jahrzehnten hier... und inzwischen ist dieses Viertel mein Biotop geworden.
Bei meinen Spaziergängen habe ich mir manchmal die Frage gestellt, was es bedeuten würde, wenn ich das Viertel nicht verlassen dürfte. Nun, es wäre natürlich eine unzumutbare Internierung, aber überleben könnte ich hier. Alles, was man zum täglichen Leben braucht, aber auch das Ausgefallene und Besondere, ist in den Grenzen des Viertels zu finden. Man kann eine Farbpistole und ein Hörgerät kaufen, neue und gebrauchte Klaviere und Badewannen in allen Modefarben, seltene Mineralien und Secondhand-Garderobe für kleine Kinder, Dekostoffe und Brillengestelle, Spazierstöcke, Videokameras und Biobrot. Es gibt nichts, was es nicht gibt – wohl auch eine rheinische Redewendung. Oder um es soziologisch auszudrücken: Dies ist eine gut gemischte städtische Geschäftslage und ein Viertel mit komplexer Infrastruktur... Es gibt mehrere Buchhandlungen und eine öffentliche Bibliothek, ein Theater, ein Museum, zwei Fachhochschulen, ein Seminar für Lehrerausbildung, fünf Bankfilialen, zwei Kirchen, mehrere Altersheime, eins sogar für alte Nonnen.

Das meiste, was das Viertel zu bieten hat, brauche ich nicht. Zum Beispiel keine aufnähbare Stoffplakette für meine Windjacke mit Aufschriften wie "Nazareth" oder "Uriah Heep" und ebensowenig ein knallig beschriftetes Airbrush-Hemd. Die Menschen saugen ihren Nektar eben aus verschiedenen Blüten...

Schon trete ich wieder aus meiner Haustür und bleibe nach gut hundert Metern vor den Schaufenstern der Seidengalerie Smend stehen. Es brennt kein Licht mehr und die schimmernden Stoffgehänge sind kaum zu erkennen. Aber ich habe sie schon hundertmal gesehen und komme nur vorbei als ein Nachbar, der sich überzeugen will, daß die Dinge alle an ihrem Platz sind. Offenbar brauche ich das für mein Gleichgewicht. Und so zieht es mich jetzt zu "Bett und Decke", wo mich aus dem Souterrain die Schaufensterpuppe mit dem Schweinskopf anlächelt, die einen rosafarbenen Bademantel trägt. Was für eine Darbietung ausgeschlafener Zufriedenheit! "Gut erhaltener Mittfünfziger sucht nette Saunabekanntschaft, um gemeinsam die Sau rauszulassen." Man sollte diese Figur inmitten aufgestapelter Badetücher ins Museum Ludwig stellen...

Das Viertel ist unschuldig an meinen Phantasien. Obwohl es mir manchmal Motive zuschiebt, die ich gebrauchen kann. Sobald ich irgendein Thema habe, macht mir das Viertel seine Vorschläge... Noch wichtiger sind eigentlich die unauffälligen Dinge: das Bild einer leeren Telefonzelle, das Flackerlicht einer defekten Straßenbeleuchtung, ein regennasser alter Baumstamm, Schneefall vor der Fassade eines Hauses auf der anderen Straßenseite, Menschen in der Straße, Vögel auf den Fernsehantennen und die plötzliche Erinnerung daran, daß ich bestimmte Personen lange nicht mehr gesehen habe... Und eines Tages wird jemand sagen: "Den habe ich schon lange nicht mehr gesehen. Wo ist der nur geblieben?" Ja, wo bleiben wir?

Die Nacht läßt die Fragen entstehen und wieder verhallen. Es sind bloß Stimmungen, keine Probleme, die auf eine Lösung warten. Das Loslassen ist jetzt die Lösung, das Dahintreiben. Mühelos geht das auf zweierlei Wegen, in der äußeren Welt und in dem Gehirnkino, in ihr, neben ihr, hinter ihr. Das Gehen spinnt den roten Faden aus sich heraus und rollt ihn wieder auf. Zu Hause angekommen, bin ich leer genug um zu schlafen. Lausche noch bei offenem Fenster auf die Nachtgeräusche: Züge auf der Südbrücke, das Martinshorn eines Notarztwagens oder der Feuerwehr, unverständliche Stimmen im benachbarten Häuserblock...

Aus: *Pan und die Engel. Ansichten von Köln*, Verlag Kiepenheuer & Witsch, Köln 1990. Die Auszüge sind mit freundlicher Genehmigung des Autors dem Kapitel "Nachtspaziergänge in der Südstadt, 1989", S. 41-50, entnommen.

Prof. Dr. Dieter Wellershoff ist Schriftsteller und lebt in der Kölner Südstadt.

Batik und Bauernbrot

Galerie Smend als Meeting Point für indonesische Kunst in Köln

Rüdiger Siebert

20.6.1973 Rudolf Smend und Paula Möller

Ich bin ja seither viele Male zu Vernissagen, Messe-Premieren und Geschäftsgründungen eingeladen worden, aber dieser Abend am 20. Juni 1973, der eine Mischung bot von allen dreien dieser Veranstaltungen, ist mir in besonders schwelgerischer Erinnerung geblieben.
Ach Gott, wir waren jung damals, naiv und unerhört entschlossen, etwas auszuprobieren, Neuland zu betreten, im räumlichen wie im ideellen Sinne. Für Rudolf Smend und seine Weggefährtin, die an jenem Abend das Abenteuer ihrer Galerie öffentlich machten, hatte es ebenso mit Indonesien zu tun wie sich meine just in jenem Jahr begonnene berufliche Beschäftigung mit dieser fernen Welt der 17.000 Inseln verknüpfte.
Der Anlaß war exotisch, die Ausstellungsstücke waren weithergeholt, doch eingeladen wurde zu Umtrunk und Imbiß deftig-deutscher Machart. Welch wunderbarer Kontrast! Da lagen in üppiger Verschwendung dickbauchige Bauernbrote herum, Früchte heimischer Gärten türmten sich, malerisches Gemüse aus mitteleuropäischen Landen kam frisch auf die Tische zur Gründungsparty der Galerie Smend in der Mainzer Straße zu Köln. Wären damals Bruegel'sche Dorfszenen im Angebot gewesen, niederländische Genrebilder zum

Thema Schlaraffenland, Murillos Melonen- und Traubenesser oder gar die Naturprodukte-Porträts eines Guiseppe Arcimboldo – die Gastronomie zur Galerie-Gründung hätte nicht passender sein können. Aber da hing an den Wänden und lag ausgebreitet das Gegenteil vom Augenschmaus europäischer rustikal-sinnlicher Kunst: nämlich duftig zarte Batiken mit fließenden Rändern und pastellnen Farben; vielfältige Motive tropischer Herkunft in uralter Handwerkstechnik von zeitgenössischen javanischen und balinesischen Künstlern in die Bildsprache unserer Zeit übertragen.

Lyrikabend des indonesischen Autors Subagio Sastrowardoyo mit Helga Blazy

Batik und Bauernbrot hat sich bei mir seither im weitesten Sinne als Motto der Galerie Smend eingeprägt. Das Unternehmen ist am Rhein beheimatet und in Köln nach einem Vierteljahrhundert wohl auch verwurzelt, doch es ist ein Schaufenster, das sich der großen weiten Welt der Kunst, der asiatischen, der indonesischen im besonderen, geöffnet hat. Eine Pionierleistung! Wer wußte denn vor 25 Jahren hierzulande etwas von Batik, von den modernen Batikkünstlern? Ein paar Kenner und Liebhaber nur. Heute wird das Batiken als Freizeitspaß in Volkshochschulen angeboten. Die zahlreichen diesbezüglichen Ausstellungen in der Galerie Smend, die praktische Hilfestellung bei der Beschaffung von erforderlichen Materialien, die Vermittlung von Techniken und Fertigkeiten haben zur Popularisierung all dessen beigetragen, was mit Batik zu tun hat. Neben den vielen anderen Aktivitäten und Programmen, die von der Galerie ausgingen und ausgehen, wurde das Haus zu einem Meeting Point für indonesische Kunst in Köln und weit darüber hinaus.
Da haben Vorträge über zeitgenössische Musik in Indonesien ebenso ihr Publikum wie die Fotoausstellung mit Bildern aus Bali und Rezitationsabende indonesischer Lyrik. Die Galerie Smend wurde zur Geburtsstätte der deutschen Walter-Spies-Gesellschaft. Treffpunkt der Indonesien-Fans ist die Galerie sowieso. Gastfreundschaft ist vom ersten Abend an vor 25 Jahren zu einem Markenzeichen des Hauses geworden.
Köln hat ja einiges zu bieten, was die deutsch-indonesischen Kontakte knüpft, stärkt und pflegt. An der Universität werden indonesische Sprachen gelehrt. Frau Professor Dr. Irene Hilgers-Hesse begründete den internationalen Ruf dieser akademischen Bildungsstätte. Die große alte Dame der Malaiologie war zugleich Initiatorin der Deutsch-Indonesischen Gesellschaft, die seit mehr als vier Jahrzehnten den Austausch mit dem südostasiatischen Inselreich und seinen Menschen fördert. Desweiteren strahlt die Deutsche Welle seit nunmehr 35 Jahren auch ein Hörfunkprogramm in indonesischer Sprache aus. Was immer in der Galerie Smend an künstlerischen Veranstaltungen im Zusammenhang mit Asien stattfand, hatte auch ein Echo in den Sendungen der Deutschen Welle.
Für all diese Institutionen und Organisationen war die Galerie von Anfang an ein Bezugspunkt, mehr noch: ein Partner. Und spätestens an dieser Stelle ist ja wohl zu sagen, daß so eine Galerie zwar aus Räumen mit vielen aufnahmebereiten Wänden, im eigentlichen Wesen aber aus Menschen geformt wird. So wäre denn der Rückblick auf Batik und Bauernbrot höchst unvollständig, bliebe die Begegnung mit Rudolf Smend und seiner Frau Karin unerwähnt. Vor einem Vierteljahrhundert begann dieses gemeinsame Interesse an Indonesien und dessen Beziehungen zu Deutschland. Daraus und in der gemeinsamen – wenngleich von den Medien unterschiedlich bestimmten – Beschäftigung mit Indonesien ist eine Freundschaft geworden, die in der Galerie und deren geistigem Umfeld immer wieder neue Impulse erhält. Batik und Bauernbrot haben sich bewährt.

Rüdiger Siebert ist Publizist und Leiter des Indonesischen Programms bei der Deutschen Welle in Köln.

Gegen die Kunstmessen-Ideologie oder: der Terrier am Hosenbein

Karl-Günter Nicola

Internationaler Kunstmarkt Köln, 1974

Es muß 1974 gewesen sein, als ich Rudolf Smend auf dem Internationalen Kölner Kunstmarkt (IKM) – dem Vorgänger der ART COLOGNE – traf. Nicht als Besucher, der wie ich durch die heiligen Hallen der freien Kunst schlenderte, sondern als Aussteller, als Galerist unter dem Signum "Batik Galerie". Obwohl man damals die Abgrenzung Kunst – Kunsthandwerk noch nicht so verbissen betrieb wie heute, wußte ich von anderen Galerien, wie schwer, ja oft unmöglich es war, eine Ausstellungszusage zu bekommen. Also Respekt und herzlichen Glückwunsch für den ganz jungen Galeristen Rudolf Smend! Zwei Mal hat er dann noch in Köln ausstellen können und zwei Mal auf dem Spielplatz der Kunstgötter, der ART BASEL. Danach Ablehnungen, Ablehnungen von Ausstellungsvorhaben, die sich auf national und international bekannte TextilkünstlerInnen stützten.

Für die ART COLOGNE 1997 hat die Köln Messe sich sogar hinter Paragraphen verschanzt – in Fragen der Kunst ein reales Dokument der Lächerlichkeit. Auf diese Weise reduzieren die Kunstmessen das breit gespannte Spektrum gestaltender Kunst, das ja die Materialbereiche Textil, Keramik, Glas, Stein, Papier, Leder, Metall umfaßt, auf bemalte Leinwand, gedrucktes Papier, dazu ein bißchen Skulptur und ein paar Tupfer Video- und Objektkunst. Das ist schön bequem und sichert den eigenen Markt.

Naiv aber, wer glaubt, es handele sich bei der Abgrenzung der hehren, hohen "freien Kunst" vom niederen Kunsthandwerk nur um einen, wenn auch abgestandenen, Kunsthistorikerstreit. Kunstmessen sind Märkte. Es geht um Geschäft, um Preise und Umsatz. Um kein Mißverständnis aufkommen zu lassen: Natürlich gibt es den klassischen Sammler, der mit Kennerschaft dezidiert das sammelt und kauft, was seine Sinne anspricht. Aber mehr und mehr bestimmen kapitalkräftige Organisationen, Firmen und Einzelpersonen das Marktgeschehen. Sie kaufen und verkaufen Kunst aus vielerlei Gründen: aus Prestige, um Macht zu zeigen, als Kapitalanlage, oft aus reiner Spekulation. Kunstmessen und -märkte sind auch so etwas wie Warenbörsen geworden, bei denen, ähnlich wie auf den Aktienbörsen, der einzelne Künstler und seine Arbeiten weniger interessieren als die Kurse im Handel, die Preise, die gefordert und gezahlt werden. Nicht ohne Grund erscheinen in Geld- und Anlagemagazinen Künstlerübersichten, bei denen die Höhe der Bildpreise und der Gesamtjahresumsatz eines Künstlers die Reihenfolge bestimmen. Da kann das Kunsthandwerk natürlich nicht mithalten. Kunsthandwerkliche Preise sind moderat. Mit dem Betrag, den man für ein kleines und mittelmäßiges Bild eines bekannten lebenden Malers ausgeben muß, kann man im textilen Bereich, in der Keramik, im Glas und sogar im Schmuck eine ganze Einstiegssammlung mit Arbeiten bekannter Kunsthandwerker erwerben. Daß das Kunsthandwerk im großen Kunst-Monopoly nicht mithalten kann, ist nicht schlecht, sondern gut. Kunsthandwerk aller Materialbereiche ist eben – von wenigen Ausnahmen abgesehen – kein

Art 6'75, Basel

Feld für Spekulanten. Es spricht in allen Werkbereichen den Liebhaber und den Sammler an, es vermittelt sinnliche Erlebnisse durch Form, Farbe und Material. Und Kunsthandwerk ist fälschungssicher. Während Sammler, ja Museen, bei Werken der freien Kunst dank Kujau und Genossen nie sicher sein können, für teures Geld ein Falsifikat erworben zu haben, gibt es im Kunsthandwerk keine Fälschungen – sie lohnen sich schlicht nicht.

Aber wenn die Kunstmessen die Mauer höher ziehen und die Tore gegenüber dem Kunsthandwerk dicht machen? Soll man/frau weh- und demütig den Kopf senken, die Verhältnisse als unabänderlich ansehen? Oder muß man nicht immer wieder gegen die Wand anrennen? Muß man es nicht machen wie Rudolf Smend, der mit Beharrlichkeit und Ausdauer fast wie ein Terrier an den Hosenbeinen der ganz großen Messen zerrt? Das ist ein Beispiel für die Ängstlichen und Verzagten. Es gibt Hoffnung. Kunstmessen sind Märkte und Märkte unterliegen dem Wettbewerb. Neue Messen entstehen, Mauern werden durchlässig. Ein Beispiel: Die neue Straßburger Messe ST-ART setzt auf ein Mix von Kunst und Kunsthandwerks-Galerien. Glasgalerien haben die Chance bereits genutzt.

Karl-Günter Nicola war bis 1991 Chefredakteur der Zeitschriften Kunsthandwerk + Design und NEUES GLAS/NEW GLASS. Er war Mitbegründer und Kuratoriumsmitglied der Krefelder "Biennale der Deutschen/Internationalen Textilkunst".

Die Kunstszene und die "Kunst" der Ausgrenzung

Jürgen Kisters

Ausstellung 'Zwischen den Jahren – 1991/1992' mit den Künstlern Jochen Stankonwski, Martin Knipphals, Thomas Behrendt und Winfried Beck (v.l.n.r.).

Kunst bestimmt sich stets durch das, was nicht Kunst ist; sonst wäre ja schließlich alles Kunst. Was aber, wenn das, was Kunst ist, von vielen sogenannten Kunstkennern nicht als solche anerkannt, sondern allenfalls Kunsthandwerk, Gebrauchskunst oder Hobbykunst genannt wird? Dies geschieht immer wieder mit der Kunst auf Seide und anderen textilen Materialien, wie sie seit vielen Jahren in der Kölner Galerie Smend ausgestellt werden. Obwohl die Galerie Kunstwerke vom Feinsten und Kompliziertesten präsentiert, die die Textilkunst zu bieten hat, scheint die Stellung dieses Ausstellungsortes abgekoppelt vom übrigen Kunstbetrieb zu sein. Kunst auf textilen Stoffen ist keine Kunst, lautet das (Vor-)Urteil. Dabei ist schon der Begriff "Textilkunst" irreführend, denn im Zusammenhang mit Skulpturen spricht man beispielsweise auch nicht von Stahlkunst, Bronzekunst oder -Holzkunst.[1]

Das Denken in Schubladen ist ein zentraler Mechanismus, auch und gerade in der Kunst. Während vom Aufbrechen starrer Wahrnehmungsstrukturen, von interdisziplinären Ansätzen, der Entdeckung neuer Kunstformen und -materialien und der Erweiterung bekannter (Kunst-)Grenzen die Rede ist, wird eine Grenze unumstößlich eingehalten: Kunst ist das, was durch den Rahmen als Kunst definiert wird, selbst wenn der faktische Bilderrahmen schon lange keine Rolle mehr spielt. Man inszeniert die Bedeutung und Exklusivität von Kunst, indem man sie von anderen Gestaltungsformen abgrenzt. Und wo Übergänge zu anderen Dingen sich andeuten, ist man schnell geneigt, die Sache abzutun, um sich nicht weiter damit beschäftigen zu müssen. Tatsächlich wissen viele, die sich abfällig über die fehlende Kunstqualität von Textilkunst äußern, überhaupt nicht, welche Kunststücke in der Galerie Smend ausgestellt werden. Und um welche Qualität geht es?

Die Zeiten, in denen die "Kunst" existentielle oder gesellschaftskritische Themen bearbeitete und die "Textilkunst" für Dekoration und farbige Ausschmückung des Lebens zuständig war, sind längst vorbei. Seit die Kunst vielfach vor allem dekorative Funktionen übernimmt und sogenannte textile Künstler begonnen haben, mit Farben, Formen und Materialien zu experimentieren, sind die Übergänge fließend geworden. Nichts scheint schwieriger zu sein als eine Kunst am Übergang. Genau diese Erfahrung thematisiert allem Anschein nach die Galerie Smend. Das ist der Übergang von einem Laden, in dem man Seide, Farben und Pinsel kaufen kann zu einem stillen Ausstellungsraum. Das ist der Übergang von der "anfaßbaren" Kunst, die sich als Tuch um einen Hals wickeln läßt zur Kunst, die in rätselhafter Distanz von der Wand entgegentritt. Das ist der Übergang von der "angewandten Kunst" zur "Kunst als Kunst". Und das ist der Übergang von einfachen, wiederholbaren Kunstfertigkeiten zu unverwechselbaren Kunststücken individueller Handschrift. Das alles kommt an einem Ort zusammen, an dem die Türschwelle niedriger wirkt als in vielen Galerien, die auf eine Kunst der "Spezialisten" und deren Kriterien zugeschnitten sind, die da heißen "klassisch-modern", "zeitgeistig-verspielt", "avantgardistisch", "innovativ", "experimentierfreudig", "Ausdruck einer gesellschaftlichen Situation" und "Erforschen geheimnisvoller Innenwelten". Doch wer kann behaupten, daß Seidenmaler nicht experimentieren und innovativ sind? Und wer kann behaupten, daß sich nicht auch an einem seidenen Faden in den geheimnisvollen Innenraum des Seelischen hinabsteigen läßt?[2]

Auffallend ist, daß viele der Seiden- und Batik-Kunststücke eben nicht nur bunt und schön sind, sondern alle Kriterien aufweisen, die für Kunsthandwerke auf Leinwand oder Papier ebenfalls gelten. Darüberhinaus sind textile Kunststücke in der Regel von einer großen handwerklichen Sorgfalt, etwas, das bei vielen

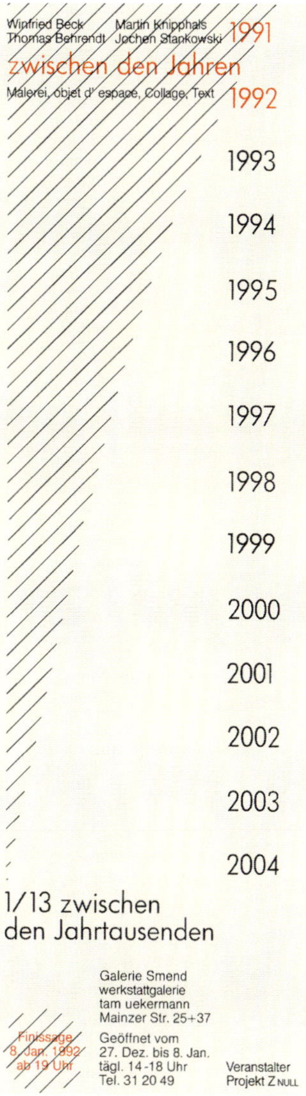

'Zwischen den Jahren' 1991/1992

Kunstwerken schon lange nicht mehr der Fall ist. Nicht selten wird in den übrigen Künsten heutzutage geschludert, ein gewisser Schmutz zum Prinzip gemacht und der Fehler nicht selten zur Tugend erklärt. Das gehört zur Befreiung der Kunst von allen Fesseln, hilft der Phantasie beim Taumel durch alle Spielarten des Lebens, fördert aber auch die Beliebigkeit. Die Seidenmalerei stellt dem eine kontrollierte Gestaltungsfreiheit zur Seite. Vielleicht sind es gerade die handwerkliche Fertigkeit und Sauberkeit, die die Seidenmalerei und andere textile Techniken den zeitgenössischen Kunstspezialisten so suspekt macht. Und wahrscheinlich ist es genau das, was vielen anderen Menschen wiederum so gefällt. Während aus der bildenden Kunst auf Leinwand die handwerkliche Sorgfalt mehr und mehr zu verschwinden droht, erscheint sie in der textilen Kunst bei allen Experimenten immer noch als das oberste Prinzip.
Will man es psychologisch deuten, so kommt man nicht umhin zu denken, daß der ablehnende Widerstand der Kunstszene gegen die textile Kunst der Galerie Smend nur von der versteckten Angst vor ihren Stärken herrührt. Schließlich läßt sich ein ähnliches Phänomen in den Vorurteilen und Ablehnungen wiederfinden, die gerade in Deutschland seit Jahrzehnten der figurativ-realistischen Kunst entgegenschlagen. Doch so, wie die Benutzung bestimmter Materialien noch keinen Wert an sich bedeutet, bringen abstrakte, expressive oder konzeptuelle Darstellungen nicht grundsätzlich eine "bessere" Kunst hervor. Jedes Material ist ergiebig für die Kunst: Seide ebensosehr wie Ölfarbe auf Leinwand, Gips oder rostiger Stahl. Es kommt darauf an, was man daraus macht.

So hat die Galerie Smend sich auf textile Materialien, insbesondere auf Seide spezialisiert wie andere Galerien sich auf einen künstlerischen Stil oder eine inhaltliche Aussage hin festlegen. Die Galerie Smend hat sich zum Ziel gesetzt, die besten Stücke aus dem weiten Feld der textilen Kunst aufzuspüren und zu präsentieren. Wie in jeder Galerie gibt es Ausstellungen, in denen das mehr oder weniger gelingt. In jedem Fall zeigt die Galerie Smend damit Kunstwerke, die in anderen Galerien nicht zu sehen sind. Und genau das macht den Ausstellungsort einzigartig in der Kölner Galerienlandschaft. Andere, manchmal schräg genannte Galerien werden von der sogenannten Kunstszene schließlich ebenfalls als Bereicherung angesehen, warum also nicht die Galerie Smend? Dabei spielt es nicht einmal eine Rolle, ob man Seidenmalerei mag oder nicht. Letztlich mag ein Liebhaber satter Farbgewirke auch nicht unbedingt minimale Eisenskulpturen und erkennt sie doch als Kunst an. Ohnehin wäre es sinnvoll, die verschiedenen Künste und Kunstformen in einem Ergänzungsverhältnis zueinander zu betrachten und nicht, wie es größtenteils immer noch geschieht, in Konkurrenz zueinander.

Als Galerist Rudolf Smend seinerzeit seine Ausstellungsräume in Köln öffnete, hatte er noch keine genaue Vorstellung von den Möglichkeiten textiler Kunst. Er hatte die traditionellen Techniken der Batik und Seidenmalerei während eines langen Aufenthaltes in Indonesien kennengelernt, inspiriert durch die ästhetischen Vorstellungen der Hippies. Damals waren psychedelische Farbspiele gefragt, und die Kunst ließ ihre Farben mitten ins alltägliche Leben (ver-)laufen. Wieder zurück in Deutschland hatte Rudolf Smend mit seinen ersten Ausstellungen von Batiken und Seidenmalerei das Flair der Hippiekunst in den Kunstbetrieb gebracht. Schon damals, Anfang der 70er Jahre, bei seiner ersten Kunstmarktteilnahme im Rheinland, stieß er auf den Widerstand der Galeristen, die mit den "gefälligen" Farben der Gegenkultur nichts zu tun haben wollten. "Folkloristisch" und "populistisch" hießen die Vorwürfe. In der Tat waren die Ausstellungen der

Bilder der Aborigines Zentral-Australiens, Ausstellung im Mai 1990

Galerie Smend zunächst durch "poppige" Ornamentik und "romantische" Naturmotive geprägt. Seitdem entwickelte sich jedoch in der textilen Kunst eine größere Freiheit im Umgang mit Motiven und Material, was sehr bald in den Präsentationen in der Galerie Smend sichtbar wurde. "Man lernt erst mit der Zeit, was in einem Medium alles möglich ist", sagt Rudolf Smend. Und er erklärt, daß es in der Textilkunst ungefähr fünf Prozent ernsthafte Künstler gibt, die sich der spezifischen Möglichkeiten dieses Mediums bedienen. Vom gegenständlich geprägten Motiv entwickelten im Laufe der Zeit die Seidenmalerei und die Batik eine stärkere Tendenz zum Abstrakten. Farb- und Materialexperimente, offene Strukturgestaltung wurden zu neuen Herausforderungen in der Arbeit mit den traditionellen Stoffen.

Heute ist die Seide für Künstler längst zu einem Stoff geworden wie andere Materialien. In diesem Zusammenhang ist es geradezu ärgerlich, daß Smend bis heute keine Chance hatte, seine Künstler auf der Kölner Kunstmesse vorzustellen, die doch immerhin den Anspruch erhebt, die ganze Vielfalt gegenwärtiger Kunst zu repräsentieren. Hat die etablierte, vielfach elitäre und kopflastige Kunst Angst vor der "anfaßbaren" Präsenz der Seidenmalerei? Es muß Rudolf Smend absurd vorkommen, daß seine Galerie eher mit Volkshochschulkursen in einem Atemzug genannt wird als mit der Kölner Kunstszene, während gleichzeitig Besucher aus ganz Europa einen Besuch des Kölner Museums für Angewandte Kunst fast selbstverständlich mit einem Besuch der Galerie Smend verbinden. Die Tatsache, daß u.a. in Volkshochschulen Jung und Alt erste Versuche mit der Seidenmaltechnik unternehmen und in Altenheimen mit größtem Vergnügen Blumen auf Seidenschals gemalt werden, sagt nichts darüber aus, daß nicht anderswo Künstler ganz verwickelte Erfahrungen und Erfindungen in und auf Seide ausdrücken. Genau um diese Künstler bemüht sich die Galerie. Obwohl Rudolf Smend eine spezialisierte Galerie betreibt, hat er selbst keine Berührungsängste mit der übrigen Kunst. Jedes Jahr zum Jahreswechsel beteiligt er sich zum Beispiel an dem Kunstprojekt "Z-NULL", in dem Maler, Bildhauer, Autoren, Performer und Musiker an mehreren, aufeinander bezogenen Orten künstlerische Entwürfe zur Jahrtausendwende erproben. Und es ist ebenfalls kein Zufall, daß die Galerie Smend sich mit einer Ausstellung der Werke Stefan Wewerkas verdient machte. Gerade Stefan Wewerka, der Stühle und Kleidungsstücke entwarf, Münzen und andere Alltagsdinge ver-rückte, auf Leinwand, Papier und eben auch auf Seide malte, steht sinnbildlich für ein Konzept größtmöglicher medialmaterialer Vielfalt und der Gleichberechtigung künstlerischer Gestaltungsformen.

Die (künstlerischen) Grenzen sind fließend. Eine Galerie, die diese Einsicht zum Programm erhebt, steht unweigerlich im Zeichen der Kritik derer, die Kultur als ein säuberlich beschriftetes Schubfach-System betrachten. Rasch wird darüber vergessen, daß die Schubladen im Laufe der Geschichte oft genug durcheinander gerieten und die Kunst längst nicht schon immer die Kunst war. Kunst als eine Erfindung der Neuzeit, definiert sich durch ihren Rahmen, ihre Abgrenzung vom Banalen und als ein offenes Spiel gegenüber den Beschränkungen, die der gewöhnliche Alltag zwangsläufig mit sich bringt. Kunst kennt viele Wege und Tücken. Wer will dabei behaupten, daß Malerei auf Seide nicht ebenso ein offenes Spiel sein kann wie die Suche mit dem Pinsel auf Leinwand?

1 Siehe hierzu den Beitrag von Ute Klotz, *Unfrisierte Gedanken zum Streit über Begriffe*, S. 135 (Anm.d.Red.).
2 Siehe den Beitrag von Monika Speyer, *Ist Seidenmalerei Kunst?*, S. 136 (Anm.d.Red.).

Jürgen Kisters lebt als Journalist und freier Autor in Köln.

Kunst und Industrie gemeinsam zum Erfolg

Peter Möller

'Grashüpfer' von Shahida B. Banach

Die Verbindung von Kunst und Wirtschaft scheint in der heutigen Zeit eine "ganz normale Sache" zu sein. Inwieweit sich die Künstler und vor allem die Kunst in dieser Verbindung wiederfinden, steht hierbei auf einem anderen Blatt. In der Seidenmalerei gilt dies um so mehr: Denn zunächst ist die Hürde zu überwinden, die Seidenmalerei bzw. das Arbeiten auf und mit Seide auch als Kunst zu etablieren.
Die Markteinführung von "Marabu-SilkArt" Anfang 1995 ist ein Beispiel dafür, daß sich die Interessen von Kunst und Industrie so verbinden lassen, daß sich beide Seiten hierbei wiederfinden: Unser Haus verfolgte als deutscher Hersteller den Anspruch, eine wasserbasierende, dampffixierbare Seidenmalfarbe für höchste, professionelle Ansprüche zu entwickeln. Die Seidenmalerei, und hier insbesondere die professionellen Malerinnen und Maler, verlangte nach einem hohen Niveau, insbesondere bei der Vermarktung "ihres Themas" Seidenmalerei. Aus diesen sehr unterschiedlichen Positionen heraus entstand das gemeinsame Ziel: Die Markteinführung einer neuen Farbe in Verbindung mit der Etablierung der Seidenmalerei als Kunst – und dies auf höchstem Niveau. Der Produktname "Marabu-Silk-Art" sollte hierbei zum Sinnbild werden.
Mit der Unterstützung der Galerie Smend und in enger Zusammenarbeit z.B. mit Shahida B. Banach/Nürtingen, Brigitte Bongard-Leduc/Föhren, Birgit Esslinger/München, Monika Grimm/Nürnberg sowie Gisela Meyer-Hahn/Pinneberg und Monika Speyer/Augsburg (vgl. auch Arbeiten in diesem Katalog S. 21, S. 85, S. 109) entstand nicht nur eine qualitativ hervorragende Farbe. Gemeinsam wurde vor allem ein werblicher Auftritt entwickelt, der durch das Niveau der Arbeiten und die graphische Umsetzung der Werbemedien deutlich zum Ausdruck bringt, daß Seidenmalerei auch Kunst sein kann. Und der Erfolg gibt uns recht – denn neben der überaus positiven Resonanz aus dem Umfeld der professionellen Seidenmalerei und dem Erfolg der Farbe bleibt vor allem eines: Die beiderseitige Zufriedenheit über das Geschaffene und das Bewußtsein, gemeinsam – d.h. Kunst und Industrie – erfolgreich gewesen zu sein.

Dies gilt ebenso für die nunmehr 25-jährige Zusammenarbeit von Marabu und der Galerie Smend. In den ersten Stunden der Galerie war es das Batiken, heute ist es die Seidenmalerei, die uns verbindet. Wir sagen Danke für diese 25 Jahre und vor allem herzlichen Glückwunsch zum Jubiläum!

Peter Möller ist Marketingleiter der Marabuwerke GmbH & Co.

Das Buch als Medium für die Seidenmalerei

Regine Felsch

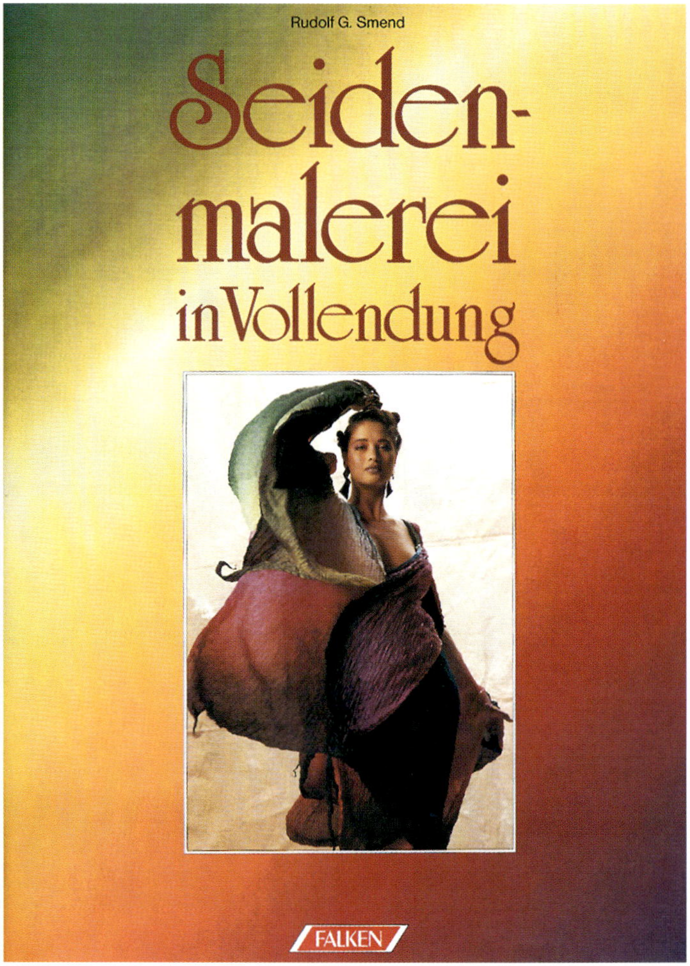

'Seidenmalerei in Vollendung' - mehr als ein coffee table book

Gutta? Salztechnik? Als ich Anfang der 80er Jahre auf der CREATIVA in Dortmund die Seidenmalerei entdeckte, ahnte ich zwei Dinge noch nicht: daß sie mich lange beschäftigen würde und wie spannend das Büchermachen ist. Inspiriert trat ich den Heimweg an: mit Farben, Gutta, Seide, Anleitungsheft sowie dem "Seidenmalerei Handbuch" der Galerie Smend, dem ersten in dieser Reihe; es fiel – wegen starker Beanspruchung – bald auseinander.

Ein Markt voller Bücher

Wenn man als Redakteurin eines großen Publikumsverlages an der Entstehung von Büchern mitwirkt, erlebt man dieses Medium aus einer neuen Perspektive: als Produkt, das zielgruppengerecht und wirtschaftlich hergestellt werden muß, damit es in einem lebendigen Markt eine Chance hat – möglichst langlebig, mit vielen Nachauflagen. Zum Markt gehören auch Hersteller von Seidenmalprodukten und Fachhändler; sie und die Verlage können voneinander profitieren. Ein Redakteur (oder Lektor, je nach Verlag) arbeitet in diesem Spannungsfeld: als "Anwalt" der Autoren und Künstler, deren Ideen bestmöglich und fachlich korrekt präsentiert werden sollen, und als Mitarbeiter eines Unternehmens, das Bücher als Waren für den Markt produziert.

Zielgruppen und Bedürfnisse

Was wünschen die unterschiedlichsten Leser? Wer es als Verlag nicht schafft, ihnen attraktive Produkte anzubieten und nur dem Autor zur Selbstdarstellung verhilft, hat auf Dauer schlechte Karten. Auch die Verlagsmitarbeiter müssen oft zwischen dem eigenen Geschmack und dem der Zielgruppen differenzieren. Denn sowohl die Enthusiasten als auch diejenigen, die nur schnelle Erfolgserlebnisse suchen, haben einen Anspruch auf ein ordentliches, anregendes Buch.

Die vielfältigen Ansprüche lassen sich an der (abebbenden) Bücherflut ablesen, an Mappen, Videos, Zeitschriften, wobei das "Hobbyniveau" überwiegen dürfte. Die Zielgruppe anspruchsvoller Künstler, die weiterführende Bücher eines Publikumsverlages kauft, ist wohl zu klein, sonst gäben die Verlage, angespornt von hohen Verkaufszahlen, mehr entsprechende Titel heraus.
Die "neue" Technik Seidenmalerei, in unserer Kultur nicht durch hohen Kunstanspruch vorbelastet (und Seide läßt sich richtig "benutzen"), traf den Nerv der Zeit; sie regt viele Menschen zum unbefangenen Umgang mit Farbe an, weckt schöpferische Kräfte. Der Buchmarkt spiegelt dieses Phänomen wider. Der ganze Stolz der Kreativen drückt sich auch in den vielen Veröffentlichungsangeboten unterschiedlichsten Niveaus aus, die ein Verlag erhält.

Die eigene Ästhetik des Buches

Schwierig scheint es für neue Autoren zu sein, das Buch als eigenes Medienprodukt zu sehen. Viele orientieren sich bei der Vermittlung des Inhalts allein an Kurserfahrungen. Doch während dort das Wissen in einem festen Zeitrahmen dargeboten

'Seidenmalerei als Kunst und Hobby', ein Standardwerk der 80er Jahre

wird und mit persönlichem Feedback, offenbart ein Buch seinen ganzen Inhalt auf einmal: für Leser, deren Wissen und Können unbekannt ist.
Wie nähert man sich einem bebilderten Buch? Man blättert es durch, bleibt an Fotos und Zeichnungen hängen, liest Überschriften, Bildlegenden. Falls man sich mit ihm anfreunden kann, befaßt man sich genauer mit dem Inhalt, vor allem bei vielversprechender, übersichtlicher und verständlicher Aufbereitung. Die Anmutung des Buchlayouts darf solche Rezeptionsgewohnheiten nicht ignorieren. Eine gute inhaltliche Manuskriptplanung berücksichtigt die Buchgestaltung; Inhalt und Form unterstützen sich gegenseitig. Auch das Profil eines Verlages äußert sich in seinen Werken (Buchausstattung, Anmutung, Informationstiefe, Aufbereitung des Textes etc.). Kurz: Vor allem aufwendige Buchkonzepte entstehen selten im stillen Kämmerlein eines Autors, sondern im Team aus Autor und Verlag, Fotografen und Zeichnern, bis es die Ansprüche aller Beteiligten erfüllt.

Wie entsteht eigentlich ein Buch?
Hier in Kurzform einige Stationen auf dem Weg von der Idee zum Buch; sie dürften in der Verlagsbranche (mit Abweichungen) recht gebräuchlich sein.
Der Verlag wählt die Themen für sein Programm, wobei er selbst auf Autorensuche geht oder sich für unverlangt eingesandte Angebote entscheidet. Er schätzt Zielgruppe und Marklage ein, Produktionskosten, Kapazitäten, eine mögliche Kooperation mit einem kompetenten Partner und so weiter.
Mit dem gewählten Autor klärt meist der Redakteur die weitere Vorgehensweise ab: Inhalt, Text- und Bildmenge (abgestimmt auf die geplante Ausstattungsform), Aufgabenverteilung, Zeitplan und so weiter. Ein Vertrag hält alles fest; als Autorenhonorar sind einmalige Pauschalhonorare oder prozentuale Beteiligungen mit Vorauszahlung üblich. Nun nimmt der Autor die Ausarbeitung nach Absprache vor; manchmal kann ein intensiver Austausch mit dem Verlag nötig sein, vor allem, wenn das Werk sehr komplex ist. Sehr früh entsteht im Verlag der Werbetext; die Titelgestaltung wird festgelegt, damit das Buch rechtzeitig im Neuheitenkatalog abgebildet werden kann.
Nach Eingang des Manuskriptes, der Objekte oder Fotos prüft der Verlag, ob alles vollständig, korrekt und für die Zielgruppe verständlich ist oder vom Autor oder Redakteur korrigiert werden muß. Meist kümmert er sich auch um die Auftragsvergabe an Fotografen und Zeichner, die Bildzusammenstellung, eventuell gemeinsam mit einer "Jury".

Ist das Material inhaltlich, sprachlich und formal in Ordnung, tritt die technische Herstellung druckvorbereitend in Aktion. Der in der richtigen Schrift gesetzte Text wird mit den Abbildungen als Umbruch gestaltet, der Redakteur prüft hier Text-Bild-Zuordnungen und Textmengen. Auch der Autor liest den Text noch einmal. Nach weiteren Arbeiten wird das Buch gedruckt, gebunden und an den Handel ausgeliefert. Natürlich warten Autor und Verlagsmitarbeiter ganz besonders sehnsüchtig auf die ersten Exemplare – in der Erwartung, daß sich der Einsatz aller Beteiligten gelohnt hat.

Gutta? Salztechnik?
Inzwischen weiß ich mehr – auch über das Medium Buch. Es kann Impulse setzen, Genuß bieten, aber auch Klischees festklopfen. Aber eines kann es nicht: das praktische Tun ersetzen.

Regine Felsch ist freiberufliche Redakteurin. Zuvor betreute sie im FALKEN-Verlag in der Fachredaktion "Kreatives Gestalten" zahlreiche Bücher, u.a. über Seidenmalerei.

Die Galerie Smend auf der Frankfurter Buchmesse

Moritz von Jagow

Heiter ist die Kunst, ernst das Leben. Das gilt nicht weniger für den Mittler zwischen beidem – dem Galeristen und Verleger Rolf Smend. Die Entscheidung, auf der Frankfurter Buchmesse Präsenz zu zeigen, reifte sorgfältig. Sie betraf neben der Präsentationsauswahl ebenso die Werbeveranstaltungen, Möglichkeiten des Kundenkontaktes – und natürlich die Auswahl des geeigneten Personals für die Repräsentation des Standes. Der geneigte Leser mag sich anhand des nachfolgenden Diariums des Messeverlaufes davon überzeugen, daß hier echte Profis, nämlich Rolf und ich, am Werk waren.

1.Tag:
Der Regalaufbau geht zügig vonstatten. Probleme bereitet die Plazierung des Sortiments. Die Umschlaggestaltung des von der Autorin singulär als Bestseller eingestuften Werkes: "Zechine Zugemüß – ein Leben für die Klöppelspitze" verträgt sich farblich nicht mit dem anderen Saisonhit: "Der Hosenstall – Form, Funktion, Fauxpas", einer Studie in fünf Bänden mit Fotos des Verfassers. Nach heftiger Debatte vertagen wir das Problem und einigen uns vorläufig auf den Stellplatz für den Cognac.

Rudolf Smend (Rolf), Moritz von Jagow, Christine Meyer-Rösch. 43. Frankfurter Buchmesse 1993.

2. Tag:
Die Messe beginnt vielversprechend. Ein Herr mittleren Alters interessiert sich für das Handbuch Seidenmalerei. Seine Karte weist ihn als freiberuflichen Rezensenten aus; er schreibe, so sagt er, für mehrere internationale Kunstmagazine. Man kann gar nicht genug die Werbetrommel rühren, darum überlasse ich ihm, begeistert von seinem Vorschlag, das Buch in der New York Times zu besprechen, ein Freiexemplar. Rolf, der derweil in Geschäften unterwegs war, kann meinen Enthusiasmus komischerweise nicht teilen. Mag sein, daß seine Bitte um eine Widmung für seine Frau etwas unüblich war. Aber es spricht doch für die Vornehmheit

jenes Herren, seine Visitenkarte nicht mit Details wie Adresse und Telefonnummer zu überfrachten. Der Cognac mildert die Schärfe der Diskussion.

3. Tag:
Ich habe alle Hände voll zu tun, Besucher vom wahllosen Durchblättern der kostbaren Bücher abzuhalten. Einmal muß ich mit einer älteren Dame sehr streng werden, die ich beim Versuch ertappe, ein verschweißtes Bücherpaket aufzureißen. "Darf nur zu Postzwecken geöffnet werden" – das steht extra drauf! Wir sind schließlich ein Ausstellungsstand und kein Grabbeltisch. Einige, die sich als Buchhändler vorstellen, erkundigen sich nach "Kollegenrabatt". Ich belehre sie, daß der Galerieinhaber nur zwei Kollegen habe und die hießen Mustafa und Karin und ein Rabatt komme nicht in Frage. Um die Übersicht zu behalten, ziehe ich mit einem Tesafilmstreifen eine Absperrung vor den Stand und lasse die Besucher nur noch paarweise eintreten. Das hat den zusätzlichen Vorteil, daß sich dadurch neugieriges Gesindel von echten Interessenten scheidet. Die sind – das ist in diesem Metier so – natürlich rar gesät und so bleibt die Besucherzahl überschaubar. Unbegreiflich, warum Rolf nicht zufrieden ist und mir vorhält, er könne sich nicht einmal zwei Stunden vom Stand entfernen. Ein Segen, daß die Cognacflasche greifbar ist.

4. Tag:
Heute ist die Messe für Publikum geöffnet. Rolf ist am Stand geblieben. Wir sind gut besucht. Gelegentlich zieht sich Rolf mit einem Besucher in die Ecke zurück, steckt ihm ein Buch in eine Tüte und bekommt dafür einen Zettel, den er im Portemonnaie verschwinden läßt. Ich soll Ausschau halten, ob auf den Fluren Messeangestellte herumlaufen. Tatsächlich erblicke ich einen am Ende des Ganges, eile zu ihm und zerre ihn an unseren Stand, wo Rolf wieder mit irgend jemandem in der Ecke steht. Weswegen der Mensch von der Messeverwaltung "aha" sagt und sich in das Gespräch einmengt, weiß ich nicht – aber es ist erhebend zu erleben, daß sich auch Normalbürger für unser eher ausgefallenes Sortiment interessieren. Er greift sogar in die Tüte, um zu sehen, was der andere von Rolf bekommen hat. Auch Rolf scheint guter Dinge zu sein; kaum haben sich die beiden Besucher entfernt, genehmigt er sich einen Cognac, obwohl es erst mittags ist, und meint, es sei besser, ich sähe mich für den Rest des Tages in den Hallen um.

5. Tag:
Ein befreundeter Verleger hat für uns als nette Überraschung eine Lesung mit einer seiner Autorinnen organisiert. An unserem Stand liest Ruth Lorenz-Gassenschneider aus ihrem Erstlingswerk "Seide und Kreide – vom Yin und Yang in einer Lehrerpartnerschaft." Die Resonanz ist leider spärlich und ihr Verleger erscheint auch nicht, obschon er das Buch als aufwendigen Faksimile-Druck gestaltet hat: Es ist kaum von einem handgeschriebenen Manuskript zu unterscheiden. Das übersteigt selbst die verlegerischen Möglichkeiten von Rolf, weswegen er ihr Angebot, das neue Buch "Traumdeutung und Seidenmalen" herauszugeben, leider ausschlagen muß.

6. Tag:
Beim Ordnen der Bestellzettel kommt mir der geniale Einfall, eine Tombola zu veranstalten. Aus allen gesammelten Bestellungen wird eine gezogen – der Glückliche bekommt die Lieferung umsonst. Rolf ist einverstanden und möchte von der Ziehung ein Foto schießen. Als Behältnis muß mangels Alternative der Papierkorb herhalten. Ich klemme mir den Korb unter den Arm und Rolf knipst eine Serie, wie ich breit grinsend einen Zettel ziehe und hoch halte. Danach kommt Kundschaft, darunter einige gute Bekannte, so daß die Stimmung steigt und der Cognac die Runde macht. Abends sieht der Stand aus, als hätten die Tataren gewütet. Verbringe eine halbe Stunde damit, den Papierkorb mehrfach zu füllen und zu den Containern zu tragen, die schon brechend voll sind. Gottseidank wird nachts alles entleert, denn morgen, am letzten Messetag, fällt erfahrungsgemäß viel Müll an.

7. Tag:
Letzter Tag. Rolf sucht nach den Bestellungen. Die Zettel sind unauffindbar. Ich bin auch untröstlich, aber was kann ich dafür! Was im Papierkorb ist, wird halt weggeworfen, wer wird denn da noch vorsortieren. Außerdem erscheint im kommenden Jahr der nächste Band aus der Reihe "Handbuch der Seidenmalerei" – und um wieviel lohnender ist es, statt eines lumpigen Titels derer mehrere in einer Geschenkkassette anzubieten, ich mach das dann schon.

Moritz von Jagow, Jurist, lebt in Hamburg und arbeitet für Gruner + Jahr.

Anregung und Weiterbildung

Jenseits von Angst und Langeweile

Clemens Renker

Wie gestalte ich mein Leben? Das ist eine Frage, vor der alle Menschen stehen. Ob und wie dies jeweils persönlich sinnvoll und zufriedenstellend gelingt, liegt wesentlich im Geschick des einzelnen Menschen begründet. Individuelle Lösungsansätze sind zahlreich. Das Bedürfnis nach Glück und Einheit ist allen Menschen innewohnend, jeder strebt auf verschiedenen Umwegen danach, dieses Bedürfnis zu befriedigen. Die Anhäufung von Konsumgütern ist der allgemeine, aber oft dennoch nicht zufriedenmachende Weg, ein anderer führt über die Ausübung kreativer Hobbies.

Das Versinken in Tätigkeiten, die einem Spaß machen, gilt der Psychologie und Soziologie zufolge als ein wesentlicher Schlüssel zum Glück. Wahres Glück kommt dem amerikanischen Psychologen Mihaly Csikszentmihaly zufolge nicht von außen oder zufällig, sondern aus dem bewußten Versinken in etwas, das einen ganz erfüllt – aus dem sogenannten "Flow". Gerade im musisch-kreativen Tun vergessen sich die Menschen. Sie erleben dieses "Fließen". Weg und Ziel des Tätigseins verschmelzen und werden als ein Ganzes erlebt. Menschen, die sich mit der Malerei beschäftigen, geben sich dabei mit einem erheblichen Energieaufwand und Stehvermögen um des musisch-kreativen Tuns selbst hin (autotelisch) und nicht um einer herkömmlichen, äußeren Belohnung willen. Dieses autotelische Erleben als ganzheitliches Gefühl des völligen Aufgehens in der musisch-kreativen Tätigkeit wird als "Flow" bezeichnet.

Wir hören regelmäßig von Frauen und Männern, die Seidenmalerei ausüben, daß sie dabei Probleme und Sorgen des Alltags vergessen, daß Kopfschmerzen vergehen, selbst Hungergefühle in Vergessenheit geraten – sich ein Gefühl des inneren "Fließens" einstellt. Das äußere "Fließen" der Farbe auf "sinnlicher" Seide verstärkt dieses psychische Erlebnis noch. Flow-Erlebnisse kann man beim Aufspannen der Seide genauso wie beim Aussuchen der Farben haben, beim konzeptionellen Anlegen der Motive wie der malerischen Ausgestaltung. In der Kombination von Farbe, Licht und Spiel des Pinsels auf edlen Maluntergründen erfahren die Menschen sich selbst. In Gruppenarbeit wird Freude erlebt, das Selbstvertrauen gesteigert und das Gefühl der Zusammengehörigkeit mit anderen Menschen als befriedigend empfunden.

Im Seidenmalen können die Menschen

– zeitweise jenseits von Angst und Langeweile im Malen aufgehen,

Kurs mit Annette Pöllmann

– spielend sich auf eine Sache konzentrieren, ohne sich externen Antreibern ausgesetzt zu fühlen,

– Denken, Fühlen und Handeln vereinen.

In Abweichung der Aussage von Friedrich Schiller zum Spielen gilt demzufolge: "Der Mensch ist nur dort ganz Mensch, wo er sich im Malen frei entfaltet".

Dieses grundlegende menschliche Bedürfnis für Seidenmalkünstlerinnen und -künstler durch Galerie, Kurse, Publikationen und Produkte befriedigen zu können, hat sich Rudolf Smend in den vergangenen 25 Jahren zur Aufgabe gemacht. Gerade weil er Künstlerinnen und Künstlern erstmals eine qualifizierte Plattform unter anderem für die Kunst auf Seide ermöglicht hat, gilt ihm ganz besonderer Dank.

Prof. Clemens Renker ist Geschäftsführer der C. KREUL KÜNSTLER.-FARBEN. FABRIK (JAVANA und AVANT-GARDE Seidenmalfarben) und Verbandsvorsitzender der Deutschen Fördergemeinschaft von Graphik und Künstlermaterial (DFGK). Er lehrt Marketing, Handel und Banklehre an der HTWS in Zittau-Görlitz.

Hommage an die Galerie Smend – 21 Jahre, hautnah dabei

Marianne Flügel

Von meinen 35 Schuljahren an der Hildegard-von-Bingen-Schule hat mich die Galerie Smend 21 Jahre begleitet. Sie kam gerade recht, ich war ein wenig ausgebrannt.
Zuerst hieß sie "Batik-Galerie". Das Batiken war mir schon vom Studium bekannt, aber so schöne, "echte" Batikstoffe, wie die Galerie sie besaß, hatte ich noch nie gesehen.

E-Gasuri - Kurs mit Willie Jager-Ruchti, 1991

Dann kam die Welle des Seidenmalens, die alle ergriff, auch die Schulen. Die Technik schien ja so einfach – auch die unbegabtesten Schüler und Schülerinnen hatten noch ihr Erfolgserlebnis – und dank der guten Einkaufspolitik der Galerie hielten sich die Materialkosten in Grenzen, denn die Seide wurde immer billiger.
Auch ich absolvierte brav meine zwei oder drei Seidenmalnachmittage – nicht ohne Erfolg, aber ohne Begeisterung. Brav und ohne Begeisterung deshalb – und das ist jetzt ein ganz persönliches Bekenntnis – weil ich überhaupt nicht gerne male. Da fehlt mir ein Gen. Und dieses Gedöns mit all den Farbtöpfchen in der Klasse (ganze Reisegesellschaften haben für mich die Marmeladentöpfchen mit Deckel gesammelt!), dieses ganze "Mischen und Sudeln und Manschen", von dem Goethe – ansonsten heiß verehrt – in seiner Farbenlehre behauptet, "es sei dem Menschen angeboren", – diese Lust hat mich ausgespart. Von umgefallenen Farbtöpfchen und dem Aufräumen und Putzen hinterher will ich gar nicht reden! Vor allem aber: Man hat ja nichts Textiles mehr in der Hand. Man spannt die Seide in den Rahmen, sie liegt vor einem wie ein Stück Papier.
Aber es half nichts. Das Seidenmalen mußte durchgestanden werden, all die Jahre hindurch. Dabei machten die Besuche mit den jungen Leuten in der Galerie Smend die Sache leichter und interessanter.

Im Gegensatz zum Seidenmalen lobe ich mir Plangi und Tritik. Da hat man richtig Stoff in den Fingern, kann ihn bearbeiten, ihn bügeln, falten, zusammenballen, raffen, drehen, winden, knoten, abbinden und verschnüren. Und was nach dem Färben (nur ein oder zwei große Töpfe!) dabei herauskommt, ist immer eine Überraschung für die Kinder, ist ornamentale Gestaltung. Gottlob kein Bild, das man dann auch noch benoten soll.

Plangi. Ich kannte diese Technik seit langem, hatte schon einen ganzen Schulbazar damit bestückt, Garderobe gefertigt. Jetzt hieß Plangi plötzlich Shibori und kam aus Japan mit einem reichen Angebot an technischen Raffinessen. So belegte ich 1987 einen Kurs in der Galerie Smend bei Inge Dusi, wobei ich ihre mit Milligramm, Minuten und genauen Hitzegraden operierende Färbekunst sehr bewunderte. Das Ergebnis war absolut farbecht.

Mir als einem Fadenkonstrukteur kamen die beiden Kurse zum Thema Ikat natürlich sehr gelegen: 1989 Kettikat bei Heidrun Schrader, 1991 Kasuri, sprich Schußikat, bei Willie Jager-Ruchti. Das war eine persönliche Bereicherung, nicht unbedingt was für die Schule, jedenfalls nicht in dieser vollendeten Form. Jetzt müßte man noch Doppelikat ausprobieren...

Ich denke gerne an diese Kurse zurück. Es herrschte wie immer bei gemeinsamer praktischer Arbeit eine heitere, entspannte Atmosphäre. Man half sich gegenseitig, wenn es nottat. Stets gab es Kaffee oder Tee und Plätzchen, Herr Smend persönlich servierte das Mittagessen. Beim Kasuri-Kurs gingen wir sogar abends gemeinsam japanisch essen.
Ich hätte noch viel mehr Kurse belegen sollen, denn das Angebot war enorm: Da konnten Kleidung aus seidenbemalten Stoffen genäht, Kimonos gefertigt, Tücher drapiert, Stoffe marmoriert, Hüte gefilzt und natürlich immer wieder auch gebatikt wer-

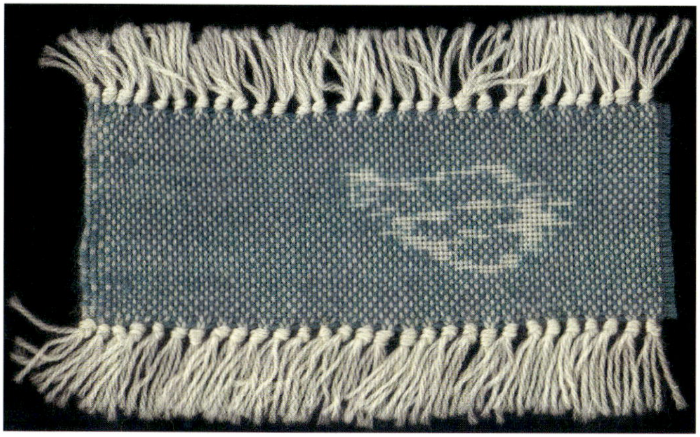

E-Gasuri (Bild-Ikat) von Marianne Flügel

den. Und immer wieder gab es neue Angebote an Färbemitteln, an Büchern, ein ganzes Warenlager an herrlichsten Seiden, sogar Fertigkleidung.

Und all die Ausstellungen! Unzählige Eröffnungen mit dem bekannten persönlichen Flair der Galerie, mit dem Ehepaar Smend und oft auch den Kindern, und mit ihrem langjährigen Mitarbeiterstab: lehrreich, amüsant und manchmal auch lukullisch. Ganz besonders ist mir der Abend mit den Drahtgeweben von Brigitte Kramer-Peters in Erinnerung geblieben, aber auch die Kasuri-Sammlung von Frau Dr. Lautz, das spannende Schablonendrucken des Meisters Shinzo Kajiwara aus Tokyo und vieles mehr.
25 Jahre hat mich die Galerie Smend sehr bereichert, ich möchte auf keines verzichten und hoffe und wünsche, daß es noch lange so weitergehen möge. Vielen Dank !

Marianne Flügel ist Oberstudienrätin und z.Zt. Lehrbeauftragte an der Universität zu Köln, Institut für Kunst und Kunsttheorie, Abtl. Textilgestaltung, Textilwissenschaft und ihre Didaktik.

Rudolf Smend: Immer für eine Überraschung gut!

Marielis Günzel

Indonesische Textilien nahmen einen großen Raum ein in den Ausstellungen und Programmen der seit nunmehr 25 Jahren bestehenden Galerie Smend. Nicht nur ausgewählte kulturhistorische Exponate, sondern auch aktuelle indonesische Textilkunst und ihre VertreterInnen lockten viele BesucherInnen in die Galerie. Darüber hinaus organisierte Rudolf G. Smend Studienreisen in dieses ferne Land und ermöglichte so seinen ReiseteilnehmerInnen den Weg zu den kulturellen Wurzeln so bekannter Techniken wie Batik oder Ikat.
Im Sommer 1988 gelang ihm ein weiteres ungewöhnliches Vorhaben: Er gewann Frau Heidrun Jardner-Schrader für den ersten Ikatkurs in der Galerie.
Sieben textilinteressierte Frauen ließen sich auf dieses Experiment ein, das erstmalig in den Räumen der Galerie stattfand. Ihr damaliger Gästebucheintrag spricht noch heute für sich:

"Leben und Weben kann fast alles sein,
Doch schau' bei Rudolf Smend herein,
Da wird dir ganz schnell beigebracht,
Wie frau den Kett(en)ikat macht.
Der erste Kurs hierfür war angekündigt,
Wild entschlossen, kurz und bündig,
Haben wir uns eingefunden,
Um für viele, viele Stunden
Diese Technik zu studieren,
So manches Neue zu probieren:
Kette schären, Muster finden,
Rapporte bilden und dann binden,
Färben, spülen, Reserve lösen,
Keine Zeit, nur rumzudösen.
Große Freude und Hurra,
Deutlich war das Muster da!
Blaue Finger machten nix,
Kreuze eingelegt, ganz fix,
Litzen knoten, Stäbe stecken,
Großer Fleiß in allen Ecken.
Den Gurt gespannt und angefangen
Mit Weben, wird die Zeit wohl langen?
Und ist es auch kein Meisterstück,
Sind wir doch alle voller Glück.
Ganz herzlichen Dank für das Experiment
Sagen wir Frau Schrader und Herrn Smend!"

Auch das "Rahmenprogramm" des Kurses ließ nichts zu wünschen übrig! Liebevoll wurden die Teilnehmerinnen nicht nur mit geistiger Nahrung, sondern auch mit kulinarischen Köstlichkeiten versorgt.
Nach getaner Arbeit tauchten sie – dank der kundigen Führung von Herrn Smend – in das Flair der Kölner Südstadt ein.

Marielis Günzel ist Lehrerin für Textilgestaltung in Duisburg.

Galerie Smend als Lernort für Studierende

Ruth Bleckwenn

Studentinnen der Universität Münster zu Besuch in der Galerie 1993 - beim Studium von Doppelikat (Geringsing) aus Tenganan/Bali

Außereuropäische Textilien – speziell Beispiele indonesischer Textilkunst – sind in nordrhein-westfälischen Museen leider selten zu sehen. Dabei weiß jeder, der mit Textilien umgeht, daß man nur durch den Eindruck des Originalen den direkten – wie man heute sagt "sinnlichen" – Reiz des Materials, der auf Textur und Fall beruht, erleben kann.

Andererseits ist europäische Textilkunst in den letzten Jahrzehnten im Zuge der interkulturellen Erziehung zunehmend zu einem wichtigen Thema der Lehrerausbildung geworden. Gerade Textilkunst mit ihrer direkten Beziehung zum Leben der Menschen, aber auch zur jeweiligen weltanschaulichen und gesellschaftlichen Situation eignet sich hervorragend, "Fremdes" uns Europäern nahezubringen. Gerade dazu ist die Erfahrung am Original notwendig.

Die Galerie Smend bot den Studierenden des Instituts Textilgestaltung und ihre Didaktik der Westfälischen Wilhelms-Universität Münster immer wieder Gelegenheit, solche Erfahrungen zu sammeln. Jede Exkursion wurde zu einem besonderen, erfolgreichen Ereignis. Durch das Kennenlernen von Beispielen außereuropäischer Textilkunst und durch die kenntnisreiche und engagierte Betreuung durch Herrn Smend erwarben die Studierenden nicht nur Kenntnisse auch über wenig bekannte Textilien, sie erlebten nicht nur konkret die Bezüge zwischen Technik, Gestaltung und ästhetischer Wirkung, sondern – und das war am wichtigsten – sie begeisterten sich für die Thematik: die entscheidende Voraussetzung für eine angemessene Umsetzung in die Schulpraxis.

Prof. Dr. Ruth Bleckwenn lehrte bis 1995 an der Westfälischen Wilhelms-Universität am Institut für Textilgestaltung und ihre Didaktik in Münster und lebt heute als pensionierte Professorin in dieser Stadt.

Zum 25-jährigen Bestehen

Gepa Klingmüller

Zum 25-jährigen Bestehen der "Galerie Smend" sende ich Ihnen, Ihrer Frau, Ihrer ganzen Familie sowie allen Mitarbeiterinnen und Mitarbeitern meinen herzlichen Glückwunsch! Eingeschlossen ist herzlicher Dank für eine ebenso lange wie intensive, anregende und zugleich cooperative Zusammenarbeit!
25 Jahre – eine erfolgreiche Zeit für die Textilgalerie Smend: von der Verwirklichung erster Ideen, deren wohldurchdachter, zielsichere Entwicklung, bis hin zu einer Galerie als "Ort" für Textilkunst mit der Präsentation zeitgenössischer TextilkünstlerInnen und ihrer Werke mit dem Schwerpunkt Seidenmalerei.

Ihre Galerie war und ist in ihrer Art eine Besonderheit und – weit über die Grenzen nicht nur der Stadt Köln hinaus – bekannt als ein Zentrum, Treffpunkt, Mittelpunkt für alle, die textilinteressiert und weltorientiert Anregungen und Informationen materialtechnischer oder künstlerisch-kultureller Art suchen.
Wir sind uns oft begegnet in Museen, bei Ausstellungseröffnungen, Symposien, Tagungen, bei Sammlern und Sammlerinnen. Textilien waren der rote Faden, dem wir gefolgt sind, auf dem sich unsere Wege und Intentionen immer wieder gekreuzt haben.
Von Ihnen habe ich viele Informationen bekommen, Anregungen mitgenommen, habe spannenden Reiseberichten "gelauscht".
(Gab es nicht eine Motorradfahrt zu den Bergvölkern in Thailand – mit Sozius?)

Ich erinnere mich noch sehr genau an die erste Zeit unserer Zusammenarbeit – an die erste Ausstellung in Ihrer Galerie zum Thema Seidenmalerei, an deren Jurierung ich beteiligt war. Das Interesse für Textilien ist auch heute unvermindert, vor allem für die Textilkunst.
Das besondere Anliegen der Galerie Smend gilt zwar zunächst den TextilkünstlerInnen unserer modernen westlichen Welt, aber auch den unbekannten TextilkünstlerInnen fremder, traditionsbewußter bzw. -verbundener Kulturen. Die Galerie trägt anhand kostbarer textiler Beispiele und anhand reichen Bildmaterials, wissenschaftlicher Fachliteratur und darüber hinaus mit materialtechnischen Angeboten dazu bei, Textilien – Textilkunst – ihren Besuchern, u.a. unseren Studierenden, einsichtig zu machen.
Meine Intention war, diese Werte den Studierenden zu eröffnen und ihnen die unmittelbaren und besonderen Qualitäten textiler Ausdrucksmöglichkeiten, oder besser gesagt die weltweit intuitiv verständliche Sprache von Textilien zu vermitteln.
Auf dieser gemeinsamen Basis haben Sie – Herr Smend – in Ihrer Galerie auch Ausstellungen von textilkünstlerischen Arbeiten der Studierenden gezeigt, entstanden in Seminaren und Übungen unter Anleitung von den KollegInnen Frau Jenny Thomkins, Herrn Michael Zepter AOR u.a. Diese Ausstellungen von origineller Frische waren damals ein beachteter Erfolg. Sie haben auch bewiesen, wie weitreichend und lebendig sich die Anregungen der Galerie auf die Arbeiten der Studierenden auswirkten: fast unbemerkt, eindringlich-einprägsam, konstant – und das über einen Zeitraum von 25 Jahren!

Ich wünsche Ihnen, Herr Smend, allen Beteiligten und Besuchern sowie Studierenden, vor allem allen Textilinteressierten, daß es noch lange eine "Galerie Smend" dieser Art geben möge!

Professor Gepa Klingmüller vertrat die "Abteilung für Textilgestaltung, Seminar für bildende Kunst und ihre Didaktik, Erziehungswissenschaftliche Fakultät der Universität zu Köln" und damit die Lehrerausbildung im Fach Textilgestaltung für Sekundarstufe I, Primärstufe und Sonderpädagogik. Diese Aufgabe hat Sie vor kurzer Zeit nach 25-jähriger Tätigkeit niedergelegt.

Studenten der Universität zu Köln, Abtl. Textilgestaltung, zu Gast Finissage mit Jenison Thomkins, 1994

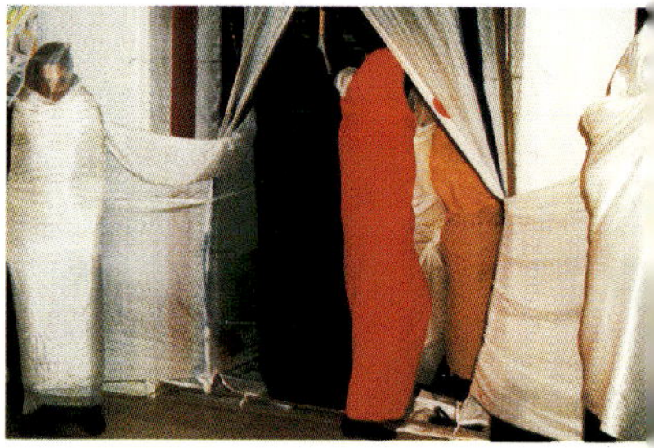

Performance, Leitung Heike Reul, 1995

Studentinnen der Universität mit Ursula Kramps, Performance 1995

Die Galerie als außerschulischer Lernort

Marielis Günzel

Projektwoche Seidenmalerei

Ästhetische Erziehung und kulturelle Bildung werden heute als Aufgabe und Ziel des Textilunterrichts formuliert[1], der lern- und bildungsstrukturelle Zusammenhang in der folgenden Graphik[2] dargestellt:

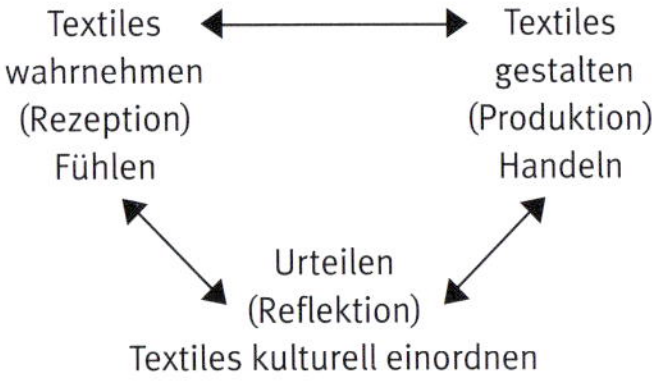

Auch in den Richtlinien und Lehrplänen (NRW) für das Fach Textilgestaltung findet der kulturorientierte Ansatz Berücksichtigung. "Die Beschäftigung mit Grundstrukturen der Kultur ..., mit kulturellen Traditionen und Deutungskategorien ist zunächst Aufgabe des Fachunterrichts, der im Rahmen seiner Möglichkeiten sachbezogene und kritische Rationalität ebenso wie Kreativität, Phantasie, sinnliche Erfahrung und ästhetisches Empfinden fördern soll. Kultur soll im Sinne einer gestalteten Lebenswelt im Schulleben darüber hinaus auch praktisch greifbar werden."[3]

Die Schülerinnen und Schüler sollen dazu angeleitet werden, "ästhetische Strukturen in ihrer gestalteten Umwelt zu erkennen und mit Textilien als Zeugnis kultureller Innovation oder Tradition angemessen umzugehen"[4] und "erkennen, daß das eigene Tun wie das Ergebnis dieses Tuns in kulturellem Zusammenhang steht, in gegenwärtigem wie historischem, und daß damit Fragen nach Lebensgewohnheiten, wirtschaftlichen Voraussetzungen und technischem Entwicklungsstand stehen, aber auch nach dem steten Wandel menschlicher Darstellungsformen, wie er sich deutlich an Textilien zeigt."[5]

Daß solche Forderungen eine Veränderung der unterrichtlichen Arbeit und eine Verbesserung der Lehr- und Lernmöglichkeiten erforderlich machen, wird an dieser Stelle deutlich. Bereits in den 80er Jahren hat der damalige nordrhein-westfälische Kultusminister Hans Schwier ein Rahmenkonzept zur "Gestaltung des Schullebens und Öffnung von Schule"[6] vorgelegt, um schulischerseits den veränderten Lebens- und Lernbedingungen der Schülerinnen und Schüler zu begegnen.

Viele Schulen beschreiten heute den Weg, gewohnte Grenzen auszuweiten und die Kooperation mit neuen Lernorten zu suchen, die durch handlungsorientiertes Lernen und projektorientiertes Arbeiten herausgefordert wird.

Ein solcher außerschulischer Lernort kann für den Textilunterricht zweifelsohne die Galerie Smend sein, in der für das schulische Lernen so viel Interessantes geschieht:

- Sie ermöglicht die Begegnung mit historischen, außereuropäischen Textilien, die gedeutet und kulturell eingeordnet werden und Anregungen zu eigenen Gestaltungen geben können.
- Sie ermöglicht die Begegnung mit aktueller Textilkunst, die ebenfalls gedeutet und kulturell eingeordnet werden und Anregungen für das eigene praktische Tun geben kann.
- Sie ermöglicht die Begegnung mit TextilkünstlerInnen und die Kommunikation über ästhetisches Empfinden, Kreativität und Phantasie.
- Sie ermöglicht die aktive Auseinandersetzung mit verschiedenen textilen Techniken und Materialien.
- Sie ermöglicht Begegnungen von hoher Qualität.
- Sie stellt ihren BesucherInnen eine ausgezeichnet sortierte Bibliothek zur Verfügung.
- Sie sollte auch in der Freizeit, außerhalb von unterrichtlichen Veranstaltungen, Ziel für textilorientierte Schülerinnen und Schüler sein.

Denn: Köln im Allgemeinen und die Galerie Smend im Besonderen sind immer einen Besuch wert!

1 Vgl. u.a. Herzog, Marianne: *Ästhetische Erziehung und kulturelle Bildung. Aufgabe und Ziel des Textilunterrichts*, in: Lernhilfen für den Textilunterricht, Hrsg. Marianne Herzog und Marielis Günzel, Kallmeyer'sche Verlagsbuchhandlung 1/89, Lernhilfe 1.2
2 Aus: Herzog, Marianne u.Günzel, Marielis: *Über das Verhältnis von Aisthesis und Mimesis – exemplifiziert*

am Beispiel "Tücher verbinden", in: Textilarbeit und Unterricht, Heft 2, Mai 1996, S. 103.

3 Richtlinien und Lehrpläne für das Gymnasium – Sekundarstufe I – in Nordrhein-Westfalen. *Textilgestaltung*, 4/1993, S. 14.

4 Richtlinien und Lehrpläne für die Realschule in Nordrhein-Westfalen. *Textilgestaltung*, 11/1993, S. 35.

5 Richtlinien und Lehrpläne für die Hauptschule in Nordrhein-Westfalen. *Textilgestaltung*, 5/1989, S. 41f.

6 *Rahmenkonzept "Gestaltung des Schullebens und Öffnung von Schule"*. Entwurf, Sonderdruck des Kultusministers 1988.

Marielis Günzel ist Lehrerin für Textilgestaltung in Duisburg.

Mehr Textilunterricht! Textilunterricht an allen Schulen!

Dorothee Woisin

Die Lehrenden sind qualifiziert, die Lernenden motiviert und die Eltern interessiert. Die Lehrpläne werden der Herausforderung unserer Zeit gerecht.

Im föderalen Bildungssystem haben die einzelnen Bundesländer das Fach mit den Bezeichnungen Textiles Werken, Textillehre, Textilgestaltung, Textilarbeit und Technik Textil teilweise den Bereichen Bildende Kunst, Arbeitslehre, Hauswirtschaft und Umwelterziehung angegliedert. Nur in wenigen Bundesländern wird das Fach noch eigenständig und in allen Schularten (auch Gymnasium) unterrichtet. In den neuen Bundesländern, in denen es nur vorläufige Rahmenrichtlinien gibt, hat das Fach seine Eigenständigkeit nur in der Sonderschule erhalten. In Sachsen z.B. sind textile Anteile in den sozial- und hauswirtschaftlichen Profilunterricht der Mittelschule integriert. Am Gymnasium wird das Fach in keinem der neuen Bundesländer erteilt.
Wenn der Fachverband Textilunterricht e.V. im Jahr 2000 sein 25-jähriges Jubiläum feiert, werden unzählige fachdidaktische Debatten stattgefunden haben. Die Diskussion, die alljährlich die Landes- und Bundesfachtagungen beherrscht hat, aber war die bildungspolitische Situation: Wie ein roter Faden zieht sich die Forderung nach Fortbestand bzw. Aufstockung des Textilunterrichts durch die Verbandsgeschichte. Doch insgesamt konnte bei den Ministerien nur wenig erreicht werden.
Inhaltlich hat der Textilunterricht von heute ein Konzept, das die Vermittlung von Schlüsselqualifikationen und Kompetenzen in den Mittelpunkt stellt und dabei den Herausforderungen unserer Zeit gerecht wird.
Als gutes Beispiel mag der neue Lehrplan in Schleswig-Holstein gelten. Hier werden ausführlich Kernprobleme unserer Zeit thematisiert. Grundwerte wie Frieden, Menschenrechte, Zusammenleben in der einen Welt mit unterschiedlichen Kulturen, Religionen, Gesellschaftsformen, Völkern und Nationen werden den fachlichen Konkretionen vorangestellt. Weitere Kernprobleme, wie Erhalt der natürlichen Lebensgrundlagen und die Gestaltung unserer Lebensverhältnisse (Strukturwandel), Gleichstellung und Partizipation, fordern und fördern fächerübergreifenden Unterricht. Die relativ offenen Formulierungen räumen für den Lehrenden Entscheidungsspielräume ein. Einen Schwerpunkt von fünf Themenbereichen bildet "Textilien als Ausdrucksmittel einer Kultur – Fremdes sehen und verstehen" mit den Inhalten:
– Wie sich die Menschen in aller Welt kleiden
– Textile Techniken anderer Völker und Länder
– Fremde Einflüsse in unserer Kleidung
– Verkleidungen, Verhüllungen

Die Lernhandlungen Machen – Erleben – Verstehen können vielfältige Kompetenzen vermitteln, die zur Persönlichkeitsentwicklung beitragen. Ausgehend von Textilien (Textiles ist allgegenwärtig!) mit ihren ausgeprägten lebensweltlichen Bezügen lassen sich viele Gesamtzusammenhänge erfassen. Schule wird ohne Textilunterricht ärmer sein!

Gemäß dem Grundsatz, daß Lehrerfortbildung nicht nur der "Sicherung des Qualifikationsniveaus" dient, sondern auch den Lehrer für eine schöpferische Pause aus der Rolle des ständig Lehrenden herauslöst, habe ich das "Lernen mit Stil" in der Galerie Smend genossen.
Die Patchworkkissen in meinem Unterricht sind seitdem groß und dreieckig. Danke Rolando Rasmussen, Danke Rudolf Smend.

Dorothee Woisin ist seit 24 Jahren Fachlehrerin für Textiles Werken und unterrichtet am Otto-Hahn-Gymnasium in Geesthacht.

Stoffmuster im Unterricht – ein Beitrag zur ästhetischen Bildung

Erika Cohn

Schultertuch aus Süd-Sumatra mit Paisleymuster (Tritik)

Im Rahmen des Textilunterrichts gibt es verschiedene Möglichkeiten, sich mit der Musterung von Stoffen auseinanderzusetzen und damit einen Beitrag zur ästhetischen Bildung zu leisten. Die hier vorgestellten Unterrichtsskizzen verstehen als ein solcher Beitrag.

Folgende Intentionen sollen verfolgt werden:
– Anbahnung ästhetischer Anmutungen durch eigenes Tun – hier Färben von Stoffen – und anschließendes Benennen, Beschreiben und Vergleichen der Ergebnisse
– Schulung der Wahrnehmung gemusterter Textilien durch Sammeln, Ordnen und Dokumentieren
– Förderung des Verständnisses für kulturelle Zusammenhänge durch Erkunden historischer Quellen eines Musters.

1. Entwickeln von Mustern
In einem systematisch aufgebauten Lehrgang geht es um das Mustern einer Oberfläche, um verschiedene Wirkungen und Effekte zu erzielen: Helldunkel-Kontraste, Farbschattierungen, Farbwirkung auf unterschiedlichen Stoffen (z.B. Baumwolle und Seide).
In je einer Grundfarbe werden Stoffproben gefärbt. Durch partielles Eintauchen, z.B. in die blaue Farbflotte, werden – je nach Temperatur des Färbbades und der Verweildauer des Färbegutes in der Flotte – abgestufte Töne erzielt: hellblau, dunkelblau, blaßblau, nachtblau etc. Ergebnisse im Gliedern einer Fläche werden erzielt durch Fälteln des Stoffes, rechtwinkliges oder diagonales Übereinanderlegen, durch zusätzliches Abbinden oder Knoten vor dem Eintauchen in die Flotte oder durch Überfärben in einer anderen Grundfarbe.
Die Erfahrungen werden in erneuten Musterungsversuchen genutzt, der Sinn für Proportionen wird geschult.

2. Sammeln von Stoffmustern
Schülerinnen und Schüler sammeln gemusterte Textilien: Stoffreste, Altkleider. Sie erkunden Stoffläden, durchforsten Kataloge und Werbematerial. In Mappen, Vitrinen oder an der Schultafel wird die Sammlung nach verschiedenen Kriterien sortiert und dokumentiert: Rand- und Flächenmuster, geometrische Musterelemente wie Quadrat, Rechteck, Kreis; florale Muster und Stilisierungen; Herstellungsarten/Technik der Musterung (gewebt, bedruckt, gefärbt, bemalt, bestickt). Die Sammlungen können zu weiteren Aufgaben anregen, wie beispielsweise selbst Schablonendrucke oder kleine Webstücke anzufertigen.

Kinder beim Werken mit Ute Patel-Mißfeldt

3. Erkunden historischer Quellen eines Musters

In der Mustersammlung findet sich z.B. das Paisleymuster. Dem Ursprung dieses Musters wird nachgegangen: In den Museen der Völkerkunde ist das Muster auf außereuropäischen Textilien – auf Teppichen, auf traditioneller Kleidung (u.a. Sarongs) – zu finden. Weitere Fundorte sind Ausstellungen in Kunstgewerbemuseen und den Galerien. Da auch heutige Textilien dieses Muster aufweisen, muß es einen Zusammenhang geben. Schülerinnen und Schüler forschen in der Literatur und stoßen auf den Kaschmirschal, ursprünglich das wertvolle Fürstengeschenk aus dem weichen Flaum der Kaschmirziege. Dort findet sich eingewebt das Boteh-Muster (Boteh = Blume). Ursprünglich gedeutet als Schößling der Palme wurde das Motiv zu einer Pyramide stilisiert, die das Aussehen einer mit Blumen gefüllten Vase hatte. Später veränderte sich das Motiv zu der geläufigen Form. Die Schülerinnen und Schüler erfahren, wie die Mitglieder der Ost-Indien-Handelsgesellschaft die Schals als Geschenke nach England brachten und dort große Begeisterung auslösten. Die Tücher mit dem Boteh-Muster wurden in Edinburgh, später in Paisley, einem kleinen Ort nahe Glasgow, nachgewebt. Durch die weltweite Verbreitung der Schals wurde der Ortsname auf das Muster übertragen. Das Paisleymuster ist heute im europäischen Musterschatz fest verankert.

Diese Tätigkeiten – das Organisieren von Arbeitsprozessen beim Färben, das Ordnen der Mustervielfalt von Textilien und das Aufspüren historischer Quellen – können einer vertieften Wahrnehmung dienen, die der Reizüberfllutung durch die heutigen Medien entgegenwirkt. Darüber hinaus wird zu weiterführenden eigenen Tätigkeiten angeregt.

Veschiedene Institutionen, Ausstellungen und Sammlungen in Museen und Galerien halten Angebote zur ästhetischen Bildung bereit.
Die Galerie Smend nimmt hier einen besonderen Platz ein, denn sie bietet eine breite Palette von Vorschlägen an einem Ort: Kurse, um eigenes Tun zu erproben und Erfahrungen auszutauschen, wechselnde Ausstellungen von historischen Textilien bis zu zeitgenössischer Textilkunst und nicht zuletzt eine reichhaltige Auswahl speziell an Textilliteratur.

Erika Cohn studierte Lehramt für Volks- und Realschulen in Hamburg und war als Gruppenseminarleiterin und Fachleiterin für Textilunterricht im Studienseminar Hamburg tätig. Seit 1988 ist sie im Ruhestand.

Mehr Farbe in das Fach Textilgestalten

Irmgard Schmidt

Das Gestalten mit Stoffen, das Verbinden von Farben, war mir von Beginn meiner beruflichen Tätigkeit ein Bedürfnis und eine Freude. Ich konnte dies mehrere Jahre als selbständige Schneidermeisterin verwirklichen.
Dann ging ich nach einigen Jahren, Anfang 1967, als technische Lehrerin in den Schuldienst von NRW an eine Sonderschule für Lernbehinderte. Mein Anspruch an das Gestalten mit Stoff war zuerst zu hoch, um diesen Kindern gerecht zu werden. Ich suchte nach Möglichkeiten, wie lernbehinderte Kinder auch einmal ein schnelles Erfolgserlebnis erlangen könnten. Es gab damals beim Schulamt der Stadt Köln im Fachbereich Textilgestalten eine sehr aktive Fachleiterin, Frau Küfer. Durch ihre Initiative in Verbindung mit dem pädagogischen Institut wurde ein Batikkurs in der Batikgalerie Smend angeboten.

Kölner Schultage 1983 mit Irmgard Schmidt

Dies war für mich der Beginn einer 25-jährigen Verbundenheit zur Galerie Rudolf Smend, seiner Frau und seinen Mitarbeitern.
Viel Neues habe ich aus den Kursen der Galerie mit nach Hause genommen und im Textilunterricht umgesetzt. In drangvoller Enge haben wir (die Lehrer) im Keller der Galerie – damals noch gegenüber im Haus seiner Wohnung – gebatikt und in der Badewanne gespült. Jeder der Kursteilnehmer wollte möglichst zwei oder drei Kunstwerke schaffen. Denn Lehrer sind ja leicht ungeduldige Schüler. Zum Entspannen gingen wir nach oben in Smends Wohnung, saßen im Schneidersitz auf dem Boden, tranken Tee, lauschten den Erzählungen Rudolf Smends über seine Aufenthalte in Yogyakarta und sahen mit Interesse seine Dias aus diesem Land.

Bei einem Künstler aus Indonesien lernten wir in einem Kurs auch das Batiken mit alten Batikstempeln. Ich habe heute noch eines dieser 22 Jahre alten Probetücher. Weil ich in den Kursen gelernt hatte, mich räumlich einzuschränken, erlebt hatte, mit welcher Gelassenheit Rudolf Smend, seine Frau und Mustafa unser Chaos ertrugen, fiel es mir auch im Unterricht leicht zu improvisieren. Wir haben auf dem Speicher der Schule gebatikt, mußten das Wasser in Eimern heraufschleppen. Doch es hat den Schülern viel Spaß gemacht. Später kamen die Kurse für Seidenmalen hinzu. Auch dies war eine neue Erfahrung, uns mit Stoff (Seide) und Farbe auseinander zu setzen.

Ich möchte Herrn Smend für eine Initiative danken, die vor 25 Jahren in den Schulen, im Fach Textilgestalten, etwas positiv verändert hat. Wir, die Lehrer, haben die vermittelte Begeisterung mit hinausgenommen in die Schulklassen und an unsere Schüler weitergegeben. Diese haben den Umgang mit der Farbe ebenso begeistert aufgenommen und die Freude am Fach Textilgestalten spiegelte sich im Erfolg ihrer Arbeiten.

Danke an Rudolf Smend und seine Mannschaft.

Irmgard Schmidt unterrichtete bis 1989 das Fach Textilgestaltung an Sonderschulen für Lernbehinderte in Köln.

Batik-Studienreisen nach Indonesien – Wendepunkt für Batikkünstler

Ute Schwarz

In einer Gruppe von 15 Batikern unter Leitung von Rudolf Smend setzte ich 1979 zum ersten Mal meinen Fuß auf javanischen Boden. Noch war ich eine neugierige Touristin.
Die Fremdartigkeit des Landes, die üppige tropische Vegetation und vor allem die gelassene Freundlichkeit der zarten, zierlichen JavanerInnen berührten und beeindruckten mich tief. Was gab es nicht schon in Jakarta alles zu sehen! Da waren der auch spät abends noch geöffnete Kunsthandwerkermarkt mit Spezialitäten nicht nur Javas, sondern auch anderer indonesischer Inseln; die großartige Galerie des Batik-"Zaren" Iwan Tirta, das Sarinah-Kaufhaus, die Flohmarktstraße Jalan Surabaya, die Reistafel im obersten Geschoß des höchsten Gebäudes von Jakarta. Sogar der deutsche Botschafter gab uns einen Empfang in seiner Residenz.
Mit dem Bus fuhren wir über den Puncak-Paß, hielten in Bogor, machten einen Rundgang durch den äußerst sehenswerten Botanischen Garten und übernachteten schließlich in Bandung in einem typischen Hotel der feudalen Kolonialzeit. Von dort aus ging es mit der Eisenbahn weiter durch die sehr abwechslungsreiche Landschaft Zentraljavas, über schwindelerregende Abgründe,

Javanerin im traditionellen Batik-Sarong

durch Wälder und Dörfer, vorbei an Reisterrassen nach Yogyakarta, dem "Herz" der Batik.
Nun wurden wir vormittags von Mitarbeitern des Staatlich Indonesischen Batik-Forschungsinstituts unterrichtet und nachmittags schwärmten wir aus, um – neben den touristischen Sehenswürdigkeiten wie Kraton (Sultanspalast), Borobudur, Prambanan-Tempel, Ramayana-Ballett – vor allem die wichtigsten der unzähligen Batikkünstler zu besuchen.
Aus dem Staunen wurde Bewunderung, dann Faszination, so daß ich mich im folgenden Jahr der zweiten Reisegruppe anschloß und auch 1983 wieder mit "Smend & friend" auf Reisen ging.

Wie hierzulande allgemein verbreitet, war auch ich zuvor der Meinung gewesen, Batik sei eine Färbetechnik (nur eine im Tauchbad gefärbte Batik verdiene diesen Namen, alles andere sei Mogelei) mit dem schmückenden Beiwerk einer Wachszeichnung bzw. -abdeckung. Nun lernte ich, daß im Gegenteil die Qualität einer Batik von der Wachszeichnung bestimmt wird ("ambatik" = zeichnen, schreiben) und das Färben eher eine begleitende Maßnahme ist, wenngleich auch mit Perfektion und Raffinesse gefärbt werden kann und soll.

Mit dieser Erkenntnis fielen selbstauferlegte Beschränkungen und Vorurteile in sich zusammen, und die neu zu entdeckenden Möglichkeiten erschienen grenzenlos.
Damals reifte in mir der Entschluß, die Batik nicht mehr nur hobbymäßig, sondern als Beruf zu betreiben. Ich habe es nicht bereut.

Ute Schwarz führt eine Batikgalerie in Bad Wörishofen und erteilt Batikkurse.

Batikwerkstatt und -galerie
Bachstraße 9
86825 Bad Wörrishofen
Tel. 08247. 81 18

25 Jahre Batik in Belgien

Rita Trefois

'Prisma II' Leo Loomans, Belgien, 1988

In Europa ist Batik für viele Menschen am Anfang ein Hobby. Einige von ihnen erlernen das Handwerk und die damit verbundene Geschicklichkeit, doch nur wenige machen eine Vollzeitbeschäftigung in Sachen Kunst daraus.

Die Nähe zu den Niederlanden hat uns Belgiern die Batik und was damit einhergeht sozusagen ins Haus gebracht.

Zu meiner Schulzeit sah ich Textildesigner bei ihrer Arbeit. Ich erinnere mich, daß sie in den 60er Jahren Batikarbeiten machten. Lernangebote waren damals eine Seltenheit, Bücher über die Techniken waren nur schwer zu bekommen. Konkretes Wissen über die chemischen Vorgänge bei Färbung und Veredelung von Stoffen zu besitzen, war eine wichtige Voraussetzung und sehr vorteilhaft. Da es kaum Unterricht gab, blieb jeder für sich und entwickelte dabei einen sehr persönlichen künstlerischen Ausdruck. Die traditionellen Techniken Wachsdruck und Farbbad waren bestimmend.

In dieser Zeit hörten wir von den ersten guten Büchern über moderne Batik, die Miep Spee aus den Niederlanden und Noel Dyrenforth aus England geschrieben hatten. Man sprach von dem Deutschen Rudolf Smend, von seiner Galerie in Köln und daß es dort eine Hippie-Bewegung geben würde, die überall die Batik unter die Leute bringen und auf diese Weise neue Anhänger gewinnen würde.

Damals kannten wir Noel Dyrenforth und Miep Spee noch nicht persönlich, aber für viele von uns waren sie bei der Entwicklung einer eigenen abstrakten Formensprache von großer Bedeutung. Zweifellos war die Tatsache, daß man mit dieser Technik auch Kunst herstellen konnte, eine vielversprechende Anregung.

Rudolf Smend war einer der wenigen Händler in diesen Tagen. Er versorgte uns zuverlässig mit Material und Handwerkszeug. Seine Ausstellungen und Studienreisen nach Indonesien, die er vorbereitete und durchführte, waren wichtige Stationen für uns.

Leider kamen aber auch durch die Hippie-Bewegung, mit der die Technik eng verbunden war, viele minderwertige Arbeiten auf den Markt, die der künstlerischen Batik viel Schaden zufügten. Mitte der 70er Jahre verschwanden die Hippies und damit auch die Technik. Doch setzten einige Batikkünstler die Erfahrung mit ihr fort. Erst durch die Seidenmalerei erholte sich die Batik wieder. Man stimmte die Techniken aufeinander ab, experimentierte und erzielte so eine größere Ergebnisvielfalt.

Heute haben wir das Problem, daß es vielen europäischen Herstellern von Färbemitteln verboten wurde, diese Produkte an uns "Bastler" zu verkaufen. Die Probleme nehmen zu, und deshalb muß es neben dem Industriekreislauf einen organisierten Markt für den einzelnen Färber unter uns geben – eine wichtige Zukunftsaufgabe, die Herr Smend, als Händler und Geschäftsmann, angreifen sollte. Nicht nur in Bezug auf die Umwelt müssen wir den Farbstoff richtig einsetzen, sondern auch hinsichtlich der guten Qualität unserer Batikarbeiten, die nur mit ausgearbeiteten Färbemethoden erreicht werden kann. Ausreichend Information und Übung im Unterricht ist notwendig, um die angesprochene Qualität zu erzielen.

Es ist an der Zeit, daß die Batik einer breiteren Öffentlichkeit als ein Medium der Kunstproduktion bekannt wird. Was die Anerkennung betrifft, sind Textilarbeiten in Belgien bei den schönen Künsten im allgemeinen schlechter dran, auch wenn hier und da Positives zu bemerken ist. Aber es tut sich etwas, Schritte werden unternommen. Die Anstrengungen der Galerie Smend sind in dieser Hinsicht ein sehr wertvoller Beitrag.

Mit Freude und Zuversicht erkenne ich in dem 25-jährigen Jubiläum der Galerie Smend, daß die Batik von vielen Menschen als ein Handwerk mit sehr persönlichem künstlerischen Anspruch gelebt und geliebt wird. Und darüber bin ich glücklich!

Rita Trefois ist Batikkünstlerin und lebt in Gent (Belgien).

TEXTILE KUNST
lijnmolenstraat 52
B-9040 Gent/St. Amandsberg
Tel. 0032. 92 29. 18 49

Und noch ein Jubiläum:
25 Jahre Batikwerkstatt Wolff+Romeo

Irene Romeo

1. World Batik Conference - Dunia Batik - in Yogyakarta, November 1997

Batik, eine Erfindung der Volkshochschulen? Sicher nicht – auch wenn diese Institutionen auf der Ebene des Hobby-Batikens, besonders in den 70er und 80er Jahren, einen breiten Raum einnahmen und mit dieser Freizeitbeschäftigung sehr oft (nicht immer) gute werktechnische Lehrstunden in den Kommunikationszentren anboten. Die Gründung der Batikwerkstatt Wolff+Romeo läßt sich auf den vorgeprägten Entwicklungsprozeß auf dem Gebiet der Batik, dessen Verlauf und Einfluß auf Anneliese Wolff und mich zurückführen.

In den Niederländischen Museen wurde die Batik wissenschaftlich analysiert und aufbereitet. Der Grund dafür ist, daß die Niederlande 300 Jahre Kolonialmacht Javas waren. Java ist das Mutterland der Batik. Die Gründung der Werkstatt erfolgte, nachdem Frau Wolff und ich jahrelang Sachkenntnisse in den Niederlanden erworben hatten.
Ein längerer Aufenthalt 1979 zum Hospitieren am Staatlich Indonesischen Batik-Forschungsinstitut in Yogyakarta/Java folgte. Seitdem dienen jährliche Aufenthalte in Indonesien der Motivforschung der traditionellen javanischen Batik. Ethnologische Studien in Indonesien schließen sich jeweils an.
Mit dieser Palette der Erfahrungen wuchs die Batikwerkstatt. Es wurden "Multiplikatoren" für Batik ausgebildet: Sozialarbeiter, Lehrer etc. Die Universität Bielefeld erteilte der Batikwerkstatt einen Lehrauftrag für Batik. Der Versuch, mit der Wachs-Batiktechnik die textile Werkarbeit an Schulen zu erweitern glückte.

Batik war in den 70er/80er Jahren so "in", daß fast alle Veranstaltungen in Museen, Ausstellungen und Vorträgen mit diesem Thema gut belegt wurden – die Galerie Smend, damals noch Batikgalerie – kann das bestätigen.
Das Publikum lernte sehr schnell, den Wert der Batikobjekte zu schätzen sowie den Zugang zu den historischen Batikmotiven Indonesiens zu nutzen. Auf die Arbeiten deutscher Batikkünstler wurden diese Ambitionen übertragen. Viele Batikprofis nahmen die Anforderungen an und konnten mit ihren Arbeiten dieser Erwartung gerecht werden. In unzähligen Schulen wurde das Fach Batik im Rahmen des Werkunterrichtes angeboten. Die Ausbildung von Studenten und Lehrern in dem Schulfach Batik trug ebenfalls zu dieser Entwicklung bei.
In den letzten Jahren hat sich die Situation, besonders in Deutschland, wesentlich geändert. Heute werden nur noch wenige Batikausstellungen inszeniert.
Museen, Schulen, Universitäten kämpfen um öffentlich geförderte Maßnahmen, leider in den meisten Fällen ohne Erfolg. Gravierende Budgeteinschränkungen, teilweise Streichungen, dominieren in diesen Bereichen. An den Schulen und Hochschulen wurde die Disziplin Batik innerhalb der Lehrerausbildung gestrichen.

25 Jahre Batikwerkstatt brachten viel Erleben, viel Arbeit, Lehrzeiten für Geduld und sehr viel Freude mit kreativ arbeitenden Menschen. Das Wesentliche für uns Gründerinnen war und ist: Der Lernprozeß endet nicht.
Als Rudolf Smend und Anneliese Wolff und ich sich im Gründungsjahr der Galerie und der Werkstatt kennenlernten, war die Lernfähigkeit aller Beteiligten gefragt. An kollegialer Unterstützung mangelte es von keiner Seite. In den vergangenen 25 Jahren traf man sich weniger in Köln oder Bielefeld, vielmehr durch Zufall immer wieder in Java – so wie 1997 zur World Batik Conference in Yogyakarta/Java. Vielleicht kann man beide, Galerie sowie Werkstatt, als Protagonisten der Weitervermittlung, der Weitergabe der Batik im ursprünglichen Sinn betrachten. So gesehen sollten die Jubilare an die nächsten 25 Jahre denken.

Irene Romeo studierte Kunstgeschichte und Germanistik, hat eine journalistische Ausbildung und ist Mitinhaberin der Batikwerkstatt Wolff+Romeo.

Batikwerkstatt
A. Wolff + I. Romeo
Wachtelweg 18 B
33758 Schloß Holte-Stukenbrock
Tel. 05207. 92 99 21

Material, Motive, Techniken

'Anticipation' von Noel Dyrenforth, 1996

Noel Dyrenforth – Erwartungen an die Zukunft

Kunang Helmi-Picard

Der erste Eindruck von den Textilarbeiten Noel Dyrenforths wird von einer kräftigen Energie und Bewegung bestimmt. Aus großer Distanz zum meditativen Vorgehen, das die Batiker Asiens bei der Zelebrierung des Alten und mit Respekt vor den geometrischen Vorgaben anzuwenden lernen, sprengt Dyrenforth jeden Rahmen: "Ich war nie selbstzufrieden oder habe mich auf 2000 Jahre Tradition berufen. Mir sind keine handwerklichen Fähigkeiten mitgegeben oder vermittelt worden. Den Umgang mit der Technik habe ich ohne Zwang erlebt und so entwickelte sich eine fesselnde Auseinandersetzung."

Trotz seiner Reisen und der Teilnahme an Ausstellungen in der ganzen Welt, mit denen er die Kulturen zu verbinden versucht, weiß Dyrenforth um die zentrale Rolle seines persönlichen Ausdrucks in seiner Arbeit. Schon zu Anfang – 1962 – wurde seine Technik nicht von der Tradition, sondern von der Unmittelbarkeit und den Möglichkeiten der mit Hilfe der Wachsreservierung gefärbten Ergebnisse bestimmt. "Ich fühlte mich als Pionier", so Dyrenforth. "Stereotype Ergebnisse, kalkuliert und dekorativ, behinderten nur meinen Tatendrang. Es war eine große Herausforderung, ich mußte der Textilkunst einen neuen Weg eröffnen."

Dyrenforth bearbeitet Seide, Holz, Papier und Baumwolle auf jede erdenkliche Art und Weise. Er behandelt die Materialien als Objekt – plissiert, näht, zerreißt und ätzt sie. Mit Feuer und Säure wird dem Stoff weiter zugesetzt oder er wird einfach den Launen des Wetters überlassen. Das Wesentliche ist aber für Dyrenforth, daß der Stoff gefärbt ist. Die nicht endende, beeindruckende Spannung, wenn die Farbe in den Stoff eindringt oder vom Wachs zurückgehalten wird, nimmt ihn gefangen.

Im letzten Jahr zeigte sich in seinem Werk – im Gegensatz zu der allgemeinen gesellschaftlichen Situation – ein neuer Optimusmus.

Dyrenforth hält voller Erwartung den Atem an. Daher auch der Titel seiner Ausstellung "Anticipation – Neue Arbeiten" in der Galerie Smend in Köln.[1] Mehr als 12 Exponate, vorwiegend aufgespannte Baumwolle, Seide und Papier, bestimmen die gegenüberliegenden Wandflächen und lassen uns die wachsame, beherrschte Sorgfalt erahnen, mit der der Künstler seine Ausdrucksfreiheit und unabhängige Persönlichkeit zu schützen weiß.

Farben in seltenen Kombinationen, getupft, überfärbt oder gespritzt ergießen sich in ungewöhnliche und dramatische Formate. Die deutliche, unorthodoxe Art, verbunden mit einer kräftigen Gestik, macht seine Arbeiten zu einem wunderbaren, abstrakten Farbenmeer.

Obwohl Dyrenforth seit 1962 ein anerkannter Batikkünstler ist,

Noel Dyrenforth, 1973

betrachtet er sich selbst nicht als Akademiker. Er unterrichtet lediglich halbtags, um sich fit zu halten, und will nicht vom "System" behindert werden. Diese Haltung spricht für seine Arbeitsethik.

Wie vor über 30 Jahren, als er seine ersten Versuche in der Textilkunst durchführte, sind die Ausdrucksformen der Batik Dyrenforths auch heute noch befreiend und atemberaubend, spontan und großartig.

1 anticipation = Erwartung, Vorfreude; Ausstellung vom 14.6.- 6.7. 1996 (Anm.d.Red.).

F. Kunang Helmi-Picard ist Indonesierin, und lebt als Schriftstellerin und Fotografin in Paris.

Der Text erschien in der Zeitschrift FIBERARTS, The magazin of textiles, Vol. 23, No 3, 1996.
Abdruck mit freundlicher Genehmigung des Verlages. (Anm.d.Red.)

Seide und Baumwolle: Märchen, Mythen und Straßen von China bis Köln

Irmgard Timmermann

Seit der Geograph Ferdinand von Richthofen im Jahr 1877 in seiner Bonner Vorlesung das Wort "Seidenstraße" prägte, ist dieser Begriff weltweit selbstverständlich geworden. Die über 10.000 km lange Strecke mit allen ihren Schrecken ist heute über weite Gebiete zu einer Touristenattraktion geworden. Das einst geheimnisvolle Transportgut "Seide" hingegen hat nichts von seinem Zauber verloren.
Die Überlieferung von der Entstehung der Seide als Rohstoff und der Gewinnung des Fadens und seines Verwebens führt in mythische Zeiten der Jahrtausende alten Geschichte Chinas, des "Reiches der Mitte", zurück. Demnach entstand der Seidenkokon, das Gespinst der Seidenraupe zur Verpuppung, durch das Opfer eines Bauernmädchens. Der Vater war von Räubern entführt worden und jedem, der ihn heil wiederbringen würde, wurde die schöne Tochter als Frau versprochen. Als aber der weiße Hengst des Hofes den Bauern zurückbrachte und seine Belohnung einforderte, wurde er von dem empörten Bauern getötet. Die abgezogene Pferdehaut jedoch raubte das Mädchen und flog mit ihr davon. Man fand die Pferdebraut an einem Maulbeerbaum hängend, in dessen Blättern sie sich in einen Seidenkokon verwandelt hatte. Zum Dank für ihr Opfer, welche die Seide hatte entstehen lassen, wurde sie als die Seidengöttin "Pferdekopfdame" in den Himmel versetzt.

Das Problem der Fadengewinnung aus dem Kokongespinst löste die geniale Kaiserin Si-lingshi. Sie beobachtete, wie sich eine Seidenraupe ihre Hülle zur Verpuppung aus einem einzigen Faden herstellte. Die Kaiserin erfand eine Haspel zum Zurückwickeln der Seide. Damit war der einzige fertige, so gut wie endlose Faden in der Natur entdeckt. Auch die Kaiserin wurde als Seidengöttin in den Himmel versetzt und ihr Segen von Frauen in Not erfleht (nach chines. Angaben 2698 v. Chr.).

Das Verweben der Seide, nunmehr der "Königin aller Textilien", gelang einer himmlischen Weberin, die als Fee eine Zeitlang mit einem Hirten auf Erden eine glückliche Ehe führte, letztlich aber in den Himmel zurückbeordert wurde. Ursprünglich hatte sie dort sogar aus Wolkenseide kunstvolle Kleidung für die Götter gewebt. Damit sie nicht von ihrer Arbeit abgelenkt würde, erhielt der Hirt, ohne Rücksicht auf die Trauer der beiden, seinen Himmelsplatz jenseits der Milchstraße. Bis auf den heutigen Tag

'Die Seide Chinas - Eine Kulturgeschichte am seidenen Faden' Irmgard Timmermann

darf das Paar nur einmal im Jahr zueinanderkommen. Dann bauen am 7.7. des Mondkalenders alle Elstern mit ihren blauschimmernden Flügeln eine Brücke, und die Menschen sehen, wie sich Hirt und Weberin als Sterne begegnen. Auf Erden wurde das himmlische Fest zum Fest der Frauen und ihrer kunstvollen Textilarbeiten sowie ein Fest ehelicher Liebe und Treue.

Als Chinas Bevölkerung um 1300, zur Zeit Marco Polos, so stark wuchs, daß ein weiterer Textilrohstoff dringend gebraucht wurde, kam der Sage nach eine zarte Blumengöttin über das Meer geflogen: die Baumwolle mit ihren weichen Samenhaaren. Wenn sich auch die "Blumenfaser" schnell verbreitete, wurde sie als Göttin dennoch kaum verehrt und ein Geheimnis war sie nie.

Doch zurück auf der Seidenstraße nach Europa, in das mittelalterliche Köln. Auch hier waren Seide und Baumwolle namensgebend für Straßen, die Bezeichnungen haben sich bis heute zum Teil unverändert erhalten: Man findet ein "Seidenmachergäßchen", dazu "Unter Seidenmacher/Unter Seydenmacherinnen" mit einer im Mittelalter sehr angesehenen Zunft, der bedeutende Frauen angehörten.
Im Zusammenhang mit der Baumwolle entstand die "Bob(inen)-straße" (Bobine = Garnspule) und der "Blau(färber)bach". Das Färbmaterial hierzu, aus den Blättern des Färberwaid (Isatis tinctoria) gewonnen, wurde in Gestalt von sogenannten Waidkugeln auf dem "Waidmarkt" gehandelt.

Als zeitgenössische Entwicklung hat sich der Kölner Volksmund in bestimmten Kreisen erneut eine "Seidenstraße" geschaffen, mit welcher die Mainzer Straße gemeint ist. Hier wurde in 25-jähriger Aufbautätigkeit der

Galerie Smend ein inzwischen wohl weltbekanntes Textilzentrum geschaffen, in dem neben Ausstellungs- und Vortragsaktivitäten besonders die handwerklich-künstlerische Gestaltung der Seide gepflegt wird: seien es Varianten der Seidenmalerei, Anleitungen zu völkerkundlichen Färbtechniken, die Gestaltung eines Kimono oder auch die Anfertigung kostbarer Schnüre aus Seide. Letztere wurde in ganz Deutschland ursprünglich einzig in Köln in Kursen angeboten, und zwar nach meinen langjährigen Bemühungen als Textilethnologin an der Universität Köln: nur ein Beispiel für die Verbindung der Galerie Smend zur Völkerkunde und zu Museen.

Doch noch einmal ein Blick auf die Baumwolle. Anders als im großen Weltgeschehen, bei dem sich in China die Baumwolle zur Seide gesellte, begann die "Kölner Seidenstraße" mit der Baumwolle: der Batik Indonesiens. Damit könnte sich der Kreis schließen, denn im Alten China wurden kunstvolle Batiken auf feinster Bauwolle den Seidengeweben gleichgestellt, bewundert und ebenfalls als Tributgeschenke überreicht.
So ist auch, analog zu chinesischen Seidenmythen, die Baumwollkunst Indonesiens himmlischen Ursprungs. Ein Märchen berichtet, daß es einst ein schönes, bescheidenes und geschicktes Mädchen gab, das als Tochter einer armen Witwe von sieben neidischen Tanten ständig gekränkt und gedemütigt wurde. Daher nahm sich heimlich eine gütige Fee ihrer an und lehrte sie im Feenwald unvergleich schöne Muster weben. Ihre Kunst verbarg sie in alten Bambusstücken. Es fügte sich aber, daß der Prinz das Feenhaus entdeckte und die fast fertige Arbeit an sich nahm. Sie dünkte ihm das Schönste, das er je gesehen hatte und er beschloß, daß nur diejenige seine Frau werden sollte, der die Vollendung gelingen würde. Vergebens mühten sich die mißgünstigen Tanten. Nur dem Mädchen gelang die Aufgabe, fast wie mit Zauberhänden. So wurde sie des Prinzen Gemahlin und lehrte ihr ganzes Inselreich die himmlische Feenkunst.

Seidenstraße in Köln-Mülheim

Für Köln bleibt als Wunsch: ein Textilmuseum in der "Seidenstraße".

Literatur:

Bührer, Emil Drège, Jean-Pierre: *Seidenstraße*, Köln 1996.
Timmermann, Irmgard: *Die Seide Chinas. Eine Kulturgeschichte am seidenen Faden*, München 1988.
Signon, Helmut: *Alle Straßen führen durch Köln*, Köln 1982.
ohne Verfasserangabe: Chi Hsi-Fest, Vista, Taipei 1977.
Märchen der Weltliteratur, Hrsg. von Ulrich Kratz: *Indonesische Märchen*, Düsseldorf/Köln 1973.

Irmgard Timmermann unterrichtete an der FH für Textilindustrie in Aachen und war 1975 bis 1991 am Institut für Völkerkunde der Universität zu Köln tätig. Frau Timmermann ist seit 1996 Trägerin des Ehrenringes der Deutschen Handweberei. Sie widmet sich weiterhin der Textilforschung.

Abendlied

Jens Hagen

Im Nebel geistern die Platanen
In langen Reihen schwimmt da
Haus an Haus
Du kannst die Autofarben nur
noch ahnen
Vor Fenstern stehen dünne
Lichterfahnen
Die Straße sieht schon fast wie
früher aus

Und Sprüche an den Wänden
sind verpackt in Watte
Erst ganz von Nahem siehst Du,
was da steht
Leo der Kater ignoriert die
Südstadt-Ratte
Mit der er neulich seine Mühe
hatte
Und mauzt Dich an, bevor er
weitergeht

Ein Taxi hält. Der aussteigt,
kämpft mit Arm und Beinen
Zerteilt den Nebel bis zum
nächsten Haus
Was nützt es ihm, daß zehn
Billionen Sonnen scheinen
Im Radio muß eine Frau in
a-Moll weinen
Im Mainzer Hof macht man die
Lichter aus

Na gut. Bald wird die Amsel
wieder wach und schreit
Die Zeitungsfrau bedient die
Kästen ihrer Kunden
Und Wecker schrillen Aufstehzeit
Ach, wär doch Frühling, daß man
sich aufs Aufsteh'n freut
Schlaft. Bis zum Wecker sind's
noch ein paar Stunden.

Jens Hagen ist Schriftsteller und lebt in Köln.

Steppen-Filz – Filz-Kunst

Iris Kolhoff-Kahl

Entlang der Seidenstraßen sind nicht nur kostbare chinesische Seidenstoffe, sondern auch Filzteppiche der Steppenvölker aus Zentralasien und der Mongolei gehandelt worden. Fast ausschließlich nomadisierende Hirtenvölker haben schon sehr früh, vor über 2500 Jahren, die Filzherstellung betrieben. Als Gebrauchsmaterial für Jurten, Mäntel, Stiefel, Pferdedecken und Sattelunterlagen, Teppiche, Wandbekleidungen, Taschen, Mützen etc. nutzen Nomaden den Filz als Schutz vor Kälte und Nässe, vor Sonne, Sand-, Wirbel- und Schneestürmen. Aber auch symbolisch helfen kleine Filzpüppchen den Schamanen zum Abwenden des bösen Blicks oder zum Abziehen des Krankheitsgeistes.[1]

Die Jurte, zeltartige Wohnform der Steppenvölker, ist in hervorragender Weise den Bedürfnissen der Nomaden angepaßt: Sie läßt sich in kurzer Zeit aufbauen, ist leicht transportierbar, schützt gegen Schnee und Wind genauso wie gegen Hitze und Sonne. Die äußere und innere Form der Jurte ist symbolisch besetzt: Die Kreisform entspricht dem irdischen Horizont, ist erdnah; an der höchsten Stelle ist die Rundung für den Rauchring, wo sich die Welten von oben und unten treffen, und wo die Seele des Schamanen den höheren Geistern begegnet.[2]

Die Materialbesonderheiten des Filzes, wie sein hoher Wärmecharakter, seine Saugfähigkeit oder isolierende Eigenschaften, die die Steppenvölker für ihren Lebensalltag kulturspezifisch nutzen und symbolisch besetzen, werden von der modernen Kunst und Textilkunst des 20. Jahrhunderts für abstrakte Aussagen eingesetzt.

Als Joseph Beuys im Zweiten Weltkrieg auf der Krim mit seinem Flugzeug abstürzte, haben nomadisierende Tartaren ihn gerettet, indem sie den schwer verletzten Beuys in ihrem Zelt mit Fett einrieben und in Filzdecken hüllten. Dieses Schlüsselerlebnis hat Beuys u.a. dazu bewegt, Filz als Material in seinen künstlerischen Aussagen zu verwenden, um körperliche Wärme und geistige Energie zu symbolisieren, aber auch Themen wie Schmerz, Todesnähe, Nomadentum, Tataren, Eurasien, Steppe zu verkörpern.[3]

Der "Wärmecharakter" des Filzes entsteht durch die amorphen Wollfasern. Im Sinne Beuys' schützt der Filz den Menschen, indem er ihn vor den negativen Außeneinflüssen isoliert. "Man kann einen Anzug oder ein Zelt daraus machen, wie es die Mongolen-Stämme tun. Er schützt gegen Kälte und Wärme, gegen die Außenwelt, weil er eine Menge Wärme speichert. Er ist organisch."[4] Filz ist somit ein "organischer Generator", ein Energiebewahrer.

Die Ausdruckskraft des Filzes ist im Beuysschen Kunstwerk teilweise der Bedeutung des Fetisch bei Naturvölkern angelehnt. Besonders das Schamanentum kommt bei Beuys immer wieder zum Tragen, weil er den Künstler selbst mit einem Schamanen vergleicht: "Der Künstler als Nomade – das ist einer, der sucht und stets alles wieder neu einrichtet und erfinden muß, dessen Lebensprinzip und dessen Kunstprinzip die Bewegung ist: der Aktionskünstler."[5] In seinem Werk "Stripes from the House of the Shaman" (London 1980) könnte man die Filzstreifen mit "Fühlorganen" des Schamanen assoziieren, die vom irdischen Sein in die Welt der Geister reichen. Es könnten wärmende Wege sein, die ins Jenseits führen oder Energiestrahlen, die die Menschen mit unbekannten Weiten verbinden. Im Gegensatz zu Beuys, der Filz meist in Beziehung zu anderen

Familie vor der Jurte

Materialien wie Fett oder Kupfer setzt, verarbeitet Robert Morris seit Ende der 60er Jahre für sein Konzept der "Anti-Form" allein den Industriefilz. Dieser wirkt einerseits mächtig und organisch, andererseits aber widerspenstiger als andere textile Materialien. Er läßt sich schwer einrollen oder knicken, wirkt also skulpturhafter. Da Morris den Industriefilz nur experimentell verarbeitet, sind die Einschnitte in die großen Filzbahnen und die anschließende Montage an der Wand stark vom Zusammenspiel beider Aktionen geprägt. Erst im Prozeß selbst entstehen Formen mit menschlich-organischem Charakter. "At the same time, its wrinkled surface was uncannily suggestive of human skin."[6] Die Objekte ähneln riesigen Schutzhüllen, ja teilweise sogar der Zeltform des Teepee, welches von ärmeren Mongolen statt der Jurte bewohnt wird. In "House of the Vetti" (1983) entsteht die Assoziation eines großen voluminösen Filzmantels oder auch Jurteneingangs, wenngleich Morris keine Bedeutungszuschreibung beabsichtigt. Was er jedoch betont, ist, daß die Filzarbeiten sich jederzeit wieder zusammenlegen lassen, bzw. die Filzbahnen in ihrer Originalform flach auf dem Boden zusammengefügt werden können; eine Metamorphose der Form, die sich die Steppenvölker für ihre nomadische Lebenskultur in leicht transportierbaren Jurten zunutze gemacht haben.

Anders als Beuys und Morris, die Industriefilz in ihren Kunstwerken einsetzen, gestalten Textilkünstlerinnen (Karen Page, Gunilla Sjöberg, Annette Damgaard, Jeanette Appleton u.a.) in Amerika und Europa seit den 70er und 80er Jahren aktiv in der Filztechnik. Anlaß für die verstärkte Verbreitung des Filzens waren die 1975 zum ersten Mal gezeigten Filzteppichfunde aus den Kurganen im Altai-Gebirge im Metropolitan Museum in New York.

Die Aussage der meisten Filzkunstwerke moderner Textilkünstlerinnen ist stark symbolisch. Funktionale Aspekte treten zurück. Die Künstlerinnen setzen die haptische und weiche, absorbierende Oberflächenwirkung

'Moira' Annette Damgaard (1992)

'Stripes from the house of the Shaman' Joseph Beuys. (London 1980)

von Filz ein. Sie selbst fühlen sich befreit von der Einengung des Webstuhls, schätzen die aufgebrachte Energie beim Filzprozeß und die relative Unplanbarkeit des Endproduktes. Im Gegensatz zu Morris sehen die Textilkünstlerinnen ihren künstlerischen Filzprozeß und ihre Werke in Verbindung zur Lebensart der Steppenvölker. Bei mehreren Künstlerinnen findet man Hinweise auf die Nähe des Filzes zur Natur und zum Nomadentum. "The nomads don't consider that they own the land – they borrow it."[7] So sind die Jurten nur aus Material hergestellt, das die Nomaden umgibt.
Die Textilkünstlerin Annette Damgaard filzt fünf Totemfiguren für die Videoinstallation "Moira", eine Performance über die Schicksalsgöttin in Filzkleidung. Filz und Video werden einander gegenübergestellt und somit unser Verhältnis zur Natur und medialisierten Welt hinterfragt.[8] Und hier schließt sich der Kreis zu den Steppenvölkern, die noch heute in Jurten in der Steppe leben, welche aber mit Radio und Fernsehen bestens modernisiert sind.

1 Vgl. Bidder, Hans u. Irmgard: *Filzteppiche – Ihre Gestalt und Eigenart*, Braunschweig 1980, S. 9-12.
2 Vgl. *Die Mongolen*, Hrsg. Walter Heissig u. Claudius Müller (Ausstellungskatalog) München 1989 sowie Goldstein, M./Beall, C.: *Die Nomaden der Mongolei*, Nürnberg 1994.
3 Stachelhaus, Heiner: *Joseph Beuys*, München 1994, S. 21ff und S. 78ff.
4 Adriani, G./Kommertz, W./Thomas, K.: *Joseph Beuys*, überarbeitete Auflage Köln 1994, S. 200.
5 Schneede, Uwe: *Joseph Beuys. Die Aktionen*, Stuttgart 1994, S. 16.
6 Karmel, Pepe: *Robert Morris, The Felt Works*, New York 1989, S. 8.
7 Appleton, in: *Art Textiles of the World*, Hrsg. Matthew Koumis, Great Britain, Southampton 1996, S. 94.
8 Page, Karen: *An International Language, A Portfolio of Contemporary Felt*, in: Surface, Design Journal, Felt, Oakland, Vol 18, No 2, 1994, S. 8 und S. 36.
Für Fotos Seite 190 und 191 s. Fotonachweis im Anhang.

Dr. Iris Kolhoff-Kahl studierte Textilgestaltung und Englisch (Lehramt, Diplom), war nach der Promotion in der Erwachsenenbildung tätig und ist derzeit wissenschaftliche Assistentin an der Westfälischen-Wilhelms-Universität Münster am Institut für Textilgestaltung.

Surface Design in den USA: Wechselwirkungen zu Europa

Els van Baarle

Ein Artikel über Surface Design muß bereits mit der Frage beginnen: Was ist Surface Design?
Es scheint sich um ein Wort zu handeln, das sich nur schwer übersetzen läßt. In der Zeit vor 1950 ließ sich "Textildekoration" einfach definieren: etwas war eine Batik, ein Sieb- oder Linoldruck, ein Holzdruck usw. Großer Wert wurde auf technische bzw. handwerkliche Präzision gelegt. Welch ein Vergnügen, diese Pfade zu verlassen, eine Welt voller Entdeckungen, Alice im Wunderland! Langsam verschob sich die Grenze von der Technik zur bildenden Kunst.
Textildesign heute kennt keine technischen oder materiellen Grenzen: Quilter färben ihre Stoffe – Färber quilten ihr Material – Sticker arbeiten auf Papier, Kunststoff, Fotos – bemalte Stoffe werden entfärbt, ihre Textur angegriffen.

Besteht ein Unterschied zwischen Textildesign in Europa und den USA? Ich denke, früher mehr als heute. Im 18. und 19. Jahrhundert übte Europa einen starken Einfluß auf Amerika aus. Stoffe wurden aus England importiert und die wachsende amerikanische Textilindustrie beschäftigte viele europäische Immigranten – Spinner, Weber, Färber. Die Gestalter auf beiden Seiten des Atlantiks schöpften aus einem Sammelsurium von kombinierten Stilen. Dies war der Qualität nicht immer zuträglich!

Der große englische Erneuerer William Morris (1834-1896) machte seinen Einfluß auch in den Vereinigten Staaten geltend. Alte Ornamentik wurde nicht mehr kritiklos übernommen, die Kunst wurde durch das Handwerk erneuert. Ihn faszinierten historische Textilien, man kehrte zu natürlichen, mit hölzernen Druckstöcken aufgebrachten Farbstoffen zurück. Seine Devise lautete: "Kunst soll zum Glück des Gestalters beitragen." Diese Wechselwirkung kann in die Gegenwart übertragen werden: Der Künstler teilt etwas mit, der Betrachter reagiert.

Der zweite bedeutende europäische Impuls ging vom Bauhaus aus, vor allem nachdem seit ungefähr 1930 Bauhaus-Dozenten an amerikanischen Kunsthochschulen lehrten. Es entstand ein Stil, der als "echt amerikanisch" (!) bezeichnet werden kann: kräftige Muster und Farben in anderen Kombinationen als in Europa üblich.

Die großen Unterschiede haben sich meines Erachtens verringert.

Joan Schulze (USA). Detail aus 'Sightings', 1997
Komposition aus Stoff, Papier und Fotos.

Blättert man in "The surface designer's art" von Katherine Westphal, sieht man, wie unterschiedlich inzwischen in den USA gearbeitet wird: Figuratives, grelle Farben oder Stoffe mit einer "Botschaft" neben maßvollen, subtilen Arbeiten in "alten" Farben. In "Contemporary embroidery" der Engländerin Anne Morrel finden sich Werke sowohl europäischer als auch amerikanischer Künstler. Hier wird augenfällig, daß die heutige komplexe Arbeitsweise zu beiden Seiten des Atlantiks zu finden ist.
Eine verbesserte Kommunikation sorgt dafür, daß Strömungen zeitgleich aufgegriffen werden, Bücher und Zeitschriften erscheinen sowohl in den USA als auch in Europa. Dozenten verbreiten ihr Wissen auf verschiedenen Kontinenten, es gibt Austauschprogramme für Studenten. Grenzen verwischen. Aber allem voran steht die Neugier des Künstlers, seine Bereitschaft, alles, was möglich ist, auszuloten. Jane Dunnewold (USA) drückt es in "Complex cloth" so aus: "Mir fehlte der Zusammenhang zwischen den verschiedenen Techniken. Wie kann ich den Stoff singen lassen?" Ich liebe ihre singenden Arbeiten. Sie laden zum näheren Betrachten ein. Wir sehen dann Akkorde, einen kräftigen Unterton über dem eine spielerische Melodie aus Motiven liegt. Sie arbeitet Schicht für Schicht, in unterschiedlichen Techniken, mit Blattgold und Stickereien – eine Sinfonie!
Von der Musik zur Poesie: Joan Schulze (USA).[1]

Die Arbeiten dieser Künstlerin sind komplexe Kompositionen aus Stoff, Papier, Fotos usw. Manchmal wird ihr Werk von eigenen Gedichten begleitet. Ihre Europareisen dienen als Inspirationsquelle; sie sah die alten Gemäuer, Fresken, Plakate. Ihr Werk "Sightings" liest sich wie ein vertikales Gedicht. Die Buchstaben, die sie verwendet, werden als Reim wiederholt. Andere Zeichen spielen in den Sätzen eine untergeordnete Rolle, sind im Gesamtkontext jedoch notwendig.

Poesie fordert den Leser. Zuerst liest man die Sprachlaute, dann vertieft man sich in die Intention des Dichters.
Musik und Poesie – Textildesign mit Überzeugungskraft für den "grenzenlosen" Genuß.

1 Einzelausstellung im September 1999 in der Galerie Smend (Anm.d.Red.).

Literatur:
Dunnewold, Jane: *Complex cloth*, Bothel W.A., USA 1996.
Harris, Jennifer: *5000 Years of textiles*, London 1993.
Kranz, Kurt: *Kunst zien, begrijpen, waarderen*, München 1963.
Morrel, Anne: *Contemporary embroidery*, London 1994.
Westphal, Katherine: *The surface designer's art*, Ashville N.C., USA 1993.

Els van Baarle ist Textilkünstlerin. Siehe Vita und Werk der Autorin auf Seite 18

Textildesign – ein Blick in die jüngere Geschichte

Andrea Kluge

Polyestergewebe, unregelmäßig gefaltet, mit Aluminium bedampft
Arai Junichi, Japan, 1991

Wirft man einen Blick auf die jüngere Geschichte des Textildesigns, so ist es dienlich, sich dessen Ursprünge ins Gedächtnis zu rufen. Im 19. Jahrhundert schufen die Kunsthandwerker der Arts and Crafts-Bewegung und wenige Jahrzehnte später die Künstler der Wiener Werkstätte epochemachende Entwürfe für Textilien. Bald wurden diese Entwürfe Vorbilder für die industrielle Produktion, womit die Geburtsstunde des Textildesigns schlug. Das Textildesign trat nun im 20. Jahrhundert neben der Textilkunst seinen Siegeszug an. Diese Entwicklung soll ob der gebotenen Kürze in Schlaglichtern beleuchtet und der Schwerpunkt dabei auf Surface Design gelegt werden.

In der 1. Hälfte des 20. Jahrhunderts genoß Frankreich vor allem durch die herausragenden Persönlichkeiten von Sonia Delaunay und Raoul Dufy die Vorherrschaft im Textildesign. Delaunay begann sich 1911 mit dem Entwerfen von Dessins für Stoffe zu beschäftigen. Das textile Material erachtete die Malerin als das "kongeniale Medium", um die künstlerische Idee der Simultaneität der Farben von Gemälden auf Stoffe zu übertragen. 1923 erhielt die Künstlerin von einer Lyoner Seidenfabrik den Auftrag für 50 Stoffmusterentwürfe, deren Stoffe von nun an "tissus simultanés" hießen. Wesentliches Gestaltungsmerkmal der bedruckten Stoffe mit ihrem ausgeprägt zweidimensionalen Dekor ist der Simultankontrast der reinen Farben, der den Rhythmus des Musters bestimmt. Die Dessins verzichten auf die bekannten dekorativen Sujets des zeitgenössischen Kunsthandwerks und zeigen vielmehr einen reduzierten Formenapparat, der aus den geometrischen Grundelementen Kreis, Halbkreis, Rechteck, Quadrat, Dreieck, Raute und Diagonale besteht. Einem Kolorit mit kontrastreichen, kräftigen Lokalfarben stellt Delaunay eine Palette lichter, gebrochener Pasteltöne gegenüber. Gerade sie kommen auf den von Delaunay bevorzugten Seiden besonders harmonisch zur Geltung. Die "tissus simultanés" vertreten die für das Art Deco bedeutenden geometrischen Dessinierungen, in denen der Einfluß des Kubismus sowie der Bühnenbilder und Kostüme Diaghilews "Ballets Russes" nachklingt.

Der Maler Raoul Dufy darf als zweiter stilbildender Textildesigner der klassischen Moderne betrachtet werden. Auf Anregung Paul Poirets begann Dufy 1910 in der Pariser Druckwerkstatt "Petite Usine" mit dem Bedrucken von Seiden nach eigenen Entwürfen. Ab 1912 entwarf der Maler zahlreiche Stoffmuster für den berühmten Lyoner Seidendrucker Bianchini-Ferier; diese Zusammenarbeit wurde in den frühen 30er Jahren durch Arbeiten für die New Yorker Firma "Onondaga" ergänzt. Das Formenrepertoire Dufys reicht von kleinteiligen geometrischen Dessins bis hin zu floralen Mustern in den unterschiedlichsten Varianten. Ihnen galt die besondere Vorliebe des Künstlers, zumal Dufy als der Schöpfer des floralen Motivs des Art Deco, nämlich der Rose, gelten kann. Zunächst erscheinen Blüten und Blätter in holzschnittartig abstrahierte Formen eingefangen, bis die Blumendessins bald in einem lockeren, skizzenhaften Stil mit bewegten Umrissen dargestellt werden. Dufy bevorzugt für seine Stoffe meist einen leuchtenden, bisweilen kühlen Farbklang. In seinem Textildesign verarbeitet er Einflüsse des Kubismus und des Fauvismus ebenso wie der Volkskunst und der Orientmode in Paris um 1910. Seine dekorativen Seidendrucke werden zum Inbegriff des eleganten französischen Art Deco.

Von den Stoffmustern Dufys und den extravaganten Bekleidungsstoffen Delaunays, die auch die Mustergestaltung exklusiver Dekorationsstoffe beeinflußten, gingen die bedeutendsten Impulse für das moderne Textildesign im 20. Jahrhundert aus.

Im Laufe der 40er und 50er Jahre des 20. Jahrhunderts mußte Frankreich seine Führungsrolle im Textildesign zugunsten neuer

Kräfte aufgeben; Italien und die USA behaupteten sich in den nächsten Jahrzehnten als starke Konkurrenten neben Frankreich. In dem oberitalienischen Como erwuchs ein Zentrum des Textildesigns, von dessen bekannten Zeichenstudios qualitätvollste Entwürfe für gewebte und bedruckte Stoffe in alle Welt exportiert werden. Bis heute steht italienisches Textildesign für ein hohes Maß an Innovation und Qualität.

Stellvertretend für das amerikanische Textildesign in der 2. Hälfte des 20. Jahrhunderts darf hier vor allem Jack Lenor Larsen genannt werden, der ebenso wie Delaunay und Dufy schon zu seinen Lebzeiten Textilgeschichte schreibt. Der Designer Larsen entwirft gewebte und bedruckte Bekleidungsstoffe und Heimtextilien, wobei ihn besonders textile Gegensätze anziehen. Die gleichzeitige Verwendung von neuen Kunstfasermischungen und natürlichen Materialien für Stoffe mit gegenständlichen, abstrakten oder strukturalen Motiven verleihen den Kollektionen Larsens eine außerordentliche Bandbreite. Mit den motivisch orientierten Dessinierungen seiner handbedruckten Stoffe steht Larsen noch in der Tradition des Textildesigns der klassischen Moderne. Andere Stoffe wiederum leben von der gestalteten Oberflächenstruktur: In ihnen "konstruiert" der Designer Gewebe auf der ständigen Suche "nach neuen Texturen und ihrer technischen Umsetzung". Wenn Larsen dabei Kunstfasern verwendet, soll nicht imitiert, sondern mittels der Errungenschaften von High-Tech Neues entwickelt werden.

Dem amerikanischen Designer dienen Neuentwicklungen mit Kunstfasermischungen und die Funktion eines Stoffes als Inspirationsquelle für sein Textildesign; dieser Ansatz verbindet ihn mit modernem japanischen Textildesign. Denn das kreative Lösen technischer Probleme beim Entwerfen eines Stoffes trug sicherlich auch dazu bei, daß Japan heute zu den Protagonisten des zeitgenössischen Textildesigns gehört. In dem vielfach preisgekrönten japanischen Textildesign verbinden sich die Tradition und die Erfahrung mit natürlichen Werkstoffen und klassischen Darstellungsformen mit den Innovationen der Hochtechnologie. Dabei scheint es weniger um das Finden neuer Mustermotive zu gehen, als vielmehr – auf der Suche nach neuen synthetischen Fasern – um die Herstellung neuer, bis dahin "undenkbarer" Stoffqualitäten. Im ureigensten Sinne des Surface Designs erhalten die Textilien häufig durch die Erfindung eines neuen Materials und dessen komplexe Oberflächenbehandlung ihre gestalterische Qualität. Man denke zum Beispiel an die Stoffe der Firma NUNO, wo "Muster" durch völlig neue Oberflächenstrukturen entstehen. Dabei macht sich das Unternehmen auch die lange japanische Tradition im Umgang mit faltigen und geknitterten Textilien zunutze; derartige moderne Faltenstoffe werden häufig von japanischen Modedesignern wie Issey Miyake, Yoshiki Hishinuma oder Yohij Yamamoto eingesetzt.

Sicher gehört japanisches Textildesign auch deshalb zur Avantgarde, weil es nicht nur darum bemüht ist, eine Bildidee auf den Stoff zu bannen, sondern im Zeitalter von High-Tech hochentwickelte Technologien "als Katalysator" und Inspirationsquelle für neue überzeugende Gestaltfindungen nutzt.

Neben der "Inspirationsquelle" High-Tech geben eine ganze Reihe von internationalen Kunsthandwerkern und Textilkünstlern mit ihren Unikaten dem Textildesign wertvolle Impulse. Die Plattform für die Darstellung dieser Arbeiten bieten vor allem Museen und Galerien, wo – losgelöst von merkantilen Aspekten – die gestalterische Qualität künstlerischer und kunsthandwerklicher Textilien im Mittelpunkt des Interesses steht.

'Les violons' (1914-1920), Raoul Dufy Bedruckte Seide, Musée Historique des Tissus, Lyon (BF 51845)

Dr. Andrea Kluge ist selbständige Kunsthistorikerin mit den Schwerpunkten Textilien und angewandte Kunst. Sie ist freie Mitarbeiterin des Design Zentrums München.

Quilts

Inge Hueber

Inge Hueber bei der Vernissage ihrer Ausstellung 1992 im Gespräch mit Dieter Wellershoff

Unter der Bezeichnung "Quilts" finden sich sowohl warme Bettdecken als auch Kunstwerke aus textilem Material. Die Spannweite der Objekte und der Anwendungsmöglichkeit dieser Technik ist irritierend – gleichzeitig aber auch befreiend: Ohne festgefügte Erwartungen können wir machen was wir wollen!

Unter dem Begriff "Quilten" versteht man das Verbinden mehrerer Stofflagen – oft mit einer zusätzlichen weichen Einlage – durch Steppnähte. Dabei entstehen sowohl durch die Stiche selbst als auch durch das so erzeugte Relief vielfältige Musterungsmöglichkeiten. Der Begriff "Patchwork" (Flicken-Werk) dagegen bezeichnet eine Technik, bei der kleine Stoffstücke so zusammengenäht werden, daß sie – vergleichbar mit einem Mosaik aus Steinen – eine neue, größere Einheit ergeben. Beide Techniken in Verbindung ergeben ein weiches textiles Objekt: einen Quilt. Er wird heute oft noch als Bettdecke benutzt, in Deutschland aber meist wie ein Wandteppich aufgehängt.

Patchwork- und Quilttechniken sind sehr alt, sie entspringen dem Wunsch des Menschen nach Schutz und gleichzeitig Schmuck. Gesteppte Westen haben schon die Kreuzritter vor feindlichen Pfeilen geschützt, Patchwork-Decken dekorieren noch heute die Zelte von Nomaden.
Vor mehr als 200 Jahren brachten die Frauen der europäischen Einwanderer die Technik des Quiltens aus ihren Heimatländern, z.B. England und Schweden, nach Amerika mit. Sie entwickelte sich hier entscheidend weiter und wird heute als eine der wenigen original amerikanischen Kunstformen bezeichnet, wie sie auf dem Gebiet der Musik etwa mit dem Jazz existiert.
Die häusliche Technik wurde in regelmäßigem Auf und Ab einmal verachtet, dann wieder – durch neue Ideen belebt und aktualisiert – sehr geschätzt. Die letzte Renaissance des Patchwork-Quilts begann vor ca. 25 Jahren.

'Four broken arms in a year' Bridget Ingram-Bartholomäus, 1995

'Coloration 1, 2, 3, 4' Deirdre Amsden

Das Bicentennial der USA im Jahre 1976, die Frauenbewegung, gleichzeitig die Befreiung der Kunst aus festen Regeln begründeten den neuen Aufschwung in Amerika, der sich bald auch in Europa fortsetzte.

Inzwischen zählt die deutsche Patchwork-Gilde (gegründet 1985) über 7000 Mitglieder. Hier herrscht eine bunte Mischung unterschiedlichster Interessen und Möglichkeiten. Noch immer wollen viele Liebhaber dieser textilen Technik alte Muster wiederholen, gebrauchte Stoffe wiederverwenden und nicht zuletzt Freundschaft mit anderen Frauen schließen. Sie lieben den Umgang mit textilem Material, finden Ruhe, Konzentration und Freude am eigenen Werk.
Dieser weiße Fleck auf der künstlerischen Landkarte verführt zu Experimenten und individuellen Wegen. Die Entwicklung wird durch regelmäßige Ausstellungsmöglichkeiten unterstützt:
Seit 1984 veranstaltet das Textilmuseum Max Berk in Heidelberg jurierte Quilt-Biennalen, seit 1991 zusammen mit dem Kreismuseum Zons. 1997 wurde im Niederländischen Textilmuseum in Tilburg zum ersten Mal eine repräsentative Auswahl europäischer künstlerischer Quilts gezeigt (jeweils mit Katalogen).
Die britisch/europäische Gruppe QUILT ART[1] wirbt ebenfalls seit ihrer Gründung 1985 für diese textile Kunst, sie wird in der Galerie Smend im Jahr 2000 erneut ihre Arbeiten vorstellen.

Warum mache ich selbst seit 20 Jahren einen Quilt nach dem anderen?
Es ist die geheimnisvolle Mischung von einfacher Baumwolle und Poesie, von Sinnlichkeit und handwerklicher Perfektion, die reizt und inspiriert. Es bleibt der Wunsch nach Schönheit und Harmonie.

1 Die Gruppe QUILT ART (gegründet 1985 in London) besteht zur Zeit aus 17 Textilkünstlerinnen aus England, Frankreich, Irland, Dänemark und Deutschland. Sie trifft sich vier Mal im Jahr in England und organisiert Ausstellungen im europäischen Raum, oft mit eigenen Publikationen. Die Aufnahme neuer Mitglieder ist selektiv, sie setzt Professionalität sowohl in der eigenen künstlerischen Arbeit als auch in der Organisation von Ausstellungen voraus. Ansprechpartner für Deutschland ist Inge Hueber (Beckumer Straße 23, 51109 Köln).

Inge Hueber ist Textilkünstlerin.
Siehe Vita und Werk der Autorin auf *Seite 52*

Einblick in fremde Textilkulturen

Astrid Rokossa

Marie-Louise Nabholz-Kartaschoff mit Studentinnen beim Besuch der Galerie

Es gibt viele Vorurteile gegenüber textiler Arbeit, Mißverständnisse über deren Wert und daraus erwachsende Klischees sind alltägliche Erfahrungen. Diese Voreingenommenheit resultiert aus einer gesellschaftlichen Wertschätzung, die Textilarbeit als genuin weiblich annimmt.
In westlichen Industriegesellschaften ist sie als Teil häuslicher Tätigkeit selbstverständlich und bleibt unsichtbar. Diese Unsichtbarkeit ist eine Funktion der reproduktiven Bedeutung dieser Arbeit, der Tatsache, daß sie zur liebevollen Familienarbeit zählt. In der Fortsetzung der damit assoziierten Abwertung hat es auch die Textilkunst schwer, sich zu etablieren: Nach westlichem Verständnis wird sie unverändert als Kunsthandwerk klassifiziert. Wie kann man nun ein Verständnis anregen, das von diesen Implikationen befreit? Wie kann man sich der Textilarbeit als einem Phänomen nähern, das gesellschaftlich regulierenden und stabilisierenden Charakter besitzt und damit anderen Werten folgt, als durch kunstwissenschaftliches Verständnis diktiert? Ein Blick auf fremde Textilkulturen zeigt die ideologische Verengung hiesiger Bewertung von Textilarbeit:

Die Töchter der Kopfjägerinnen
Ikat-Gewebe der Iban (Borneo), die Museums- und Galeriewände zieren, bezeugen eine Textilarbeit, die anderen Werthaltungen folgt. Die Bedeutung dieser Textilien im religiös-rituellen und sozialen Kontext, insbesondere ihre Komplementarität zur männlichen Kopfjagd, ist in der Literatur hinlänglich beschrieben.[1] Offenkundiger Ausdruck des die Textilkultur fundierenden Wertsystems ist der Statusgewinn der zu eigener Motivgestaltung sowie zur Rotfärbung des Garns legitimierten Frauen.[2]

Die Farben des Körpers
Die Molakana der Kuna (Panama) sind – so belegt die Forschung – die Transformierung der einstigen Körperbemalung, angestoßen und erzwungen durch klimatische Veränderungen und kolonialen Einfluß.[3] Als Teil der traditionellen Frauenkleidung sind sie unverzichtbares Zeichen der ethnischen Zugehörigkeit und Verbundenheit (Cunaité).[4] Molakana zeugen von der besonderen Beziehung der Frauen zu ihrer Tradition und Kultur, denn Entwurf und Herstellung liegen ausschließlich in ihrer Hand. Hervorragende Qualifikationen zu ihrer Fertigung bestimmen Status und Prestige der Kuna-Frau. Ihr werden besondere Kompetenzen (kurgin) zugesprochen, die ihre soziale Position determinieren.[5]

'Pua' Zeremonial-Textil der Iban aus Sarawak (Sammlung Heribert Amann)

Widerspruch und Vereinigung
Die Navajo-Frauen (Arizona) fertigen traditionell Gewebe, die als Kleidung und Decken dienen. Ihre Arbeit objektiviert zentrale Werte in der Weltanschauung dieser indianischen Gruppe, deren Geschichte durch Gefangenschaft und Reservation gekennzeichnet ist. Einen Schwerpunkt bildet die Betonung von Kreativität und Aktivität, durch die fremde Einflüsse für die eigene Kultur transformiert wurden und werden. In ihrer textilen Ästhetik vereinigen die Weberinnen kontrastierende Elemente zu einem harmonischen Ganzen.[6] Diese kulturelle Aufgabe zu erfüllen zeichnet die anerkannte Navajo aus, die ihre tatkräftige Fähigkeit aus einer positiven mentalen Haltung (biinéí) schöpft.[7]
Gemeinsam ist den genannten tribalen Gruppen die kulturelle Überhöhung spezifischer weiblicher Handlungsmöglichkeiten in den Traditionen der Textilherstellung. Gemeinsam ist ihnen ein Netz sozialer Normen, das die Wahrnehmung der erforderlichen kulturellen Aufgaben sichert. Gemeinsam ist ihnen schließlich ein soziale Mobilität garantierendes System erworbener Positionen in ansonsten egalitären Gesellschaftsstrukturen.
Der Blick in fremde Textilkulturen setzt Fragezeichen hinter die

dominierenden Vorurteile. Unmißverständlich machen die Beispiele deutlich, daß Textilarbeit an sich keine unbedeutende und unqualifizierte Arbeit ist. Sie unterstreichen die Notwendigkeit, vor einer voreiligen Bewertung den sozialen Kontext dieser Tätigkeit eingehend zu betrachten. Der Blick auf fremde Textilkulturen eröffnet einen neuen Zugang zur Bewertung von Textilarbeit – auch im eigenen Lebenszusammenhang.

1 Gavin, T.: *Kayau Indu, the Warpath of Women*, in: Sarawak Museum Journal 17 (63), Kuching 1991, S. 1-41; Rokossa, A.: *Gewebte Träume*, München 1993.
2 Zuletzt beschrieben bei Gavin, T.: *The Womens Warpath: Iban ritual Fabrics from Borneo*, University of California, Los Angeles 1996, S. 27.
3 The Textile Museum of Washington, D.C.: *Molas: Art of the Cuna Indian*, Washington 1973, S. 6f.
4 Sherzer, D. Sherzer J.: *Mormaknamaloe: The Cuna Mola*, Austin 1976, S. 27.
5 Salvador, M.L.C.: *Molas of the Cuna Indians*, Berkeley 1975, S. 130.
6 Witherspoon, G.: *Self-Esteem and Self-Expression in Navajo Weaving*, Plateau, Museum of Northern Arizona, 52 (1992) 4, S. 30.
7 Ders.: *Language and Art in the Navajo Universe*, The University of Michigan, 1. Aufl. 1977, S. 183.

Dr. Astrid Rokossa ist als Studienrätin an der Universität Münster am Institut für Textilgestaltung und ihre Didaktik tätig.

Gestische Malerei – am Beispiel der Arbeiten von Petra Mattern-Held

Wilhelm Gauger

Gesten betreffen primär den Körper und bestimmte Haltungen und Bewegungen, die etwas aussagen wollen: Schulterzucken, Nicken, Zeigen, Winken; seltener ahmen sie etwas nach oder machen etwas vor. In Form von Kürzeln drücken sie Zustimmung, Einladung, Ablehnung oder Verzweiflung aus. Im übertragenen Sinne spricht man von einer “noblen Geste”, während im allgemeinen verbal etwas für eine Interpretation Offenes angedeutet wird; jedenfalls wird es selten voll ausgesprochen. Wer es versteht, muß eigene Schlüsse ziehen oder handeln. Noch anders ist es in der Kunst: Eine Adorantengeste oder die Handhaltungen Buddhas beispielsweise gehen über bloße Informationsvermittlung hinaus und bringen ganze Welten in Verbindung. Aus diesem Verständnis heraus aber kann im Kunstwerk auch ein Sprung, ein Gehen, ein Lauschen auf Musik, ein Kuß zu einer Geste werden, in der zwar eine individuelle Information vorgeführt wird, das Typische der Geste aber über das Pragmatische hinausweist. Das Kunstwerk selbst wird zur Geste – und das mag auch direkt aufgegriffen werden. Immer aber wird bei einer Geste etwas ausgeschwiegen und selbst in sprachlichen Kunstwerken geht es über die sprachliche

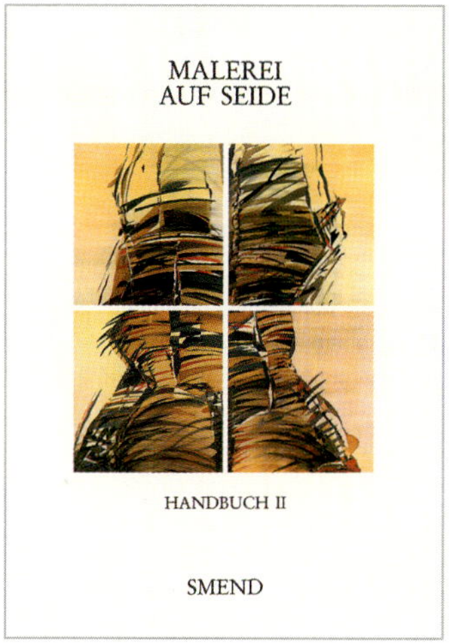

'Malerei auf Seide' Handbuch II Titelbild von Petra Mattern-Held

Information hinaus. In allen Gesten ist etwas Stummes. In John Keats' “Ode on a Grecian Urn” (1819/20) werden das griechische Gefäß als Ganzes wie auch die auf ihm dargestellten Szenen als “attitude”, also als Haltung, somit als Gesten angesprochen und das Stumme an ihnen betont. Die Geste selbst ist Kunstwerk.
In diesem Sinne sollten auch Petra Mattern-Helds Arbeiten verstanden werden. Noch als abstrakte Figuration sind es Gesten. Gesten haben auch etwas Momentanes an sich. Künstlerische Arbeiten aber verleihen ihnen eine gewisse Dauer, doch gilt diese Dauer weniger der in der Geste ausgedrückten Information als dem Punktuellen just dieser Eigenschaft. Dem Moment wird Dauer verliehen, seltener dem, was in der momentanen Geste gemeint ist.

So weisen Petra Mattern-Helds Arbeiten keine Ergebnisse, sondern sich selbst vor, das heißt ihre eigene Entstehung. Kein Linienverlauf, der nicht das Momentane an sich trüge. Da ist etwas im richtigen Sinne Unabgeschlossenes. Um noch einmal Keats zu bemühen: Die Liebenden auf der griechischen Vase werden nie im Kuß Erfüllung finden, weil ihr Festgehaltensein im Moment davor es verhindert; aber gerade der Verzicht auf Erfüllung – auf Ergebnis, Abschluß, Information – sichert dem Moment Dauer. Das ist eine zwar unerlebte, aber deshalb auch nie endende Zukunft, die sich nicht verbraucht.

Die Geste des Entstehens, das Entstehen als Geste – darum geht es in den Arbeiten von Petra Mattern-Held.

Prof. Dr. Wilhelm Gauger lehrt an der Freien Universität Berlin Englische Literaturwissenschaft. Siehe Werk und Vita von Petra Mattern-Held auf Seite 82.

Katazome

Blaufärberei in Japan

Ildikó Klein-Bednay

Die japanische Textilfärberei kennt eine beachtliche Vielfalt unterschiedlicher Reservemusterungen. Auch wenn manche von ihnen erst relativ spät nach Japan gelangten, erreichten sie dort eine künstlerische und technische Vollkommenheit wie in keinem anderen Land der Erde. Dazu gehören u.a. die in ihrer Art einmaligen kleinstgemusterten Doppelikat-Gewebe (jap. ta-te-yoko-gasuri) von Amami Oshima (einer der südlichsten japanischen Inseln zwischen Kyúshú und Okinawa gelegen), die heute noch aus handgesponnener Seide (der sog. Oshima-tsumugi) gefertigt werden.

Aus der großen Vielfalt der in der japanischen Färberei angewendeten Musterungsverfahren kommt dem traditionellen Schablonenfärben (jap. kata-gami-zome = Papierschablonendruck; aus kata = Form, Gestalt, Muster; some/zome = Färbung, Druck) eine ganz besondere Rolle zu. Bei diesem Verfahren erfolgt der Musterauftrag, anstelle des in Indien, China, aber auch in Europa meist verwendeten Holzmodeldrucks, mit Hilfe von speziell für diesen Zweck angefertigten Färbeschablonen (jap. kata-gami, d.h. Papierschablone, "Musterpapier"; aus kata = Form, Muster; kami/-gami = Papier), deren Grundmaterial aus der Rinde des Papiermaulbeerbaumes (jap. kózo; lat. Broussonetia papyri-fera) gewonnen wird. Dieses außerordentlich starke und dünne Papier eignet sich vorzüglich für eine Anwendung in der Färberei, da es gut bearbeitet und zugleich großen Belastungen ausgesetzt werden kann. Vor dem Anfertigen der Schablonen wird es mit dem Saft von unreifen Kaki-Früchten (Diospyros kaki) und Öl getränkt und somit wasserdicht gemacht, danach in einem Feuer aus Reisspreu geräuchert. Das so vorbehandelte Papier kann während des Färbeverfahrens der auflösenden Wirkung der auf Wasserbasis wirkenden, typisch japanischen Reservepasten viel nachhaltiger widerstehen.

Aus diesem Papier wird anschließend die Schablone für den Druck angefertigt. Bei der Herstellung solcher Papier-Schablonen wird das Muster von bis zu 16 übereinander gelegten Blättern gleichzeitig ausgeschnitten. Die Anzahl der Blätter kann unterschiedlich sein, sie ist v.a. von der Geübtheit des Meisters, aber auch von der Feinheit und dem Schwierigkeitsgrad des Musters abhängig. Das unterste der geschnittenen Blätter, sowie das obere Deckblatt mit der Zeichnung werden entfernt. Für die Druckschablonen werden dann je zwei der übrigen Blätter aufeinander geklebt. Als Schneidewerkzeuge dienen u.a. Messer und Locheisen. Bei etwas größeren Mustern (jap. chú-gata) läßt sich des öfteren ein Netz aus dünnen Seidenfäden beobachten, das zwischen beiden Blätter über die ausgeschnittenen Musterflächen gespannt ein Zerreißen der Schablone an diesen "Leer"-Stellen während des Färbens verhindert. Zu den beliebtesten japanischen Motiven gehören u.a. unterschiedliche Blüten der vier Jahreszeiten, Vögel und Wolken, Wasserwellen, schwimmende Karpfen, Schildkröten und Kiefernnadeln, letztere v.a. Symbolzeichen für langes, glückliches Leben. Die durchschnittliche Größe solcher Papier-Schablonen beträgt ungefähr 42 x 24 cm, bei einer inneren Musterungsfläche von etwa 35,5 x 16,5 cm.

Bei diesem als "Kata-gami-zome" oder kurz "Katazome" bezeichneten Musterungsverfahren wird in Japan im allgemeinen in der gesamten Breite der Stoffbahn gefärbt bzw. reserviert, die der Länge nach auf einen länglichen Tisch gespannt wird. Bei besonders feinen und kleinteiligen, auf dünner Seide ausgeführten Mustern erfolgt der Aufdruck nur auf einer Seite der Stoffbahn, bei größeren Mustern oder auf Baumwolle dagegen auf beiden Seiten.

Die Färbung ließe sich zwar auch in direktem Farbauftrag als eine Art "Positiv-Druck" ausführen, jedoch wird diese – obwohl einfachere Möglichkeit – in Japan nur relativ selten praktiziert. Bei dem Verfahren ergibt sich z.B. durch Überstreichung der Schablone mit indigohaltiger Farbe hinterher ein positives Musterungsbild, d.h. das Muster erscheint blau vor hellem, ungefärbtem Hintergrund. Dieses relativ einfachere und daher auch preiswertere Färbeverfahren des direkten Drucks wird jedoch eher für größere Muster und v.a. im ländlichen Bereich angewendet. Hingegen wird selbst im städtischen Alltagsbereich die Schablonenmusterung mit Reservage bevorzugt. Direkter Farbaufdruck wird lediglich bei der – besonders starken Beanspruchungen ausgesetzten – Haus- und Bade- bzw. Arbeitskleidung (yukata, happi), bei Bettzeug (futon), Handtücher (tenu-gui), Tragetücher (furoshiki) usw. eingesetzt .

Der Druck der viel feineren und raffinierteren kleinteiligen Muster, ebenso wie der größte Teil der Papierschablonen-Muste-

Kajiwara Shinzo bei einer Katazome-Demonstration 1996

rungen überhaupt, erfolgt dagegen heute noch mittels des weitaus schwierigeren Reservedrucks, der auch als ein "Negativ-Druck" angesehen werden kann. Bei diesem wird zunächst eine Art Reservepaste mittels der Schablone auf den zu verzierenden Stoff gebracht. Dieses Reservagemittel, das in Japan aus einem eigens zu diesem Zweck entwickelten Reisstärkekleister besteht, sollte im Gegensatz zum direktem Druck geradezu die Färbung verhindern. Die vom Kleister bedeckten Teile des Stoffes können bei dem abschließenden Färbevorgang die Farbe nicht aufnehmen. Somit erscheinen die Muster hinterher hell ausgespart vor dem dunklen, farbigen Hintergrund. Die Kleisterreserve wird anschließend durch Kochen in Wasser entfernt.

Ein noch komplizierteres Verfahren, das in Japan schon seit dem 17. Jh. gerne Verwendung fand, und das gewissermaßen eine Kombination beider Färbemöglichkeiten darstellt, wurde in der japanischen Fachzeitschrift "Senshoku no bi" vor einigen Jahren ausführlich geschildert und illustriert. Zuerst werden dabei mit Hilfe einer Schablone die Konturen bzw. Binnenmuster reserviert, danach können die verschiedenen, für die Musterung benötigten Farben mit der Hand oder aber auch mit Hilfe von weiteren Schablonen auf die übrigen Flächen direkt aufgetragen werden. Schließlich werden die auf diese Weise gemusterten Flächen mit Hilfe einer zusätzlichen Schablone nochmals reserviert, d.h. also mit einer speziellen Reservepaste abermals zugedeckt. Anschließend erfolgt die Färbung der gesamten Stoffbahn, so u.a. mit einer Indigo-Färbung (jap. aigata). Nach Entfernen der Reservagepasten erscheinen schließlich die vorher gefärbten Muster mit weißen Konturen und entsprechender Binnenmusterung vor einem blauen Hintergrund.

Verschiedentlich wurde außerdem eine zusätzliche, vorangehende Färbung des Stoffes angewendet. Erst danach erfolgte die Reservierung mit einer anschließenden zweiten Färbung der Stoffbahn, die jedoch dunkler als die erste ausfallen mußte. Bei dieser Färbung handelt es sich um die sog. "Halbton-Reservage", die bei den im übrigen besonders kleinteiligen Komon-Mustern eine zu starke Kontrastsetzung zwischen Muster und Grundfärbung auf diese Weise verhindert. Auch bringt sie für die sonst zumeist einfarbig gemu-

Basho-Ju (Bananenfasertuch) gefärbt mit chinesischer Tusche in Katazome Technik von Kajiwara Shinzo

sterten Komon eine wertvolle Bereicherung der gestalterischen Möglichkeiten. Gelegentlich geschah sogar nachfolgend noch ein weiterer zusätzlicher, direkter Farbauftrag in Grau oder Schwarz mittels einer weiteren Papierschablone.

Die Methode des herkömmlichen Schablonenfärbens, wie es heute noch im künstlerischen Bereich angewendet wird, ist bei Nakano und Stephen ausführlich beschrieben, einschließlich der Herstellung der Papierschablonen, der Färbung sowie Rezepte zur Herstellung von Farben, Reservagepaste und Mittel zur Fixierung der Farben. Die beim Schablonenfärben verwendeten Mittel unterscheiden sich allerdings wie auch die Methoden selbst in mancher Weise von dem früheren Verfahren. Sie finden ihre Ursache nicht zuletzt in den Entwicklungen der chemischen Industrie und den neuen, einfacher und zuverlässiger verwendbaren Färbemitteln. Dennoch liegt gerade in der virtuosen Anwendung der höchst unterschiedlichen Möglichkeiten der älteren wie der neueren Methoden der besondere Reiz der Katazome.

Literatur:

Bühler, Alfred, Ramseyer, Urs, Ramseyer-Gygi, Nicole: Patola und Geringsing, *Zeremonialtücher aus Indien und Indonesien*, Basel 1975.

Fux, Herbert: *Traditionelles Kunsthandwerk der Gegenwart aus Japan* (Ausst.-Kat.), Wien 1975.

Hornung, Clarence: *Traditional Japanese Stencil Designs*, New York 1985.

Janata, Alfred: *Das Profil Japans*, (Ausst.-Kat. Museum für Völkerkunde Wien), Wien 1965.

Japan Textil Color Design Center (Hg.): *Textile Designs of Japan*, 3 Bde, Osaka 1959-61 (Neuaufl. 1980).
Bd.1. Designs composed mainly in Free Style.
Bd.2. Designs composed mainly in Geometric Arrangement.
Bd.3. Designs of Ryukyu, Ainu and Foreign Textiles.

Klein-Bednay, Ildikó: *Japanische Musterbücher des 18. und 19. Jahrhunderts*, in Wichmann, Hans: Von Morris bis Memphis. Textilien der Neuen Sammlung München, Basel 1990, S. 356 - 416.

Koch, Johannes Hugo: *Mit Model, Krapp und Indigo. Vom alten Handdruck auf Kattun und Leinwand*, Hamburg 1984.

Kurokawa, Mayori: *A Study on kókechi, rókechi and kyókechi*, Tókyó 1890. = Kokka, Nr.12 (jap.).

Kuwabara, Setsuko: *Aizome. Mit Indigo gefärbte Textilien in Japan*, in Ein blaues Wunder. Blaudruck in Europa und Japan, Hrsg. H. Walravens, Berlin 1993, S. 78 - 95.

Kyóto Shoin (Hg.): *Sekai no sarasa*. (= Sarasa of the World. Indian Chintz, European Print, Batik, Japanese Stencil), Kyóto 1980.

Kyóto Shoin (Hg.): *Japanese Indigo Design*. The Collection of Sadako Fukui, Kyóto 1991.

Lautz, Gisela: *Kasuri und Katazome. Alte Stoffe aus dem ländlichen Japan*, Sammlung Gisela Lautz. Hrsg. Übersee-Museum Bremen, Bremen 1990.

Nakano, Eisha/Stephan, Barbara: *Japanese Stencil Dying. Paste-Resist Techniques*, New York, Tókyó 1982.

Some no jiten (=Enzyklopädie der Färberei), Tókyó 1985. = Senshoku no bunka, Bd.1, Hrsg. Asahi shimbunsha.

Sugihara, Nobuhiko: *Katazome. Japanese Stencil and Print dying, Tradition and Today*, (Ausst.-Kat.), Tókyó 1980.

Stephen, Barbara: *Japanese Country Textiles*, (Ausst.-Kat. Royal Ontario Museum), Toronto 1965.

Tuer, Andrew White: *Japanese Stencil Designs*, New York 1967 (1. Aufl. 1956; Orig. Facsimilie-Ausgabe: London, Leipzig 1892).

Yoshioka, Sachio (Hg.): *Senshoku no bi* (= Textile Art), Tókyó.

Wichmann, Hans (Hg.): *Von Morris bis Memphis. Textilien der Neuen Sammlung Ende 19. bis Ende 20. Jahrhundert*, Basel 1990, (= Sammlungskataloge der Neuen Sammlung München Bd.3).

Prof. Dr. Ildikó Klein-Bednay lehrt an der Westfälischen Wilhelms-Universität am Institut für Textilgestaltung und ihre Didaktik in Münster.

Seidenmalerei und Patchwork

Gabriele Wall

Patchworkende Seidenmaler – seidenmalende Patchworker? Gibt es diese Künstlergruppe? Wie passen Seidenmalerei und Quilten bzw. Patchwork zueinander? Die einen schaffen durch die Malerei auf Seide ein Kunstwerk, die anderen "zerstören", um Neues zu schaffen. Kann die Seidenmalerei dem Patchworkdesign neue Impulse verleihen? Die Galerie Smend, seit langem Ort innovativer Inspiration zum Thema Seidenmalerei und Textildesign, ein Impulsgeber für die Patchworker?

Der Seidenstoff besticht gegenüber der Baumwolle durch seine besondere Farbigkeit und durch die unterschiedlichen Qualitäten von Pongé bis Wildseide, die der Quilterin neue Möglichkeiten eröffnen. Betrachtet man die Quiltszene, sieht man, daß die Kombination von Seide und Baumwolle schon fester Bestandteil der Ausdrucksmöglichkeiten ist. Die Stoffe werden gefärbt, bemalt, bemustert und in die Gestaltung miteinbezogen. Durch Shibori beispielsweise lassen sich ungeahnte Musterungen und Texturen für die Seidengestaltung entdecken.

Auch das zunächst durch Bemalung gestaltete Seidentuch kann Ausgangspunkt und Inspiration

Einladung zur Ausstellung 'Oplontis' Cherilyn Martin/Els van Baarle, 1996

sein, wenn es, wie beim Patchwork üblich, zunächst zerschnitten wird, um dann neu zusammengesetzt erst zu seiner Vollendung zu gelangen.

In der Galerie Smend sind seit Jahren immer wieder Ausstellungen von KünstlerInnen zu sehen gewesen, die sich mit der Quilt- und Patchworktechnik auseinandergesetzt haben.
Den Anfang machte 1989 Monika Speyer, eine Designerin, die schon lange einen Namen in der Textilkunstszene hat. Schon damals stellte sie zum Thema Patchwork ihre unorthodoxen Interpretationen vor. Sie fertigte aus hunderten von selbsteingefärbten Seidenstücken Deckenobjekte her, die wie ein Gitter wirkten. Seit einiger Zeit gestaltet sie ihre Seidenstoffe in der Airbrushtechnik.
Im Jahre 1992 stellte sich die Kölnerin Inge Hueber vor. Auch ihre Quilts zeigen eine unverkennbare Handschrift. Ihr "Markenzeichen" sind in kleinsten Tonabstufungen selbsteingefärbte Baumwollstoffe. Darüber hinaus zeichnen sich ihre Objekte durch eine eigene Näh- und Stepptechnik aus, die ihnen eine plastische, reliefartige Oberflächenstruktur verleiht. H. Winrich schreibt im Katalog zu dieser Ausstellung: "Hinzu kommt ein zweites Strukturelement: Mehrere ineinander gemischte Farbfelder setzen diese dreidimensionale Oberfläche unter Spannung, schaffen Schwingungen und Vibration. Es entsteht ein flimmerndes Raster aus Linien und Farben, aus Licht und Schatten."
Im Jahre 1997 gab es eine Begegnung mit zwei Künstlerinnen, die wiederum stärker die Seide als Mal- sowie als Quiltmedium in den Vordergrund rückten. "Oplontis" war der Ausstellungstitel, der auf die gleichnamige Villa in Pompeji Bezug nimmt. In ihre Quiltobjekte integriert Cherilyn Martin Seidenstücke von Els van Baarle, bis zu 3,50 m lange Seidenbahnen, die mit schwungvoller Handschrift bemalt, mit Wachs abgegrenzt oder bedruckt sind und auf denen weiche und warme Farbtöne in Spannung zueinander stehen. Die Quiltobjekte Cherilyn Martins lassen dem Material Seide viel eigenen Wirkungsraum.

Blickt man auf die Entwicklung des Quilts, stellt man fest, daß er sich vom alltäglichen Gebrauchsgegenstand zum Kunstobjekt entwickelt hat. Ausschlaggebend dafür war eine neue Generation von Textildesignern, die den Quilt als neues Ausdrucksmedium entdeckte. Ausstellungen und Wettbewerbe legen Zeugnis davon ab, was ein Quilt noch ist oder sein kann.

Die Galerie Smend kann dem Patchwork- und Quiltdesign auch in Zukunft durch weitere Ausstellungen und vielleicht auch durch einen Wettbewerb zum Thema "Seidenmalerei und Patchwork" neue Impulse liefern.

Gabriele Wall lebt in Köln, ist freischaffende Künstlerin und Kursleiterin für Textiltechniken.

Batik in Indonesien: Zwischen Tradition, Hobby und Kunst

Kunang Helmi-Picard

Fern von der Heimat werde ich immer wieder hier in der Mainzer Straße an die "Fäden" meiner asiatischen Herkunft erinnert.
Einst trug mich mein Kindermädchen überall in Yogyakarta in einem batikgemusterten Kain Gendongan (Kindertragetuch). Jetzt ergänze ich meine "westliche" Garderobe entweder durch eine traditionelle oder eine moderne Version von einem Selendang (Schultertuch).

Als Diplomatentochter wurde mir während meiner Kindheit in Bern allmählich bewußt, daß das Tragen einer Batik und der dazu passenden Kebaya (kurze Bluse), mitunter auch als Symbol für die neuerworbene Unabhängigkeit Indonesiens zu verstehen sei. Damals trugen meine Schwester und ich gelegentlich eine Variante der schweizerischen Tracht, aber wir wußten, daß wir keine Schweizerinnen waren! Als wir die traditionelle Batik anzogen, haben wir es mit feierlicher Würde und mit Stolz getan.

Erst, als ich danach für kurze Zeit nach Indonesien zurückkehrte, habe ich gemerkt, daß viel mehr Frauen dort Batik täglich zu tragen pflegten. Selbst meine Großmutter, die aus Lampung in Südsumatra stammte, bevorzugte ein Kain Panjang (Hüfttuch für Frauen), vorwiegend aus dunklerer Batik, zusammen mit einer langen Bluse. Die javanische Tracht als Alltagskleidung für Frauen war schon auf den anderen Inseln vor der Unabhängigkeit im Jahre 1945 verbreitet.

Obwohl es immer noch nicht klar ist, ob die Batiktechnik auf Java entstand oder nur dort eingeführt wurde, soll Batik erst ab der Islamisierung Javas im 15. Jahrhundert schriftlich erwähnt sein. Auf jeden Fall durfte es den Besuchern der Galerie Smend kein Geheimnis bleiben, daß in Indonesien Batik herkömmlich mit Wachs – oder gegebenenfalls mit anderen Mitteln – zur Reservierung der Textilien durchgeführt wird. Der Duft vom heißen Stearin erweckt bei mir stets Sehnsucht nach dem Anblick einer anmutigen Javanerin mit ihrem Canting beim Malen von Motiven auf Baumwolle.

Früher bestimmte auf Java ein striktes Kleidungsprotokoll, wer welches Batikmuster tragen durfte. Nur dem Sultan und seiner Familie waren beispielsweise die Larangan (verbotene Muster) erlaubt.[1] Aber auch bei anderen Schichten wurde Batik zu Hause handwerklich hergestellt und getragen. Anfangs erzeugte

Bildnis einer Indochinesin aus Cirebon in N.-Java, ca. 1880, Öl auf Leinwand

man die klassischen Farben Blau, Braun und Schwarz mit pflanzlichen Mitteln. Später wurde diese strenge Palette anderswo auf Java durch rote und gelbe Farbtöne erweitert. Die klassischen Motive haben ihren Ursprung zum Teil in der Bronzezeit oder der hindujavanischen Periode. An den Fürstenhöfen wurden auch die mit Prada (Blattgold) verzierten Textilien verbreitet.

Einfache Formen der Reservierungstechnik mit Hilfe von Reismehlpaste bestanden früher in

Bildnis einer Chinesin aus Pekalongan, N.-Java, ca. 1890, Öl auf Holz

Westjava oder bei der Toraja auf Sulawesi. Feine Batik wurde auch in Jambi und Palembang auf Sumatra angefertigt. Hier reichte die Farbpalette von Blau mit einem gelb-braunen Hintergrund bis zu den charakteristischen Rottönen. Anfang des 18. Jahrhunderts wurde Batik auf Java kommerziell produziert und von chinesischen oder arabischen Händlern vertrieben. Gegen Ende des 19. Jahrhunderts haben Frauen europäischer Herkunft und chinesische Händler zunehmend eigene Muster und Farbkombinationen eingebracht. Etwa um diese Zeit wurde der Batikprozeß durch den neuerfundenen Rapportstempel und Chemiefarben erleichtert. Mit den Anfängen des Tourismus nach dem Ersten Weltkrieg wurden unter anderem Wandtücher, Schals und Tischdecken aus Batik zum Souvenirverkauf produziert. Parallel hierzu entdeckten Künstler in Europa diese Textiltechnik. Mit dem erneuten Aufleben des Tourismus nach dem Zweiten Weltkrieg, vor allem ab den 70er Jahren in Yogyakarta und Solo, fanden zunehmend abstraktere Batikkunstwerke internationale Käufer. Die Herstellung von handgemalter Batik als Hobby in Indonesien und anderswo gewann sichtlich an Popularität. Heutzutage inspirieren Batiktextilien oder Batikmotive nicht nur indonesische Mode, sondern auch internationale Modedesigner. Sammlungen von indonesischen Textilien sind inzwischen schon längst in vielen Ländern etabliert. Die junge Generation in Indonesien findet wieder Zugang zu ihrem kulturellen Erbe, die sie einige Zeit als altmodisch empfand.

1 Siehe hierzu den Beitrag von Annegret Haake, *"Semen" – Das Prinzip javanischen Lebens*, S. 206 (Anm.d.Red.).

Kunang Helmi-Picard ist Indonesierin und lebt als Schriftstellerin und Fotografin in Paris.

"Semen" – das Prinzip javanischen Lebens

Annegret Haake

Man könnte *"Semen"* in Indonesien mit *"Smend"* verwechseln, denn wer sich dort mit Batik befaßt, kennt auch "Smend aus Köln". Vielleicht ist die Verwechslungsmöglichkeit der Grund dafür, daß man überall von "Mister Rudolf" spricht, wenn man ihn meint. Ein Vergleich ist ohnehin nicht so abwegig, denn die traditionellen javanischen Batikmuster "Semen" haben viele Jahrhunderte überlebt und gehören heute noch zu den beziehungsreichsten Mustern einer großen Palette. Die Galerie Smend ist jetzt 25 Jahre alt und hat noch nichts von ihrer Anziehungskraft verloren. Herzliche Glückwünsche an die Crew!

Die Ursprünge der Semenmuster reichen weit zurück. Man findet ihre Motive auf Tempelreliefs der hindujavanischen Periode (5.-15. Jh.), wo sie sichtbar die Zeit überdauern konnten. Unsichtbar leben diese Motive, die zum Teil schon aus vorhinduistischer Zeit stammen, in jedem javanischen Menschen weiter. Die muslimischen Missionare waren klug genug, überlieferte Bräuche und Symbole zu tolerieren und für ihre Zwecke einzusetzen. So kommt es, daß ein Brautpaar geschmückt wie viele Jahrhunderte zuvor den Bund für das gemeinsame Leben schließt. Meistens sind die zu den Zeremonien getragenen Batiktücher mit Semenmotiven bedeckt. Die Motive wurden früher von der Brautmutter sorgfältig ausgewählt und gruppiert – ihren Segenswünschen für das junge Paar entsprechend.

In ihrer Gesamtheit zeigen die Semenmuster das belebte Umfeld des Menschen. Der Name *"Semen"* wird hergeleitet von *"semi"* = sprießen, keimen, Knospe. Knospen und andere pflanzliche Elemente bilden so auch auf vielen Semenbatiken den Hintergrund, auf dem die Symbole angeordnet sind. Wellenförmige Elemente stellen den Berg *"Meru"*, den Sitz der Götter, dar. Einzeln oder in schräg abfallenden Reihen bilden sie die javanische Gebirgslandschaft nach. Der *"Garuda"*, das Reittier des Hindugottes *"Wisnu"*, ist das Symbol für die Sonne. Ein Flügel reicht aus, um seine Anwesenheit zu dokumentieren. Stilisierte Vögel und Insekten stehen für das Leben im Element Luft, und winzig dargestellte Hirschtiere symbolisieren das Leben auf der Erde. Als wichtigstes Symbol des Lebens fehlt auf keiner Semenbatik der Lebensbaum *"Pohon Hayat"* als Zentralmotiv. Kennzeichnend ist das weit verzweigte, breit angelegte Wurzelwerk

Batik aus Surakarta (Solo) mit Semen-Motiven, Jahrhundertwende, in Naturfarben, Indigoblau, Sogabraun.

unter den drei kurzen Haupttrieben. Es ist sicher, daß der in Java als heilig angesehene Waringinbaum Pate zu diesem Motiv stand. In vielen Mustern sind seine Triebe von *"Merus"* gekrönt. Andererseits können *"Merus"* die Basis für Blätter und Blüten bilden. So dient dieses Motiv einmal zur Darstellung der göttlichen Sphäre und zum andern der Erde als lebensspendendem Element. Das Zentralmotiv *"Pohon Hayat"* kann auch mit dem *"Sawat"* (Garuda mit Doppelflügel) wechseln oder mit ihm zu einem Motiv verschmolzen sein. Das Leben steht also immer in engem Zusammenhang sowohl mit der göttlichen als auch der menschlichen Welt. Als weitere Motive können Symbole für

bole für Macht (Thron) und körperliche Kraft (Büffelhorn) die Lebensbaumreihe unterbrechen. Die senkrechte Reihe dieser Zentralmotive wird auf beiden Seiten von Garudaflügeln, Vögeln und Waldtieren flankiert. Dazwischen finden sich Symbole für Feuer und irdischen Besitz (Waffen, Hoheitszeichen, Gebäude und Felder an Berghängen). Das Element des Wassers wird dargestellt durch Muscheln und Wassertiere wie Krebse und Fische. Ein wichtiges Motiv dieser Kategorie ist *"Naga"*, die göttliche Schlange. Sie gilt als Gegenspielerin des Garuda und symbolisiert damit gleichzeitig die Unterwelt. Dieses gegensätzliche Paar ist nur *ein* Beispiel für das Philosophiemodell "Dualismus", das maßgeblich den Lebensstil jedes Javanen prägt: Koexistenz von Gegensätzen.
Die Auswahl und Anordnung der Motive sind dem Zweck und der Persönlichkeit der Trägerin oder des Trägers angepaßt: Das Muster *"Semen Sido Asih"* ("Wachsende Liebe") enthält nur friedliche Symbole wie Lebensbaum, Götterberg, Vögel, Waldtiere und knospende Pflanzen und wird gern zur Hochzeit getragen. Manche Muster erzählen auch Geschichten wie z.B. das *"Sembagen Huk"*, in dem ein kreisförmiges Gebilde von Garudaflügeln, *"Pusaka"* s und Muscheln umgeben ist. Die Legende sagt, daß der berühmte Sultan Agung am Meer entlang ritt, als ein Ei vor ihm niederfiel, aus dem ein junger Phoenix schlüpfte. Der Sultan sah darin ein gutes Omen und ließ die Geschichte in Form einer Batik aufzeichnen. Darin wird der Sultan symbolisiert durch *"Garuda"* und *"Pusaka"*, das Ei durch den Kreis und die Meeresnähe durch die Muscheln. Die beiden Semenmuster "Semen Sido Asih" und "Sembagen Huk" gehören zu den *"Larangan"*, die dem Sultan und seiner Familie vorbehalten waren. Sie enthalten das Symbol der Sonne und gleichzeitig des Herrschers, den Garudaflügel. Das Larangan-Gesetz hat längst seine Gültigkeit verloren, aber noch immer vermeiden Javanen mit gutem Geschmack, entsprechende Muster in Anwesenheit der Sultansfamilie zu tragen.

Selendang
Naturfarben mit Seiden-Applikation
Sultanspalast, Yogyakarta

Immer weniger wird die Symbolsprache des *"Semen"* verstanden. Die willkürlich geordneten Motive moderner Semenmuster sind zu Schmuckornamenten degradiert, und die Balance in diesen Batiken ist gestört wie die des javanischen Lebensprinzips.

Annegret Haake ist Autorin des Buches: Javanische Batik. Methode – Symbolik – Geschichte M. & H. Schaper-Verlag, Hannover 1984.

Richard Dölker – Wegweiser und Vater der modernen Batikmalerei

Peter Wenger

Richard Dölker (1896-1955)

Das 25-jährige Jubiläum der Galerie Smend fällt beinahe zusammen mit dem 100. Geburtstag eines deutschen Malers, der für die Kunstgeschichte nicht nur des 20. Jahrhunderts von ganz besonderer Bedeutung ist: Richard Dölker. Die außergewöhnliche Bedeutung besteht darin, daß er eine ganz neue Kunstform ins Leben gerufen hat: die Batik.

Erst, wenn die politischen Gegebenheiten im Deutschland der zweiten Hälfte des 20. Jahrhunderts einmal der Vergangenheit angehören werden, wird man sich der vollen Bedeutung dieses Malers richtig bewußt werden können. Denn so merkwürdig es auch klingt: Obwohl eine ganze Reihe seiner Werke in öffentlichen wie auch privaten Sammlungen im östlichen Teil Deutschlands vertreten sind, kennt ihn im westlichen Teil nur eine Handvoll Spezialisten und praktisch niemand anderswo in der Welt. Es hat allerdings auch im Fall von Cézanne einer geraumen Zeit bedurft, ehe er als der Vater der modernen Malerei bezeichnet wurde. Und auch in diesem Fall wird es so sein, ehe dieser Maler als das erkannt werden wird, was er ist: der Vater der modernen Batikmalerei.

Auskochen des Wachses (Im Hintergrund Susanne und Richard Dölker, 1953)

Richard Dölker hat etwas ins Leben gerufen, das zur Zeit als Kunstgattung im Bewußtsein der maßgebenden Kunstsachverständigen überhaupt noch nicht existiert. Eben weil es so neu ist. Zugegeben, Batik ist schon seit Jahrhunderten bekannt: in tropischen Ländern, wo es zur Musterung von Bekleidungsstoffen dient; und auch in Europa hat es Anfang dieses Jahrhunderts vereinzelte Experimente gegeben, Batik für Stoffmusterungen zu verwenden.
Es muß aber auch zugegeben werden, daß – obwohl es während der letzten 40 Jahre eine Menge von Enthusiasten gegeben hat, die sich eine Zeitlang mit den bildnerischen Möglichkeiten dieses Kunsthandwerkszweiges beschäftigt haben – daß es bisher immer noch zuwenig Künstler gibt, die Batik den gleichen Wert beimessen wie anderen wohlerprobten Arbeitsmethoden.
Eben deshalb werden wohl noch weitere Jahrzehnte vergehen, ehe zukünftige Künstlergenerationen ein gewisses Volumen an Batikwerken geschaffen haben werden: Batiken, die neben anderen Kunstwerken gleichwertig bestehen können, so daß auch dieser neue Zweig der bildenden Kunst von den maßgebenden Kunstsachverständigen voll anerkannt werden wird.

'Batiken in Java' Batik von Richard Dölker mit Anthrasolfarben, 1951

Und dann wird man sich daran erinnern, daß es vor vielen Jahren, in den 30er Jahren des 20. Jahrhunderts – zu einer Zeit, in der Batik sogar als Kunsthandwerkszweig nur eine sehr untergeordnete Rolle spielte – einmal einen Mann gegeben hat, der in diesem Arbeitsprozeß die Möglichkeit sah, künstlerischen Ideen eine bildnerische Existenz zu verschaffen. Und wie das gewöhnlich so ist mit allem Neuen, so hat sich auch dieser Neuerer damals mit einer Vehemenz in das Erschaffen gestürzt, neben der die Bedeutung darauf erfolgter Bemühungen anderer nur ein bescheidenes Schattendasein führt. Auch von Richard Dölker wird gesagt werden, daß er, wie alle Neuerer, im Ansatz all das vorausgenommen hat, was andere in späterer Spezialisierung der Interessen ausgearbeitet haben werden. Richard Dölker ist der erste große Wegweiser und somit der folgenreichste in der Geschichte der modernen Batikmalerei.
Und angesichts der Fülle und Reichhaltigkeit von Lebenswerken derer, die sich nach ihm und wie er selbst mit Leib und Seele dieser Maltechnik verschrieben haben werden, wird man später nur lachen können, wenn man hört, daß es einmal Leute gegeben hat, nach deren Meinung Batik künstlerischem Wollen zu wenig Bewegungsfreiheit bietet, um sich ungehindert entfalten zu können.

Richard Dölker lebte 1896-1955. Erst mit 33 Jahren entdeckte er die Batiktechnik. Sein künstlerisches Schaffen bewirkte die Loslösung dieses traditionellen Stoffreservierungsverfahrens von den rein dekorativen Möglichkeiten für kunstgewerbliche Gegenstände. Batik wurde als Maltechnik zu einem eigenständigen, künstlerischen Ausdrucksmittel. (Anm.d.Red.)

Peter Wenger ist Batikkünstler. Siehe Vita und Werk des Autors auf Seite 114

Das Erleben von Leere

Peter Wenger

Javanerin beim Wachsauftrag mit dem Canting

"Traditional, Javanese batik is like no other cloth in this world" – eine romantische Übertreibung? Zwei Feststellungen: Zum einen hat auf Java bis ins 19. Jahrhundert hinein die gesamte Bevölkerung dieses Millionenvolkes – Männer, Frauen und Kinder – nichts weiter auf ihrem Körper getragen als handgemalten Batikstoff. Zum anderen ist Batik in der ganzen Welt anerkannt als die Kunstform, in der die Seele Javas am ausgeprägtesten zur Wirkung kommt. Frage: Warum bekleiden sich die Javaner mit den wertvollsten Kunstschätzen ihres Volkes?

Wir wissen nicht, warum der Canting gerade auf Java erfunden und entwickelt wurde, und warum er nur dort verwendet worden ist. Was wir aber wissen ist, daß in früheren Zeiten die Javanerinnen jede freie Minute, die sich ihnen bot, dazu verwendet haben, um mit Canting und heißem, flüssigem Wachs auf Baumwolle unendlich detaillierte Motive und Muster zu malen. Ein Leben lang.

Man muß das selbst einmal gemacht haben, um eine Ahnung davon zu bekommen, was den Javanerinnen diese Beschäftigung bedeutet hat. Egal wie temperamentvoll, ungeduldig, nervös oder zerfahren man auch sein mag – wenn man in unendlicher Wiederholung ein und dasselbe kleinteilige Motiv mit Canting und heißem, flüssigem Wachs auf Baumwolle malt, dann bewirkt der Umgang mit diesen drei materiellen Bestandteilen der Batikmalerei, daß man sich allmählich der Gleichförmigkeit dieser wenigen, immer wiederkehrenden Bewegungen der Hände, ja des ganzen Körpers bedingungslos hingibt.

Wie in Trance führt man die einzelnen Teilhandlungen aus. Eine große Ruhe, die als Labsal, als ein großes Aufatmen der Seele empfunden wird, überkommt unser ganzes Wesen. Irgend etwas in uns macht uns gewahr, daß zwischen jeder dieser Einzelhandlungen eine leicht zu übersehende, große Stille herrscht: Da passiert nichts mehr – und noch nichts. Man erlebt eine unglaubliche Erleichterung, das genaue Gegenteil eines Sich-Anklammerns an vermeintliche Sicherheiten. Dieses Gehenlassen ist wie das Aufgeben eines fesselnden Zwanges und man fühlt sich endlich frei. Diese immer wiederkehrende momentane Leere ist voller Geheimnis. Erwartungsvoll horcht man in sich hinein.

All diese Empfindungen, so konkret sie auch sind, spielen sich jedoch sehr nahe an der Grenze zum Unterbewußtsein ab – man wird ihrer nicht direkt gewahr. Und darin liegt etwas geradezu Wunderbares! Denn nur in diesem halbwachen Zustand ist es möglich, daß aus einer höheren Welt etwas in unsere so vorbereitete Seele einfließen kann.

Auf Java, in alten Zeiten, ist Batik nie eine Fabrikationstechnik für die Herstellung von Stoffmustern gewesen. Wenn seit Jahrhunderten auf Java Frauen ein Leben lang heißes, flüssiges Wachs mit einem Canting auf Baumwolle gemalt haben, dann geschah das nicht unter äußerem Zwang, sondern weil diese Frauen eine solche Beschäftigung als ein Mittel zu innerer Sammlung empfanden. Und was waren wohl die Gefühle, die eine Frau bewegten – versunken in stiller Meditation – während sie Stunde für Stunde, tagelang, ja wochenlang einen Stoff bemalte, mit dem sie einmal das Kind umhüllen würde, das sie jetzt unter ihrem Herzen trug? Wäre es möglich, daß sich all die Liebe, die sie jetzt schon für das kommende Kind empfindet, in einem einzigen, übermächtigen Gefühl grenzenlosen Wohlwollens mit der Kraft eines großen Gebetes in das Tuch ergießt, wochenlang – solange sie sich mit diesem Batik beschäftigt?

Warum sieht man die Augen aufleuchten, wenn empfindsame Menschen sich in Gegenwart alter, javanischer Batiken befinden?

Peter Wenger ist Batikkünstler.
Siehe Vita und Werk des Autors auf Seite 114

Peter Wenger bei der Eröffnung seiner Ausstellung 'Ein Lichtpunkt in der Dunkelheit' 1997

Die Autoren

Caroline Boot

Ruth Bleckwenn

Heinrich Breloer

Bert Brune

Erika Cohn

Regine Felsch

Marianne Flügel

Wilhelm Gauger

Marielis Günzel

Annegret Haake

Jens Hagen

Moritz von Jagow

Sonja Junick

Brigitte Khan-Majlis

Jürgen Kisters

Gepa Klingmüller

Uta M. Klotz

Andrea Kluge

B. Koch-Münchmeyer

Iris Kolhoff-Kahl

Dietmar Laue

Karl Mertes

Peter Möller

Karl-Günter Nicola

Sabine Philipp

G.Reineking von Bock

Clemens Renker

Astrid Rokossa

Irene Romeo

Irmgard Schmidt

C. Schmitz-Scholemann

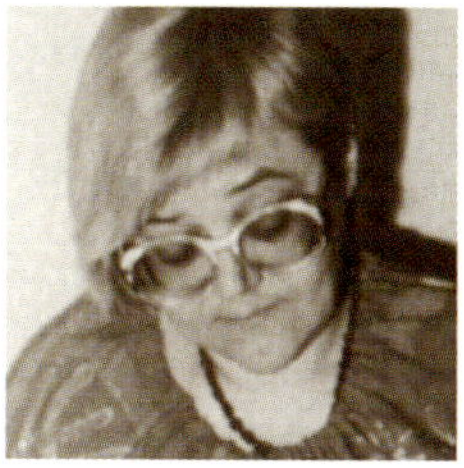
Ute Schwarz

Carl-W. Schümann

Rüdiger Siebert

Antje Soléau

Klaus Tidow

Brigitte Tietzel

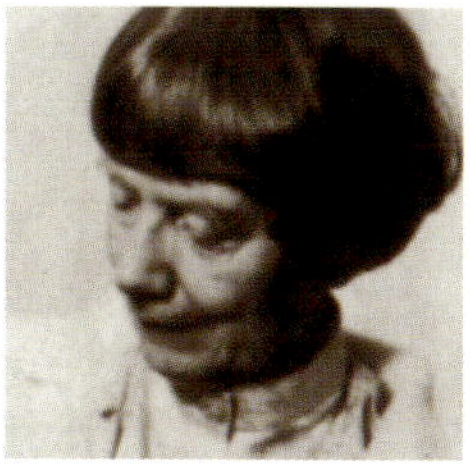
Irmgard Timmermann

Rita Trefois

Gabriele Wall

Dieter Wellershoff

Dorothee Woisin

1976

1978

1980

1983

1985

1987

1988

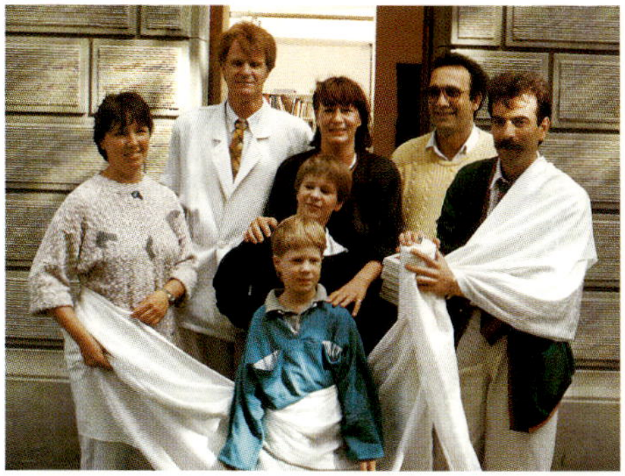

1989

1991

1993

1998

Ausstellungen 1973 - 1998

1973

20. Juni -
Eröffnung der Batik-Galerie

Batik-Ausstellung im Kolpinghaus Köln

1. Internationaler Kunstmarkt Düsseldorf IKM

1974

Internationale Kunstmesse Berlin

Art 5'74 in Basel

2. Internationaler Kunstmarkt Köln

Gianto C.P. - Batik-Ausstellung und Kurse

1975

Art 6'75 in Basel

3. Internationaler Kunstmarkt Köln

M. Ratno - Batik-Ausstellung und Kurse

1976

Batiken Europäischer Künstler

Batikgemälde aus Südost-Asien

Ikat-Gewebe aus Laos und Kambodscha

Doppel-Ikat aus Tenganan, Bali

4. Internationaler Kunstmarkt Düsseldorf

6. Nordwestdeutsche Antiquitäten Ausstellung Dortmund

1977

Buchvorstellung: Smend - Europäische Batik-Künstler in Südost-Asien (Indonesien)

Südostasiatische Kulturwoche Tübingen

Sony Sepoetro, Indonesien - Batik

7. Nordwestdeutsche Antiquitäten Ausstellung Dortmund

Deutsch-Indonesische Woche Braunschweig

5. Internationaler Kunstmarkt Köln

Noor W.A. - Batik-Ausstellung und Kurse

1978

Sunaryo - Batik-Ausstellung und Kurse

Dortmunder Herbst

1979

Tulus Warsito - Batik-Ausstellung und Kurse

1. Handarbeit '79 in Wiesbaden

didacta '79 in Düsseldorf

1. Batik- und Ikat-Studienreise

Katalog zur Ausstellung

1980

Buchvorstellung:
Smend - Batik-Handbuch
2. Batik- und Ikat-Studienreise

Harjiman Mashar - Batik-Ausstellung und Kurse

Handarbeit '80 in Köln
(2. Internationale Fachmesse Textiles Gestalten)

1981

Maria Gracia Hilliges - Neue Bilder

Peter Wenger - Batik-Porträts

Martin Müller - Neue Arbeiten

Ursula Dinslage - Neue Arbeiten

Lilo Kruse - Neue Batiken

Batik-Hüfttücher aus der Manufaktur von Elisabeth van Zuylen

Richard Dölker - 1896 bis 1955 - Batik-Wandbehänge - Gedächtnisausstellung

An. Suyanto - Batikbilder

1982

Reinhard Geis - Bildbatiken

Karin Vollenbruch - Seidenbatik

1. creativa Dortmund (teilgenommen 1982-1996)

3. Handarbeit '82 in Köln

Gretel Bähr - Bildbatiken
Susanne Hinz - Seidenmalerei

Marianne Heller-Seitz - Batik-Bild Komposition

Dorit Berger / Inge Barié - Batiken, gefärbt mit Pflanzenfarben

Eleonore Weinert - Batiken

Ulla Matten - Neue Batikbilder

didacta '82 in Hannover

1983

Buchvorstellung: Smend - Seidenmalerei-Handbuch 1

Batik - Gemeinschaftsausstellung

Samara Batiks aus Sri Lanka

3. Batik- und Ikat-Studienreise

Fritz Donart - Neue Batikbilder

Annette Pöllmann - Aquarelle auf Seide

1984

Geringsing - Doppelikat-Gewebe aus Tenganan

Seidenmalerei - Gemeinschafts-ausstellung

Internationale Batik-Ausstellung

4. Handarbeit '84 in Köln

Künstler der Galerie aus Europa und Südost-Asien

Greta Kölli - Tritik-Batik

Erika Wienholdt - Geschichten für Erwachsene und andere

Indonesische Textilien - Javanische Batik

1. Modenschau - Handgemaltes auf Seide

1985

Klaus Herzog - Neue Bilder und Radierungen

Joachim Blank - Seidenbatik

4. Batik- und Ikat-Studienreise

Batikarbeiten von Teilnehmern der Batik-Studienreisen nach Indonesien 1979 - '85

Javanische Batiken um 1900

Malerei auf Seide - Gemeinschaftsausstellung

2. Modenschau - Handgemaltes auf Seide

Accrochage - Künstler der Galerie

Buchvorstellung: Smend - Seidenmalerei-Handbuch 2

Rolando Rasmussen - Artwear Performance

Malerei auf Seide - Gemeinschaftsausstellung

didacta '85 in Stuttgart (Internationale Fachmesse für Schule, Bildung, Training)

1986

Gillian Gocking - Batik

Lesung und Dia-Vortrag von Gisela Bonn: Die Indische Herausforderung

Guntrud Witt - Raum-Installation mit Seide

Batik-Gemeinschaftsausstellung

Buchvorstellung: Marianne Heller-Seitz - Musterbuch für Seidenmalerei, Batik und Textildruck (Verlag Ravensburg)

Georg Otto Walther - Darstellende Kunst auf Seide

Buchvorstellung: Irmgard Timmermann - Die Seide Chinas (Diederichs-Verlag)

Antje S. Greim - Malerei auf Seide

Petra Mattern - Malerei auf Seide

Buchvorstellung: Helmut Uhlig - Die Seidenstraße (Lübbe-Verlag)

Accrochage - Künstler der Galerie

Henk Mak - Tjap - Neue Batik

38. Frankfurter Buchmesse

1987

Buchvorstellung: Smend - Seidenmalerei-Handbuch 3

Claudia Merx und Ryu Yamamoto

Sunhild Wollwage - Batik

Doris Kürten - Malerei auf Seide

Brigitte Willach (Batik) und Bärbel Dabergotz (Wata) - Kontraste

Inge Dusi - Shibori

Jeroen Vinken - Textil-Design

Helga Wiese-Wittek - Schatten-Bildbatik

didacta '87 in Hannover

39. Frankfurter Buchmesse

1988

Ulla Matten - Neue Arbeiten

Bettina Frech - Linie, Fläche, Körper

Noel Dyrenforth und Tracy Long - Batik und Paperworks

Paola Incze - Shibori, Knits in Silk

Buchvorstellung: Brita Hansen - DuMont's Handbuch der Seidenmalerei (DuMont-Verlag)

Buchvorstellung: Smend - Seidenmalerei in Vollendung (Falken-Verlag)

Ute Siems - Batik-Textilcollagen
Marianne Klimek - Bucheinbände in Batik / Selendangs aus dem Sultanspalast in Yogyakarta

40. Frankfurter Buchmesse

1989

Monika Speyer - Quilts und Textile Objekte

Peter Wenger - Zeremonialtücher eines imaginären südostasiatischen Gebirgsstammes

Andreas Meckbach und Heidrun Schrader - Ikat - Gewebte Bilder

Buchvorstellung: Smend - Seidenmalerei-Handbuch 4

41. Frankfurter Buchmesse

1990

Ikatstoffe aus Südost-Asien

Heinz Wilhelm Stöter -
Licht - Seide - Glas

Manfred Glaesmann -
Bilder und Tücher

Künstler der Galerie

Monika Grimm - Art to Wear

Petra Schubert - Interpenetration

Walter Brix - 5 Kimono-Objekte

Aborigines aus Zentral-
Australien- Zeichen des Anfangs

40 Jahre DIG Köln -
Zeitgenössische Malerei aus Indonesien

art to wear - Schweiz -
Gemeinschaftsausstellung
"Feuer, Wasser, Luft, Erde"

Buchvorstellung: Ute Schwarz -
Batik heute (Frech-Verlag)

Karin Vollenbruch -
Bilder - Mode - Modebilder

Veronika Moos-Brochhagen -
Textile Objekte

Künstler der Galerie

Buchvorstellung: Brita Hansen -
Seidenmalerei und Modedesign
(Falken-Verlag)

42. Frankfurter Buchmesse

1991

NO MADE -
Teppiche Europäischer Künstler

Sammlung August Flick -
Textilien aus Indonesien

Künstler der Galerie

Willy Nesgen -
Bilder, Zeichnungen
Ardiyanto Pranata - Batik

Klaus Dieter Klotz - Arbeiten in Filz - und Christa Klotz - Seidenmalerei

Sammlung Heribert Amann -
Indonesische Textilien, Plangi aus Lombok

Gülsün Erbil - Soft Sculpture

Ellen Harlizius-Klück -
Seidenquilts und Objekte

Heidi Heller - Meditationsbilder
und Keith Carter - Batikarbeiten

Sammlung Gisela Lautz -
Kasuri- und Ikat-Gewebe aus dem ländlichen Japan

Dione Veiga Vieira -
Leinwand, Sand und Pigment

Heide Prinz u. Ursula Müller-Stellflug - Objekte in Seide

Putu Ganda Semara - Neue Bilder
Wolfgang Thesen (Aljoscha) -
Zwiegespräch mit Südostasien

43. Frankfurter Buchmesse

Boden-Bilder von Günter Vossiek

1/13 Zwischen den Jahren 1991/92

1992

Seidenmalerei von Künstlern der Galerie

Ingeborg Lorenz - Textilien

Fritz Donart -
Neue Arbeiten in Batik

Buchvorstellung:
Marianne Heller-Seitz - Neue Ideen für das Malen auf Seide
(Augustus-Verlag)

Wilma Kuil - Malerei auf Stoff

Sammlung Harper / Haryati -
'Javanische Batik aus der Zeit der Jahrhundertwende'

Dozenten der Galerie stellen aus

Inge Hueber -
Lichtblicke, Textile Strukturen

Günter Spitzing -
Gesichter aus Bali

Buchvorstellung: Erika Wienholdt-
Seidenmalerei nach Märchenmotiven (Eulen-Verlag)

Helga Blazy - Lyrikabend des indonesischen Autors Subagio Sastrowardoyo

Dra. Suwati Kartiwa M. Sc., Direktorin des Museum Nasional, Jakarta: Traditionelle Indonesische Textilien und ihre Entwicklung

Installation von Monika Speyer

Zijde: stof tot verven (Seide: Stoff und Farben)

Sammlung Flick: Indonesische Textilien

2/13 Zwischen den Jahren 1992/93

1993

Buchvorstellung: Paola Incze - Raum und Seide (Christophorus-Verlag)

Christos Koutsouras - Neue Arbeiten

Buchvorstellung: Sabine Zentek - Seidenmalerei und Wohnkultur (Frech-Verlag)

Joachim Blank - Textile Collagen

Buchvorstellung: Heidrun Jardner - Eingefangene Fäden, Textile Verzierungstechniken aus Timor (Abera-Verlag)

Gerd Stühl - Blumenstilleben

Noel Dyrenforth - Recent Works

Sammlung Harper - Javanische Batik aus der Zeit der Jahrhundertwende

Buchvorstellung: Ute Patel-Mißfeldt - Meisterschule Seidenmalerei (Augustus-Verlag)

Sergej Iwanowitsch Puschkarew - Neue Arbeiten auf Seide

Buchvorstellung: Smend - Seidenmalerei-Handbuch 5

1994

Jenison Thomkins, Ausstellung der Universität Köln, Abtlg. Textilgestaltung - Die Welt der orientalischen Ornamentik

Brigitte Kramer- Peters - Gedanken - Gewebe - Zeitspuren

Tilak Samarawickrema, Ceylon - Tapisserien

Shibori-Objekte von Carter Smith

Susanne John - Malerei auf Leinen und Cotton

Buchvorstellung: Paola Incze - Künstlerische Seidenmalerei (Augustus-Verlag)

Rolando Rasmussen - Raum- und Körpersituationen

Sammlung Don Harper - Javanische Batiken

Monika Speyer - Lust auf Farbe - Patchwork und Quilt

4/13 Zwischen den Jahrtausenden 1994/95

1995

Buchvorstellung: Eva-Maria Kuß - Seidenmalerei / Ateliergeheimnisse (Augustus-Verlag)

Cheng Chin-fa - Freude - Kalligraphie auf Papier und Seide

Shoukoh Kobayashi - Stellwände

Buchvorstellung: Ute Bruchhäuser - Seidenkimonos und Variationen (Eulen-Verlag)

Yusman Siswandi - Tritik, Plangi, Batik und Seidenmalerei

7. Koreanische Textilkunst-Biennale

Walter Spies - Gedächtnisausstellung 1895 bis 1995 - Maler und Musiker auf Bali

Giorgetti - Möbel

Monika Speyer - Textile Bilder

Carter Smith - Shibori

Sammlung Don Harper - Javanische Batiken aus der Zeit der Jahrhundertwende

Yoshika Wada - Shibori (Kolloquium)

5/13 Zwischen den Jahrtausenden 1995/96

1996

Almira Sadar und Marija Jenko Staritsch - Textilkörper

Brunhilde Berke - Retrospektive

Japanische Kasuri- Kimonos

Quilt-Art - 24/60 All Square Exhibition

Buchvorstellung: Betsy Sterling Benjamin - The World of Rozome (Oxford University Press)

Irina Kolesnikova - Gewebte Miniaturen

Buchvorstellung: Shahida Barbara Banach und Michaela Penopp - Farbberatung Seidenmalerei (Falken-Verlag)

Noel Dyrenforth - Neue Arbeiten

7. Koreanische Textilkunst Biennale

Shinzo Kajiwara - Katazome

Hélène Soubeyran - Shibori in Papier und Textil

Friederike Kohlhaußen - Farbe - Form - Textil - Patchwork - Quilts

Stefan Wewerka - Malereien auf Seide, Skizzen und bemalte Mode

6/13 Zwischen den Jahrtausenden 1996/97

1997

Gemeinschaftsausstellung

Sammlung Galerie Arno Henseler- Dan-Masken der Yacouba

Els van Baarle und Cherilyn Martin - OPLONTIS - Zwei Variationen für ein Thema

Textilien der Iban aus Kalimantan

Sammlung H. Amann - Figürliche Darstellungen auf Textilien der Iban aus Kalimantan (Borneo)

Buchvorstellung: Paola Incze - Mode mit Tüchern (Augustus-Verlag)

Wolfgang Hollmer - 10 anni Levanzo

S.E.R.-Gemeinschaftsstiftung - Textilkunst, Malerei und Plastik

Gemeinschaftsausstellung

Peter Wenger - Ein Lichtpunkt in der Dunkelheit

Ella Koopman - Neue Stoffe

Ingrid Hinzen - Decken

7/13 Zwischen den Jahrtausenden 1997/98

1998

Batikkünstler der Galerie

Paola Incze und Gudrun Lohner (Polo`s for you) - Ammoniten

Buchvorstellung: Elfriede Möller - Shibori, Seide färben in japanischer Tradition (Augustus-Verlag)

Künstlerinnen der Galerie

Retrospektive - 25 Jahre Galerie Smend

Die Ausstellungsräume Mainzer Straße 31 + 37

Batiken aus Süd-Sumatra

'Ammoniten' von Paola Incze

Batiken aus Nord-Java

'Dan'-Masken der Yacouba

HALI

Ute Patel-Mißfeldt
Meisterschule Seidenmalerei

Bildlegenden siehe Seite 272

Künstler von A - Z

Gabriele Clasen
Handbuch 1, 2, 3
Monika Coppola
Gem.Ausstellung 1985
Renate Correll-Becker
Handbuch 4, 5
Irene E. Corts
Gem.Ausstellung 1985
Handbuch 3
Karen A. C. Coussa
Handbuch 1, 2, 3, 4

Bärbel Dabergotz
Gem.Ausstellung 1983, 1985
Ausstellung 1987
Brigitte Dalberg
Handbuch 3
Gem.Ausstellung 1986
Ute Daniel
Batik-Handbuch
Eva Danker
Batik-Handbuch
Marianne Davis
Handbuch 1
Kristina Degen
Batik-Handbuch
Waltraud Dell'Antonio
Gem.Ausstellung 1985
Susan Denton
Quilt Art 1996
Barbara Dernbach
Gem.Ausstellung 1984, 1985
Handbuch 3
Joëlle Desterne
Gem.Ausstellung 1991
Ute Detering
Handbuch 3
Hanno Dieckmann
Gem.Ausstellung 1991
Jutta Dierbach
Batik-Handbuch
Ursula Dinslage
Batik-Handbuch
Ausstellung 1981
Ulrike Dittmann
Gem.Ausstellung 1990

Susanne Dölker
Europ. Batik in Indonesien
Batik-Handbuch
Richard Dölker
Ausstellung 1981
Roswitha Dönnges
Handbuch 2
Fritz Donart
Ausstellung 1983, 1992
Internationale Batik 1984
Gem.Ausstellung 1997
Beate Dorfinger
Seidenmalerei in Vollendung
Trudi Dorn-Meier
Handbuch 2
Edith Doussier
Gem.Ausstellung 1998
Manfred Drabsch
Batik-Handbuch
Ingrid Dreher
Gem.Ausstellung 1983
Beate Dros-Leuschner
Europ. Batik in Indonesien
Ursula Dübel
Batik-Handbuch
Handbuch 2, 3
Inge Dusi
Ausstellung 1987
Noël Dyrenforth
Europ. Batik in Indonesien
Internationale Batik 1984
Handbuch 4, 5
Seidenmalerei in Vollendung
Ausstellung 1988, 1993, 1996
Gem. Ausstellung 1998
Traudi Dwinger
Handbuch 2, 3

None Eberhardt
Handbuch 5
Peter Eggenberger
Gem.Ausstellung 1992
Margarete Ehlers
Handbuch 4
Birgitt Ehlich
Handbuch 1, 2, 3

Siegfried Ehrenfeld
Batik-Handbuch
Tania Ehrenfeld
Batik-Handbuch
Ellen Eis
Handbuch 1, 5
Seidenmalerei in Vollendung
Christel Eisenkolb
Handbuch 4
Gem.Ausstellung 1995
Sybille Ekrut
Handbuch 5
Andre Elias
Handbuch 4
Ria van Els
Ausstellung 1992
Werner Josef Emler
Handbuch 1
Rosel Engel
Gem.Ausstellung 1994
Lydia Epstein
Gem.Ausstellung 1998
Gülsün Erbil
Ausstellung 1991
Angela Eßer
Gem.Ausstellung 1995
Birgit Eßlinger
Handbuch 5
Jonathan Evans
Internationale Batik 1984

Ann Fahy
Quilt Art 1996
L. A. Falkenstein
Handbuch 4
Alicia Farkas
Internationale Batik 1984
Gãbor Fekete
Handbuch 4
Mechthild Feuchtinger
Europ. Batik in Indonesien
Beate-Alexandra Fischer
Handbuch 1, 2
Gertrud Fischer
Gem.Ausstellung 1994

Sunaryo

Senta Fischer
Batik-Handbuch
Gem.Ausstellung 1985
Handbuch 1, 3, 5
Barbara Fleischmann
Handbuch 4
Mary Fleischmann
Gem.Ausstellung 1995
Nia Fliam
Handbuch 5
August und Heide Flick
Ausstellung 1991, 1992
Helma Flören
Handbuch 3
Mary Fogg
Quilt Art 1996

Elke Franken
Handbuch 2, 3
Friederike Franzkowiak
Handbuch 2, 3
Bettina Frech
Ausstellung 1988
Inge Frey-Stender (Larissa Lerti)
Handbuch 3
Seidenmalerei in Vollendung
Gem.Ausstellung 1990
Monique Freyberg
Batik-Handbuch
Mechthild Friedrich
Handbuch 5
Jürin Fritzlar
Handbuch 3, 4
Anneliese Fröhlich
Gem.Ausstellung 1994
Helga Fründt
Gem.Ausstellung 1983
Katrin Füntmann
Handbuch 1, 3
Bärbel Fuhrmann-Mainitz
Handbuch 3
Shigeki Fukumoto
Gem.Ausstellung 1997
Brigitte Funk
Handbuch 5
Gem.Ausstellung 1997
Heinz Funke
Gem.Ausstellung 1983, 1986
Marianne Fuß
Handbuch 4
Eve Gabriel
Gem.Ausstellung 1985
Andréa Gadret
Gem.Ausstellung 1986
Jutta Gattermann
Batik-Handbuch
Reinhard Geis
Batik-Handbuch
Ausstellung 1982
Susanne Geiß
Handbuch 1, 2
Karin Geissen
Handbuch 3

Anni Gemke
Gem.Ausstellung 1985
Monika Gerdes
Handbuch 3
Magdalena Germann
Handbuch 4
Gianto C.P.
Gem.Ausstellung 1973
Ausstellung 1974
Jaqueline Gihoul
Gem.Ausstellung 1998
Manfred Glaesmann
Gem.Ausstellung 1990
Handbuch 5
Elke Glatzer
Gem.Ausstellung 1997
Anne Elisabeth Glum
Handbuch 5
Gem.Ausstellung 1995
Gillian Gocking
Ausstellung 1986
E. und H. Godefroy
Gem.Ausstellung 1991
Gabriele Göbel
Gem.Ausstellung 1985
Gisela Gößling
Batik-Handbuch
Doris Grastat
Batik-Handbuch
Greta Grau
Gem.Ausstellung 1983
Mauretania Gregor
Handbuch 1
Antje S. Greim
Handbuch 1
Ausstellung 1986
Christiane Greitemann
Handbuch 3
Barry Greuel
Handbuch 5
Petra Greule
Handbuch 4
Monika Grimm
Handbuch 3, 4, 5
Ausstellung 1990
Gem.Ausstellung 1995, 1997
Deliaan Grimm-Klein
Handbuch 3

Tulus Warsito

Uta Grögler
Gem.Ausstellung 1994
Donald Groß
Handbuch 3
Bettina Grosse
Gem.Ausstellung 1990
Heidrun Grühn
Batik-Handbuch
Irmes Grund
Batik-Handbuch
Handbuch 1, 2, 3
Jürgen Grzymyslawski
Gem.Ausstellung 1986
Olga Günther
Gem.Ausstellung 1998
Elisabeth Guex-Vögeli
Europ. Batik in Indonesien
Gudrun Gutzeit
Gem.Ausstellung 1985

Ute Haas
Batik-Handbuch
Gem.Ausstellung 1985
Katharina Habich
Handbuch 2
Hélène Hagendoorn
Gem.Ausstellung 1990,
1992
Sue Hagley
Quilt Art 1996
Doris Hahne
Gem.Ausstellung 1983
Milada Halbe
Batik-Handbuch
Erika von Haldenwang
Batik-Handbuch
Renate Hamann
Handbuch 2, 3
Heide Hamburger
Gem.Ausstellung 1983
Mascha Hammesfahr
Europ. Batik in Indonesien
Batik-Handbuch
Han Eun-hye 7. Korean. 7.
7. Korean. Textilkunst
Biennale
Han Kyung-ae 7. Korean. 7.
7. Korean. Textilkunst
Biennale
Monica Hannasch
Batik-Handbuch
Brita Hansen
Handbuch 1, 2, 3
Seidenmalerei in
Vollendung
Ausstellung 1988
Gem.Ausstellung 1990
Esther Hansen
Handbuch 4
Margarete Hardenberg
Gem.Ausstellung 1983
Ellen Harlizius-Klück
Handbuch 4, 5
Ausstellung 1991
Donald J. Harper
Ausstellung 1992, 1993,
1994, 1995
Annemarie Hartmann
Gem.Ausstellung 1997
Marianne Hartwig
Handbuch 1
Alfons Haryati
Ausstellung 1992
Brigitte Harzbecker
Handbuch 4
Maria Hausmann
Batik-Handbuch
Anna Lisa Hedstrom
Seidenmalerei in
Vollendung
Waltraud Heister
Batik-Handbuch
Marion Helbing-Mücke
Handbuch 1, 2, 3
Seidenmalerei in
Vollendung
Gem.Ausstellung 1990
Heidi Heller
Ausstellung 1991
Marianne Heller-Seitz
Batik-Handbuch
Ausstellung 1982, 1992
Handbuch 1
Gem.Ausstellung 1985
Ingrid Helmenstein
Gem.Ausstellung 1983
Renate Henge
Handbuch 2 , 3
Bärbel Henning
Gem.Ausstellung 1985
Sybille Henschel
Batik-Handbuch
Ursula Hess
Handbuch 1, 3
Elsa Hetmeier
Batik-Handbuch
Witha Heussner
Gem.Ausstellung 1986
Inge Heymann
Handbuch 4
Julia Hill
Handbuch 1, 2, 3
Seidenmalerei in
Vollendung
Doris Hillbrand
Gem.Ausstellung 1995
Maria Grazia Hilliges
Batik-Handbuch
Ausstellung 1981
M. Hillmann
Gem.Ausstellung 1975
Andrea Hilmer-Lossen
Handbuch 4
Siegfried Himmelstoß
Handbuch 3
Irene Hintmann
Gem.Ausstellung 1985
Susanne Hinz
Ausstellung 1982
Handbuch 1
Gem.Ausstellung 1984,
1985, 1992
Seidenmalerei in
Vollendung
Ingrid Hinzen
Ausstellung 1997
Elke Hiob
Gem.Ausstellung 1998
Liselotte Hirt
Batik-Handbuch
Brigitte Hiss
Batik-Handbuch
Gem.Ausstellung 1984,
1995
Handbuch 3
Susanne Holtwiesche
Batik-Handbuch
Handbuch 1, 3
Steffi Holz
Gem.Ausstellung 1986
Helga Horacek-Halbach
Europ. Batik in Indonesien
Batik-Handbuch
Handbuch 3
Ines Horch
Handbuch 5
Susanne Horstmeyer
Gem.Ausstellung 1986
Mirjam Huber
Gem.Ausstellung 1990
Elisabeth Hubert
Gem.Ausstellung 1984,
1990, 1995
Handbuch 2, 3, 5
Seidenmalerei in
Vollendung
Inge Hueber
Ausstellung 1992
Quilt Art 1996
Judith Hue-Kessener
Gem.Ausstellung 1990
Greetje Huizing
Handbuch 4
Gem.Ausstellung 1990
Rita Humphry
Quilt Art 1996
Christiane Huth-Seißler
Handbuch 2
Margarete Hutzler
Handbuch 3

Khalil Ibrahim
Gem.Ausstellung 1976
Paola Incze
Handbuch 2, 3, 5
Seidenmalerei in
Vollendung
Gem.Ausstellung 1990,
1994
Ausstellung 1988, 1993,
1998
Indarin
Gem.Ausstellung 1975
Bridget Ingram
Quilt Art 1996
Agus Ismoyo
Handbuch 5

Barbara Jahn
Handbuch 2, 3
Grethe Jakobsen
Handbuch 3
Luise Janssen-Brühl
Batik-Handbuch
Ursel Jeiter
Handbuch 1, 2
Marija Jenko
Ausstellung 1996
Rita Jochum
Batik-Handbuch
Susanne Jördens
Batik-Handbuch
Julia Jonda
Handbuch 3
Estra Jordi
Gem.Ausstellung 1994
Gisela Josten
Batik-Handbuch
Atelier Jovers
Gem.Ausstellung 1992
Charlotte Jung-Hover
Gem.Ausstellung 1983
Ursula Junghans
Batik-Handbuch

Elise Kägi-Davis
Gem.Ausstellung 1990
Elisabeth Kaiser-Arentz
Batik-Handbuch
Shinzo Kajiwara
Ausstellung 1996
Clemens Kaletsch
Handbuch 5
Krystyna Kaminska
Seidenmalerei in
Vollendung
Gem.Ausstellung 1990
Rosemarie Karl
Gem.Ausstellung 1998
Renate Kastner
Batik-Handbuch
Elisabeth Kaufmann
Gem.Ausstellung 1985
Uta Kaul
Gem.Ausstellung 1995
Gloria Keetmann-Maier
Handbuch 2, 5
Seidenmalerei in
Vollendung
Gem.Ausstellung 1990
Irmgard Keimer
Gem.Ausstellung 1984
Christel Keller
Gem.Ausstellung 1984
Handbuch 1, 3
Michaela Keller-Bartels
Gem.Ausstellung 1998

Indarin

Cootje Kenemans
Gem.Ausstellung 1992
Seow Keng
Gem.Ausstellung 1975
Ilse Kern
Handbuch 1
Gabi Kessel
Handbuch 3
Leena Ketola-Jokinen
Handbuch 3, 5
Seidenmalerei in Vollendung
Angela Kiersch
Handbuch 4
Kathleen Kilchenmann
Europ. Batik in Indonesien
Batik-Handbuch
Handbuch 1
Gem.Ausstellung 1984
Kim Hee-kyung 7. Korean.
7. Korean. Textilkunst
Biennale
Kim Hyun-tae 7. Korean. 7.
7. Korean. Textilkunst
Biennale

Kim In-sook
7. Korean. Textilkunst
Biennale
Kim Ji-hee
7. Korean. Textilkunst
Biennale
Kim Young-ja
7. Korean. Textilkunst
Biennale
Kim Young-soon
7. Korean. Textilkunst
Biennale
Regine Kirsten
Gem.Ausstellung 1997
Carla Klaassen-Tellmann
Handbuch 5
Doris Kleffmann-Metz
Handbuch 5
Gem.Ausstellung 1994
Dagmar Klegin-Bartelings
Handbuch 2, 3, 5
Seidenmalerei in Vollendung
Editha Klein-Köppen
Europ. Batik in Indonesien

Marianne Klimek
Gem.Ausstellung 1988
Christa Klotz
Ausstellung 1991
Klaus-Dieter Klotz
Ausstellung 1991
Ulrike Kniß-Sültrop
Gem.Ausstellung 1984
Handbuch 2
Ko Bok-soon
7. Korean. Textilkunst
Biennale
Shoukoh Kobayashi
Handbuch 5
Ausstellung 1995
Gem.Ausstellung 1998
Greta Kölli
Batik-Handbuch
Ausstellung 1984
Karin König
Batik-Handbuch
Brigitte A. Köppel
Handbuch 4
Gem.Ausstellung 1995
Hedwig Köth
Batik-Handbuch
Friederike Kohlhaußen
Ausstellung 1996
Sigrid Kohl-Reiners
Handbuch 3
Astrid Kohlstedt-Garbers
Handbuch 1, 2, 5
Irina Kolesnikova
Ausstellung 1996
Heide Komnick
Gem.Ausstellung 1983
Ella Koopman
Ausstellung 1997
Marianne Koplin
Batik-Handbuch
Anneliese Kopyciok
Gem.Ausstellung 1986
Veronika Kordes-Totzke
Handbuch 2
Daniela Kosik
Handbuch 1
Ina Kozel
Seidenmalerei in Vollendung

Christa-Maria Kraekel
Batik-Handbuch
Brigitte Kramer-Peters
Ausstellung 1994
Karin Kranz
Gem.Ausstellung 1984
Gabriele Kratz-Horinek
Handbuch 4
Christine Kraus
Batik-Handbuch
Anima Kremer
Handbuch 4
Gem.Ausstellung 1994
Elisabeth Kren
Gem.Ausstellung 1995
Angelika Krohne
Gem.Ausstellung 1997
Elisabeth Krücken
Batik-Handbuch
Lilo Kruse
Batik in Indonesien
Batik-Handbuch
Ausstellung 1981
Marie Luise Krutzky
Handbuch 3
Yasmin Kubisch
Handbuch 4
Johanna Kübler
Gem.Ausstellung 1995
Elsa Kühn
Handbuch 1, 2, 3
Gem.Ausstellung 1985, 1986, 1992
Dora Küng
Gem.Ausstellung 1985
Hanna Küpper
Handbuch 5
Doris Kürten
Handbuch 3
Seidenmalerei in Vollendung
Ausstellung 1987
Josefine Kütemeier
Batik-Handbuch
Darja Kuhar
Handbuch 3
Swantje Kuhfuß
Handbuch 3

Barbara Kuhn
Handbuch 3
Wilma Kuil
Ausstellung 1992
Lore Kungl
Gem.Ausstellung 1984
Hildegard Kurtseifer
Batik-Handbuch
Eva-Maria Kuss
Ausstellung 1995
Kuswadji K.
Gem.Ausstellung 1974
Karin Kuthe
Gem.Ausstellung 1983
Kwon Bok-joo
7. Korean. Textilkunst
Biennale

Sigrid Lachnitt
Handbuch 1, 2
Monika Lahaye
Handbuch 4
Patrick Lambert
Handbuch 4
Jutta Lamprecht
Europ. Batik in Indonesien
Batik-Handbuch
Carola Langanki
Gem.Ausstellung 1984
Handbuch 2
Eva-Maria Lange
Handbuch 3
Ingrid und Peter J. Lange
Gem. Ausstellung 1977
Edith Laue
Gem.Ausstellung 1985
Handbuch 3
Marianne Laurent
Handbuch 1, 2 , 3
Gisela Lautz
Ausstellung 1991
Lee Chung-hie
7. Korean. Textilkunst
Biennale
Lee Hye-joo
7. Korean. Textilkunst
Biennale

Lee Hye-sook
7. Korean. Textilkunst
Biennale
Lee Jung-sook
7. Korean. Textilkunst
Biennale
Lee Mi-jai
Handbuch 5
Lee Myung-jo
7. Korean. Textilkunst
Biennale
Lee Shin-ja
7. Korean. Textilkunst
Biennale
Lee Sun-wha
7. Korean. Textilkunst
Biennale
Lee Sung-soon
7. Korean. Textilkunst
Biennale
Lee Yeon-hi
7. Korean. Textilkunst
Biennale
Lee Young-joo
7. Korean. Textilkunst
Biennale
Renate Lehmann
Gem.Ausstellung 1985
Ruth Lehmann
Gem.Ausstellung 1997
Elfriede Lelgemann
Batik-Handbuch
Rosmarie Lenzinger
Europ. Batik in Indonesien
Hermine Lewiszong
Internationale Batik 1984
Maria Liesicki
Gem.Ausstellung 1991
Gertrud Link
Gem.Ausstellung 1994
Andrea Liptak
Handbuch 3
Hannchen Loeb-Caldenhof
Handbuch 1
Brigitte Loeper
Handbuch 1, 3
Christine von Loesch
Handbuch 1, 2

Tacy Long
Ausstellung 1988
Leo Loomans
Handbuch 4
Ingeborg Lorenz
Ausstellung 1992
Margot Lübke
Europ. Batik in Indonesien
Batik-Handbuch
Ute Lücker
Gem.Ausstellung 1995
Helga Lücking
Batik-Handbuch
Handbuch 1
Gem.Ausstellung 1985
Bettina Lüdicke-Borowka
Handbuch 5

Ruth Mack
Gem.Ausstellung 1984
Ockje Maecker
Seidenmalerei in Vollendung
Imra Maibücher
Gem.Ausstellung 1986
Henes Maier
Handbuch 2, 5
Seidenmalerei in Vollendung
Gem.Ausstellung 1990
Simone Mainka
Gem.Ausstellung 1995
Henk Mak
Handbuch 3, 4, 5
Seidenmalerei in Vollendung
Ausstellung 1986
Gem.Ausstellung 1992, 1998
Edward Malinowski
Handbuch 4
Seidenmalerei in Vollendung
Maria Malmberg
Handbuch 4
Marianne Margraf
Gem.Ausstellung 1994
Cherilyn Martin
Ausstellung 1997
Gisela Marx-Stahlschmidt
Batik-Handbuch
Harjiman Mashar
Ausstellung 1980
Gem.Ausstellung 1984
Karin Mathys
Handbuch 5
Ulla Matten
Batik-Handbuch
Ausstellung 1982, 1988
Handbuch 3, 5
Seidenmalerei in Vollendung
Gem.Ausstellung 1995
Petra Mattern
Ausstellung 1986
Handbuch 2, 3, 5
Seidenmalerei in Vollendung
Annemarie Matzakow
Gem.Ausstellung 1997
Steffen Maurer
Gem.Ausstellung 1984
Christina Mayer
Gem.Ausstellung 1995
Monika Mayer
Batik-Handbuch
Daniela Mayr
Gem.Ausstellung 1990
Andreas Meckbach
Ausstellung 1989
Margret Meiss
Gem.Ausstellung 1994
Anneliese Meissner
Batik-Handbuch
Nevin Mengü
Handbuch 4
Ursula Mennerich
Handbuch 1
Renate Mergehenn
Gem.Ausstellung 1990
Claudia Merx
Gem.Ausstellung 1984, 1991
Handbuch 2
Ausstellung 1987
Martina Meurer
Gem.Ausstellung 1983

Erika Wienholdt

Hildegard Meuser
Gem.Ausstellung 1985
Helga Mewes
Gem.Ausstellung 1994
Jutta Meyer
Gem.Ausstellung 1985
Handbuch 3
Renata Meyer
Gem.Ausstellung 1990
Gisela Meyer-Hahn
Handbuch 1, 2, 5
Ute Middel
Batik-Handbuch
Mascha Mioni
Handbuch 4
Gem.Ausstellung 1990
Helga Moehle
Batik-Handbuch
Elfriede Möller
Gem.Ausstellung 1997, 1998
Elisabeth Moers-Metzger
Handbuch 4
Seidenmalerei in Vollendung
Ruth Moldenhauer
Gem.Ausstellung 1985
Evelyn Montague
Quilt Art 1996
Ghislaine Montgobert
Gem.Ausstellung 1984
Veronika Moos-Brochhagen
Handbuch 4
Ausstellung 1990
Germán Paéz Morales
Internationale Batik 1984
Sonnhild Morrn
Batik-Handbuch
Susan Louise Moyer
Handbuch 5
Ernst Mühling
Batik-Handbuch
Udo Mühling
Batik-Handbuch
Elfriede Müller
Gem.Ausstellung 1985
Martin Müller
Batik-Handbuch
Ausstellung 1981
Ursula Müller
Handbuch 4
Edith Müller-Breilmann
Batik-Handbuch
Handbuch 1
Christine Müller-Kölzer
Europ. Batik in Indonesien
Batik-Handbuch
Edith Müller-Ortloff
Europ. Batik in Indonesien
Batik-Handbuch
Gem.Ausstellung 1986
Ursula Müller-Stellflug
Handbuch 4
Ausstellung 1991
Mujita
Gem.Ausstellung 1974
Ilona Muschalla
Handbuch 4
Gem.Ausstellung 1994
Helga Muschinski
Handbuch 5
Ursula Mussil
Gem.Ausstellung 1985
Hannelore Mylich
Batik-Handbuch

Christian Naumann
Handbuch 1
Sabine Naumann-Cleve
Handbuch 5
Brigitte Nehter
Handbuch 3, 4, 5
Monika Nelles
Handbuch 2
Gem.Ausstellung 1990, 1998
Marlene Neumann
Batik-Handbuch
Isabel Neves
Gem.Ausstellung 1986
Angela Niemsch
Handbuch 4
Gudrun Niessner-Wild
Handbuch 4
Noh Eun-hee
7. Korean. Textilkunst Biennale
W.A. Noor
Ausstellung 1977
Birgit Nothelfer-Schall
Batik-Handbuch
Margarete Nowak
Batik-Handbuch

Chistiane Oelbracht
Europ. Batik in Indonesien
Bambang Oetoro
Gem.Ausstellung 1974
Ilana Ofer
Gem.Ausstellung 1979
Oh Song
7. Korean. Textilkunst Biennale
Ursel Ortmann
Batik-Handbuch
Erika Ott
Gem.Ausstellung 1975

Park Ad-jong
7. Korean. Textilkunst Biennale
Park Chong-hwa
7. Korean. Textilkunst Biennale
Park Sook-hi
7. Korean. Textilkunst Biennale

Helen Parrott
Quilt Art 1996
Ute Patel-Missfeldt
Handbuch 4
Ausstellung 1993
Gem.Ausstellung 1997
Ruth Pauli
Handbuch 4, 5
Monica Pauly
Batik-Handbuch
Claudia Petersen
Gem.Ausstellung 1994
Ulla Petersen
Batik-Handbuch
Eugen Pfeffer
Batik-Handbuch
Nicola Pfitzenreuter
Gem.Ausstellung 1998
Heidrun Pietsch
Handbuch 2
Hildegard Pirrung
Batik-Handbuch
Hildegard Pliberschnig
Batik-Handbuch
Annette Pöllmann
Handbuch 1, 2, 3, 5
Ausstellung 1983
Gem.Ausstellung 1984, 1985, 1986
Seidenmalerei in Vollendung
Hildegard von Portatius
Gem.Ausstellung 1997
Franka Praetorius
Batik-Handbuch
M. Praktikto
Gem.Ausstellung 1975
Annegret Pretzer
Gem.Ausstellung 1985
Angela Priesnitz
Gem.Ausstellung 1985
Handbuch 3, 4, 5
Heide Prinz
Handbuch 4
Ausstellung 1991
Kathrin Prinz
Handbuch 3
Gisèle Progin
Handbuch 5

Rodolphe Proverbio
Handbuch 5
Sergej Puschkarew
Gem.Ausstellung 1993
Handbuch 5

Marlies Raabe
Gem.Ausstellung 1985, 1990, 1995, 1998
Handbuch 3
Marlies Raasch
Handbuch 5
Gem.Ausstellung 1997
Rosemarie Rademacher
Batik-Handbuch
Cornelia Rapp
Gem.Ausstellung 1995
Leonor Rasch-Arjona
Gem.Ausstellung 1984
Jytte Rasmussen
Handbuch 4
Rolando Rasmussen
Ausstellung 1985, 1994
Handbuch 1, 2, 3
Seidenmalerei in Vollendung
Gem.Ausstellung 1990, 1992, 1997
Ratno
Ausstellung 1975
Margot Raumer
Gem.Ausstellung 1983
Barbara Redepenning
Gem.Ausstellung 1985
Handbuch 3
Edda Reichert-Buchfink
Batik-Handbuch
Jelena Reinert
Gem.Ausstellung 1995
Renate Reinert
Handbuch 5
Heike Reul
Handbuch 2, 3
Gem.Ausstellung 1995
Sonja Rhiner
Gem.Ausstellung 1990
Vera Rhodius
Gem.Ausstellung 1985
Handbuch 3

Dieter Richter
Gem.Ausstellung 1975
Hannelore Richter
Batik-Handbuch
Vernessa Riley-Foelix
Handbuch 5
Annette Rischer
Handbuch 1
Christa Rittmeyer
Gem.Ausstellung 1984
Ewald Robbert
Batik in Indonesien
Batik-Handbuch
Gerda H. Roes
Handbuch 4, 5
Gem.Ausstellung 1992
Emmi Roder
Handbuch 3
Heinz Rödel
Gem.Ausstellung 1994
Gudrun Rojahn
Handbuch 1, 3
Seidenmalerei in Vollendung
Ximena Rojas
Gem.Ausstellung 1990
Rosemarie Roller
Handbuch 3
Ottavio Romano
Batik in Indonesien
Katharina Ronge
Handbuch 3
Anna-Maria Rosbach
Gem.Ausstellung 1984
Brigitte Ruckszio
Batik-Handbuch
Gem.Ausstellung 1984
Irmgard Runge
Batik-Handbuch
Edith Ruppel
Gem.Ausstellung 1994
Karin von Ruville
Gem.Ausstellung 1984, 1986

Almira Sadar
Ausstellung 1996
Tilak Samarawickrema
Ausstellung 1994

Hilda Sandtner
Batik-Handbuch
Maria Schade
Handbuch 5
Barbara Schäfer
Handbuch 3
Claudia Schäfer
Gem.Ausstellung 1990
Toni Schäfer
Gem.Ausstellung 1983
Anne Schäper
Gem.Ausstellung 1984, 1985 , 1986
Marita Scheer
Gem.Ausstellung 1984
Sabine Schellhorn
Gem.Ausstellung 1995
S. Schell-von Sperber
Handbuch 4
Marlis Schildt
Batik-Handbuch
Handbuch 3
Friedel Schilling
Handbuch 3, 4
Gem.Ausstellung 1992, 1995, 1997
Pauline Schlaadt
Handbuch 3
Elke Schlüter
Batik-Handbuch
Hans Schmid
Handbuch 1
Waltraud Schmidt
Gem.Ausstellung 1983
Monika Schmidt-Drichel
Handbuch 3
Christiane Schmitt
Gem.Ausstellung 1997
Karin Schneider
Handbuch 3
Matthias Schneider
Gem.Ausstellung 1985
Inge Schön
Batik in Indonesien
Silvia Scholz
Gem.Ausstellung 1984
Heidrun Schrader-Jardner
Ausstellung 1989
Christine Schreen
Gem.Ausstellung 1985

Dorothea Schreibvogel
Gem.Ausstellung 1984
Felicitas Schröder
Handbuch 1
Maike Schubert
Gem.Ausstellung 1998
Anne Schulte-Huxel
Handbuch 5
Henrike Schultz
Batik-Handbuch
Margarete Schulz
Gem.Ausstellung 1985

Adrienne Schwalge
Gem.Ausstellung 1985
Handbuch 3
Ute Schwarz
Batik-Handbuch
Gem.Ausstellung 1985
Ausstellung 1990
Inge Schwarz-Gies
Europ. Batik in Indonesien
Cynthia Schwertsik
Handbuch 3

Harjiman Mashar

Si Schulz
Batik-Handbuch
Andrea Schulze Dieckhoff
Handbuch 2, 3
Theda Schulze
Batik-Handbuch
Inge Schumacher
Seidenmalerei in Vollendung
Sylvia Schumburg
Handbuch 1 , 2
Seidenmalerei in Vollendung
Ulrike Schunk
Handbuch 5
Gem.Ausstellung 1994

Schwester M. Leonie
Batik-Handbuch
Susannah Clea Seidel
Seidenmalerei in Vollendung
Akelei Sell
Handbuch 2
Friederike Sensfuss
Handbuch 5
Sony Sepoetro
Gem.Ausstellung 1977
S.E.R.-
Gemeinschaftsausstellung 1997

Ulrike Siebel
Handbuch 1, 2
Dor Sievers
Batik-Handbuch
Ute Siems
Gem.Ausstellung 1988
Lena Simanjuntak
Ausstellung 1991
Marcus Simon
Handbuch 5

SOIT
Gem.Ausstellung 1992
Song Hee-jin
7. Korean. Textilkunst
Biennale
Song Sun-young
7. Korean. Textilkunst
Biennale
Maria Sonntag
Batik-Handbuch

Annelies Ursin

Monika Simon
Handbuch 4
Jutta Simowski
Handbuch 4
Gisela Sipos
Gem.Ausstellung 1995
Yusman Siswandi
Handbuch 5
Ausstellung 1995
Lise Skydt
Gem.Ausstellung 1985,
1986
Myro Slawa
Gem.Ausstellung 1992
Carter Smith
Handbuch 5
Ausstellung 1995
Sohn Soon-bok
7. Korean. Textilkunst
Biennale
P. Soelardjo
Gem.Ausstellung 1977
P. Soemihardjo & Kuwat
Gem.Ausstellung 1974

Hélène Soubeyran
Handbuch 5
Ausstellung 1996
Miep Spée
Internationale Batik 1984
Gem.Ausstellung 1998
Daniella Sperber
Gem.Ausstellung 1977
Monika Speyer
Handbuch 4, 5
Ausstellung 1989 , 1994
Gem.Ausstellung 1995,
1997
Gerda Spierenburg
Internationale Batik 1984
Walter Spies
Ausstellung 1995
Günter Spitzing
Ausstellung 1992
Angela Spreer
Handbuch 3
Sabine Stamm
Handbuch 3

Rosemarie Stampfli
Gem.Ausstellung 1990
Rose-Marie Staub
Handbuch 3
Gabrielle Steiner
Gem.Ausstellung 1984
Jutta Steinhauer
Handbuch 3
Elke Stephany
Gem.Ausstellung 1998
Heinz Wilhelm Stöter
Gem.Ausstellung 1990
Birgitta Stoffel
Batik-Handbuch
Pien Storm van Leeuwen
Gem.Ausstellung 1992
Barbara Stowasser
Handbuch 3
Sylvia Streissguth
Gem.Ausstellung 1985
Ursula Stüdli-Meyer
Gem.Ausstellung 1992
Michaela Stuhl
Handbuch 4, 5
Ursula Stumpe
Batik-Handbuch
Gem.Ausstellung 1985
Hella Sturzenegger
Europ. Batik in Indonesien
Suh, Jae-Haing
7. Korean. Textilkunst
Biennale
Sunardi
Gem.Ausstellung 1984
Sunaryo
Ausstellung 1978
An. Suyanto
Ausstellung 1981

Josephine Tabbert
Handbuch 5
Seidenmalerei in
Vollendung
Yuko Takada Keller
Gem.Ausstellung 1996
Carola Teichmann
Handbuch 5
Gerti Tenten
Gem.Ausstellung 1983

Brigitte Willach

Brigitte Teubner
Gem.Ausstellung 1984
Wolfgang Thesen
Ausstellung 1991
Birigt Theißen
Gem.Ausstellung 1986
Jenison Thomkins
Ausstellung 1994
Brigitte Tippmann
Batik-Handbuch
Tatjana Tschursinova
Handbuch 5
Tay Mo-leong
Gem.Ausstellung 1976
S. Teng
Gem.Ausstellung 1973
Siew Teng
Gem.Ausstellung 1975
H. Tryono
Gem.Ausstellung 1975
Olga Tschubarowa
Gem.Ausstellung 1998
Elena Tur
Handbuch 5
Uta Tyrchan
Handbuch 4

Ursula Uber
Gem.Ausstellung 1975
Birgit Unterharnscheidt
Handbuch 4
Hellmut Urban
Batik in Indonesien
Annelies Ursin
Batik in Indonesien
Internationale Batik 1984

Sabine Vess
Gem.Ausstellung 1973

Marie-Luise Veit
Batik-Handbuch
Ariana Vermeulen
Handbuch 1
Angela Viain
Gem.Ausstellung 1992
Handbuch 5
Annie Viche
Quilt Art 1996
Andrea Viehweger
Handbuch 2, 3
Jeroen Vinken
Ausstellung 1987
M. Vipula
Gem.Ausstellung 1979
Elvira Viranyi-Schubert
Handbuch 4
Brigitte Vocke
Gem.Ausstellung 1994
Karin Vollenbruch
Batik-Handbuch
Ausstellung 1982, 1990
Gem.Ausstellung 1986
Handbuch 1, 3
Edith Volz
Batik-Handbuch
Ingeborg Vonau-Bausch
Europ. Batik in Indonesien
Batik-Handbuch
Helgard Voss
Gem.Ausstellung 1994
Karin van Vught-Baak
Handbuch 4
Seidenmalerei in
Vollendung
Gem.Ausstellung 1992

Barbara van der Waal
Gem.Ausstellung 1992

Juliane Wagemann
Gem.Ausstellung 1997
Christel Wagener
Gem.Ausstellung 1986
Kerstin Wagner
Gem.Ausstellung 1985
Gudrun Waldmann
Batik-Handbuch
Oda Walendy
Handbuch 1
Gabriele Wall
Gem.Ausstellung 1994,
1998
Julia Wallasch
Batik-Handbuch
P. und N. Waloejo
Gem.Ausstellung 1973
Betti Walt
Gem.Ausstellung 1990
Ingrid Walter-Ammon
Gem.Ausstellung 1986
Christa Walters
Handbuch 3
Georg Otto Walther
Ausstellung 1986
Handbuch 1, 2, 4
Wang, Kyoung-Ae
7. Korean. Textilkunst
Biennale
Thea Warken-Petgen
Batik-Handbuch
Hiltraud Warndorf
Handbuch 4
Tulus Warsito
Ausstellung 1979
Gem.Ausstellung 1985
Almuth Watkinson
Europ. Batik in Indonesien
Denise Wawra
Handbuch 5
Almuth Watkinson
Gem.Ausstellung 1985
Heike von Wedel
Batik-Handbuch
Irene Wedell
Handbuch 2
Marlén Wefers
Gem.Ausstellung 1985
Handbuch 3

Nine Wegener-Götz
Handbuch 3, 4, 5
Hildegard Weibel-Collet
Batik-Handbuch
Helga Weilacher-Stieler
Handbuch 1, 2
Elke Weiler
Gem.Ausstellung 1985
Handbuch 1, 2, 3
Eleonore Weinert
Batik-Handbuch
Ausstellung 1982
Regine Weiß
Gem.Ausstellung 1984
Ursula Weiss-Rössner
Handbuch 4
Peter Wenger
Internationale Batik 1984
Batik-Handbuch
Ausstellung 1981, 1989, 1997
Gem.Ausstellung 1998
Anita Werner
Handbuch 5
Stefan Wewerka
Ausstellung 1996
Janine Whiteson
Quilt Art 1996
Margerita Widmann
Gem.Ausstellung 1985
Ingeborg Wiemer
Batik-Handbuch
Erika Wienholdt
Batik-Handbuch
Ausstellung 1984, 1992
Gem.Ausstellung 1985
Handbuch 1, 5
Seidenmalerei in Vollendung
Helga Wiese-Wittek
Gem.Ausstellung 1985, 1986
Ausstellung 1987
M. Wiku
Gem.Ausstellung 1973
Christa Wilden
Europ. Batik in Indonesien
Batik-Handbuch

I. Wayan Bendi, Batuan, Bali

Brigitte Willach
Gem.Ausstellung 1983, 1985, 1995, 1998
Ausstellung 1987
Elfriede Wimmer
Handbuch 3
Bernadette Windelen
Handbuch 2, 3
Seidenmalerei in Vollendung
Gem.Ausstellung 1990, 1992
Jette Winter
Gem.Ausstellung 1985

M. Wishnu
Gem.Ausstellung 1980
Manfred Wiskow
Gem.Ausstellung 1983
Guntrud Witt
Ausstellung 1986
Béatrice Wittlin-Kovalenko
Handbuch 4
Sunhild Wollwage
Internationale Batik 1984
Batik-Handbuch
Ausstellung 1987

Betty van der Woude-Hettinga
Handbuch 3
T.C. Wu Park
Gem.Ausstellung 1992

Charlotte Yde
Quilt Art 1996
Karen Yding
Internationale Batik 1984
Ryu Yamamoto
Ausstellung 1987

Youn Sook-ja
7. Korean. Textilkunst Biennale

Ingrid Zacher-Kurth
Seidenmalerei in Vollendung
Brigitte Zastrow
Handbuch 3
Sabine Zentek
Handbuch 4
Ausstellung 1993
Annemarie Ziegenspeck
Batik-Handbuch

Gabriele Zimmermann
Batik-Handbuch
Rainer Zimmermann
Batik-Handbuch
Ulrike Zimmermann
Seidenmalerei in Vollendung
Petra Zöllkau
Gem.Ausstellung 1994
Leonore Zunker
Gem.Ausstellung 1995
Marian Zwart-Filarski
Handbuch 5
Ulla Zymner
Gem.Ausstellung 1986

Erläuterungen:
Ausstellung = Einzelausstellung

Gem.Ausstellung = Gemeinschafts-Ausstellung

Europäische Batik in Indonesien 1976

Internationale Batik-Ausstellung 1984

7. Korean.Textilkunst Biennale 1996

Seidenmalerei in Vollendung 1988

Batik.Handbuch 1980
Handbuch 1 1983
Handbuch 2 1985
Handbuch 3 1987
Handbuch 4 1989
Handbuch 5 1993

Kursleiter der Galerie von 1973 bis 1998

Ardiyanto
Javanische Batiktechnik

Els van Baarle
Malen und Drucken
Two visions on a theme

Gretel Bähr
Batik mit Tintout-Farben

Shahida B. Banach
Expressive Malerei
Gutta-Fließtechnik

Betsy Sterling Benjamin
Rozome

Harald Bernhard
Airbrushing auf Seide

Joachim Blank
Batik mit Deka auf Seide

Walter Brix
Shibori mit Procion-Farben
Trad. Kimono-Gestaltung

Rosemarie Bühler
Herstellung neuer Stoffe
Entwurf - Gestaltung

Rodney Burnett-Jone
Batik mit Naphtol-Farben

Cheng Chin fa
Chinesische Kalligraphie

Susanne Dölker
Batik mit Anthrasol-Farben

Fritz Donart
Canting-Batik

Inge Dusi
Shibori-Färbekurs

Noel Dyrenforth
Batik mit Reaktiv-Farben

Jonathan S. Evans
Batik mit Dylon-Farben

Brigitte Funk
Waco-Magic-Technik
Marmorieren auf Seide

Gianto C.P.
Batik mit Naphtol-Farben

Brita Hansen
Modedesign
Aquarell · Monotypie

Ana Lisa Hedstrom
Shibori

Susanne Hinz
Bildidee und Kompostion
Seidenmalerei · Shibori

Paola Incze
Gestische Malerei
Spuren - Texturen

Marion Jakel
Seidenmalerei für Kinder

Shoukoh Kobayashi
Japanische Wachs- und
Färbetechnik

Friederike Kohlhaußen
Patchwork mit Streifen

Elsa Kühn
Seidenmalerei

Marianne Laurent
Farben-Seminar

Brigitte van Loh-Wenzel
Kopierkunst auf Seide
Collagen mit Blattgold

Henk Mak
Batik Krakelé

Cherilyn Martin
Collage - Patchwork
Two visions on a theme

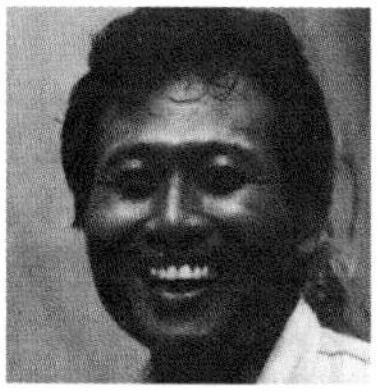

Harjiman Mashar
Javanische Batik mit Naphtol-Farben

Ulla Matten
Batik auf Seide

Claudia Merx
Entwurfsgestaltung

Gisela Meyer-Hahn
Die Farbe Blau

Elfriede Möller
Shibori auf Samt

W.A. Noor
Javanische Batik mit Naphtol-Farben

Ute Patel-Mißfeldt
Arbeiten auf der Glasplatte

Annette Pöllmann
Mit dem Pinsel gestalten

Mustafa Pulathaneli
Batiken mit Marabu-Farben

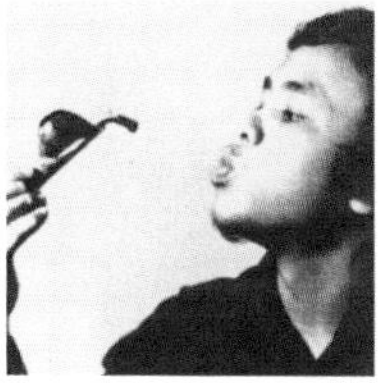

Radno
Javanische Batik

Jozsef Rákosi
Handbrush-Technik

Rolando Rasmussen
Colorieren-Zuschneiden-Nähen

H. Schrader-Jardner
Ikat
Filzen

Ute Schwarz
Batik mit Anthrasol-Farben

Carter Smith
Shibori

Hélène Soubeyran
Chrysalides / Shibori

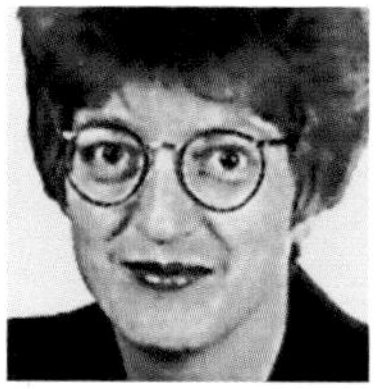

Monika Speyer
Patchwork
Resteverwertung kreativ

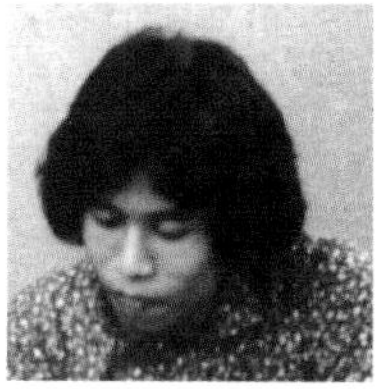

Sunaryo
Javanische Batik mit dem Canting

An. Sujanto
Javanische Batik

Georg Otto Walther
Farbtheorie für das Malen auf Seide

Tulus Warsito
Javanische Batik

Eleonore Weinert
Batik mit Luvo-Farben

Grethe Wellejus
Shibori

Peter Wenger
Batik mit Anthrasol-Farben

Erika Wienholdt
Seidenmalerei
Siebdruck auf Seide

Brigitte Willach
Batik

Bernadette Windelen
Mode

Wishnu
Batik mit Naphtol-Farben

Sunhild Wollwage
Batik

Petra Zöllkau
Seidenmalerei
für Einsteiger

*Batik aus Pekalongan,
Naturfarben, ca. 1910*

Ein Rückblick

Aufbruch, Idee und Anfang

Rudolf G. Smend

Nein, von Walter Spies wußte ich 1972 wirklich noch gar nichts. Das Wort Batik hatte ich Mitte der fünfziger Jahre wohl von meiner älteren Schwester gehört. Irgendwie im Zusammenhang mit Handarbeit und Werken für Mädchen. Das war jedenfalls nichts für Jungens und daher rasch vergessen. Auch von Indonesien wußte ich so gut wie nichts. Den Namen Sumatra kannte ich allerdings: von der Zigarrenkiste meines Großvaters. Die roch so nach fernen Ländern. Ob er deshalb die Briefmarken für uns Enkel darin sammelte?
Ein Glück, denke ich heute, daß ich damals keine Ahnung hatte. Von den Gefahren, den möglichen Krankheiten, den politischen Verhältnissen in Asien. Sonst wäre ich wohl nie losgefahren. Ein Glück, daß uns die Jugend Dinge tun läßt, die wir später als jugendlichen Leichtsinn verurteilen würden.
Ich war ungebunden. Damals 1972 in Köln besaß ich lediglich eine Stereoanlage und einen Schaukelstuhl. Beides hatte ich mir von meinem ersten Gehalt bei IBM in Frankfurt gebraucht gekauft. Aber das war ein kurzer Traum. Schaukelstuhl und IBM, das vertrug sich nicht so gut. Nach zwei weiteren kurzen beruflichen Engagements, die "im gegenseitigen Einvernehmen" aufgelöst wurden, kam ich zu der Erkenntnis: in einer normalen Firma kann und will ich nicht arbeiten.

Das lange Studium von Theologie, Philosophie und dann Wirtschaftswissenschaften hatte mich für den etablierten Arbeitsprozess wohl untauglich gemacht. Arbeitslos mit 31, keinerlei praktische Berufserfahrung, keine Beziehungen. Nur mit guter Kinderstube und ordentlichen Manieren war da wohl nichts zu machen.
Sicherlich: kein Einzelfall. Aber ist das für den einzelnen ein Trost?

Als Junge hatte ich viel gelesen von erfolgreichen Kaufleuten in Asien, von Gewürzhändlern, von China und von Seiden-Karawanen. Zur Konfirmation 1955 hatte ich das Buch von Heinz Helfgen bekommen "Mit dem Fahrrad um die Welt", das ich wieder und wieder gelesen hatte. Dann hatte es da diesen Reporter gegeben, der im Radio von den Olympischen Spielen in Melbourne berichtete. Mit dem Fahrrad war er dorthin gefahren! Keinen seiner Berichte wollte ich damals verpassen. Das war 1956.

1972 lag es irgendwie in der Luft: das Heil in Asien suchen. Die politischen Verhältnisse waren nach den Erfahrungen von 1968 für uns nicht sonderlich ermutigend. Flower Power, Schlabber-Look und Räucherstäbchen waren angesagt. Das fand ich wieder auf der Documenta '72 in Kassel. Welch eine Documenta! Der kommunikative Geist, das lässige Flair, die Unbekümmertheit und Leichtigkeit der ganzen Ausstellung. Wunderbar! Als ich dann noch beim Trampen Greg, einen Australier kennenlernte, der mich zu sich nach Melbourne einlud, stand mein Entschluß fest: ich wandere aus nach Australien.

Das Einwanderungsvisum für Australien war rasch besorgt. Damals gab es noch ein Begrüßungsgeld für Einwanderer. Meinen Geschwistern und Bekannten gegenüber hüllte ich mich in Schweigen über mein Vorhaben. Nur Paula, meine Freundin aus frühen Internatstagen, weihte ich in meine Pläne ein. Sie wohnte damals in Berlin. Wie überrascht war ich, als sie am Telefon nicht sagte "Gute Reise" sondern "weißt du was, ich fahre mit". Sie hatte lange in Berlin gewohnt, doch die Stadt war ihr zu eng geworden. Das Durchschnittsalter in Berlin war sehr hoch damals und sie sah dort so recht keine Perspektive. Sie wollte vielleicht nach Hamburg, oder wieder nach Paris. Oder eben über Land nach Australien, das war dann im Grunde auch egal. Hauptsache: raus aus Berlin!

Wir absolvierten die obligaten Impfungen gegen Malaria, Gelbfieber, Typhus etc., bauten einen alten VW-Variant um zu einem Reise-Schlaf-Mobil und vermieden es beide, unsere Mütter über unsere Pläne zu informieren. Ihrer Mutter, der Kriegerwitwe mit dem einen Kind, hätte es sicher das Herz gebrochen. So dachten wir jedenfalls. Erst als wir in Süd-Jugoslawien waren, schrieben wir nach Hause: wir sind auf dem Weg nach Asien. Nächstes Ziel und Anlaufstelle für Kontakte ist Poste Restante Teheran.

Hier ist nicht der geeignete Ort, um die lange Reise mit dem Auto durch die Länder Asiens zu beschreiben. Hier geht es lediglich um Erklärungen im Nachhinein, um die Beleuchtung der damaligen Motive, um die Lehren, die wir oder andere aus unseren Erfahrungen ziehen können. Lediglich einige Mosaiksteine oder auch Meilensteine, die in diesem Zusammenhang von Interesse sind, möchte ich hier erwähnen.
Zum Beispiel eine denkwürdige Bekanntschaft in Ankara:
In der Lobby unseres Hotels in Ankara lernten wir einen netten

Fläche imponierte uns. Ein Naturtalent und Autodidakt. Gianto bemerkte unser Interesse und er bot Paula und mir an, uns die Batik-Technik beizubringen und mit ihm zu arbeiten. Eine Woche lang war er unser geduldiger Lehrer, während wir, auf kleinen Höckerchen sitzend, lernten, mit dem Canting, dem Wachs-Kännchen umzugehen. Wir lernten den Gebrauch von Wachs für Krakeluren und den für klare Linien; wir stellten erstaunt fest, daß die Farben, die wir da in Pulverform benutzten, aus Dosen kamen mit der Aufschrift "Hoechst" oder "Bayer". So lernten wir ganz primitiv, mit den Naphtolen zu hantieren, den kochfesten und lichtechten Batikfarben aus Deutschland.
Bald waren wir zwei Langnasen eine Attraktion im Taman Sari, geschäftsfördernd für unseren Lehrer Gianto und für uns ein großer Genuß: der Geruch von Wachs und Harz, das meditative Arbeiten mit dem Canting, der Duft der Nelkenzigaretten, das Rufen des Muezzin zum Gebet in der Moschee. Und um uns herum: lachende Gesichter von vielen neugierigen und staunenden Kindern.
Zum Abschied von Gianto kauften wir einige seiner Bilder. Sie waren ja so billig! Jetzt, wo wir die Technik etwas kannten, konnten wir das erst beurteilen. Für seinen Unterricht wollte er kein Geld annehmen und die Bilder nahmen im Rucksack zusammengefaltet ja kaum Platz ein.
Wir mußten weiter. Das Touristenvisum für Indonesien wurde generell nur für 3 Monate erteilt. Die Einwanderungsbehörde wußte warum: einmal hier angekommen, wollen die meisten am liebsten ganz lange bleiben. Die günstigen Preise, das angenehme Klima, die Freundlichkeit , ja Wärme und Offenheit der Javaner und der Balinesen begeisterten die Touristen. Wir bildeten da keine Ausnahme.

Vor der Weiterreise nach Australien wollten wir aber nicht nur mehr von Java sondern vor allem auch Bali sehen. So viel hatten wir bisher gehört von den Sonnenuntergängen in Kuta, von dem Künstlerdorf Ubud. Wir hatten inzwischen gelesen über Walter Spies und seine Schüler, über Doppel-Ikat in Tenganan. Wir wollten die Tänze sehen, an Tempelfesten teilnehmen und vielleicht sogar eine richtige Toten-Verbrennung miterleben.
Unser Quartier in Bali im "Losman Budi" war mit 2$ pro Nacht inklusive reichlich Bananen und Tee nicht teuer. Aber es war auch nicht gerade luxuriös. Der Raum war völlig schmucklos und so dekorierten wir ihn provisorisch mit den gerade erworbenen Batikbildern von Gianto und mit unseren eigenen Werken. Die einfache Absteige war wohnlich geworden mit den bunten Bildern an den Wänden. Für indonesische Verhältnisse bereits eine "Batik-Gallery".
Die Zimmernachbarn bestaunten die Wand-Dekoration und sie weckte ihre Neugierde über Technik, Motive, Farben etc. Bald sprach es sich herum, daß es im Losman Budi einen Raum mit originellem Wandschmuck gab. Da wir gerne Besuch hatten und wir so etwas für unseren Freund Gianto tun konnten, gaben wir bereitwillig Auskunft. Wir freuten uns über die positive Resonanz bei unseren Besuchern und registrierten das große Interesse an den Batikbildern.

Die Neuankömmlinge aus Neuseeland und Australien waren besonders begeistert. Sie erzählten uns dann im Gegenzug von Australien: das sei teuer, mit riesigen Entfernungen; Arbeit gäbe es wohl auf Farmen oder im Steinbruch, aber das sei beschwerlich. Das "Begrüßungsgeld" für Einwanderer war Anfang 1973 abgeschafft worden. Die Adresse von meinem Tramper-Freund Greg hatte ich leider verloren. Die Australier, die wir trafen, rieten uns ab: die netten Australier, so sagten sie, seien sowieso alle auf Reisen. Und für den Rest lohne es sich nicht.....

Am Strand von Kuta, wenn beim Sonnenuntergang ein Joint die Runde machte, bekamen wir Heimweh. Wir erhielten Post von zu Hause und die klang traurig. Wir waren über 7 Monate unterwegs auf der Straße. Deutschland erschien uns aus der Entfernung in schönen, warmen Farben.
Wir malten uns aus , wie schön es sein müsse, eine Galerie zu haben, in der man sich wohlfühlt, wo man über Kunst reden kann, wo man Tee trinkt und wo man etwas von der Gastfreundschaft weitergeben kann, die wir auf unserer Reise, besonders in Indonesien, erlebt hatten.
Das sollte doch möglich sein. Australien war plötzlich so nah, so real. Da brauchten wir einen anderen Traum. Wir träumten davon, etwas Eigenes aufzubauen, etwas Schönes. Wir beschlossen, nach Yogyakarta zurückzufahren, dort Batik-Bilder zu besorgen, sie in Deutschland irgendwie zu verkaufen und dann wieder nach Indonesien zurückzukommen.

So trennten wir uns in Bali von all unseren "Kostbarkeiten", auch

türkischen Studenten kennen, der an uns seine Deutschkenntnisse ausprobieren wollte. Stolz zeigte er uns seine Stadt, lud uns in die Wohnung seiner Eltern ein, erklärte uns die Regeln des Ramadan und machte sich überhaupt sehr nützlich. Wir nahmen Mustafa, so hatte er sich vorgestellt, im Auto mit bis zu seiner Geburtsstadt Kayseri und waren auch in Göreme stets froh, einen ortskundigen, sympathischen und unaufdringlichen Reisebegleiter für einige Tage gefunden zu haben. Zum Abschied tauschten wir unsere Adressen und ich war ziemlich sicher, Mustafa nie mehr wieder zu sehen.
Um das happy end vorweg zu nehmen: der junge Türke begleitet die Geschicke der Galerie seit Dezember 1973 und nicht nur die Galerie-Besucher wissen "Herrn Mustafa" bis heute zu schätzen.

Doch zurück nach Asien, nach Vorderasien, wie wir es im Erdkunde-Unterricht gelernt hatten. Wir ließen den Berg Ararat hinter uns, kampierten am Kaspischen Meer, besuchten die Moscheen in Isfahan und ließen uns in Mesched von beredten Teppichhändlern fast beschwatzen, unser knappes Geld in Teppichen anzulegen, um sie dann in Deutschland mit Profit zu verkaufen. Glücklicherweise hatten wir andere Vorstellungen und auch eine ganz andere Richtung: Afghanistan, das Land des schwarzen Afghan. In "Sigis Restaurant", einer legendären Kiffer-Kneipe in Kabul, erstanden wir, weil es die anderen Traveller auch taten, eine Platte Haschisch für 10 Dollar. Wir verstauten sie irgendwo im Gepäck und vergaßen sie völlig. Erst Monate später, in Bali, sollten wir sie beim Aufräumen wiederfinden. Doch bis dahin war es noch ein weiter Weg.
Nach dem abenteuerlichen Puncak-Pass, der Sikh-Stadt Amritsar, nach Jaipur und Adaipur war das nächste Ziel Goa, die ehemalige portugiesische Provinz. Die "Rolling Stones" mit Mike Jagger gaben hier Weihnachten '72 ein Superkonzert und alle, die wie wir unterwegs waren, schienen sich hier zu treffen.
Hatten wir bei der Abreise aus Deutschland noch gedacht, wir hätten einen ziemlich einmaligen Plan, so wußten wir es jetzt besser: Hunderte, ja vielleicht sogar Tausende junger Europäer waren auf der Wanderung durch Asien, auf der Suche nach einem Guru, nach einer Zukunft, nach Selbstverwirklichung. Und, was uns vielleicht ebenso überraschte: die selbe Anzahl von Australiern schien auf dem Wege zu sein, um über Land nach Europa zu reisen, weil sie sich dort, wohl zumeist in Großbritannien, die Erfüllung ihrer Träume erhoffte.
Diese Reisenden aus der Gegenrichtung waren für uns wichtige Informanten: wir hörten von der Insel Penang in Malaysia, vom Toba-Meer in Nord-Sumatra; wir hörten von einer Stadt Yogyakarta in Zentraljava, die das kulturelle und geistige Zentrum Indonesiens sei. Namen wie "kraton" oder Sultanspalast fielen immer wieder, auch "taman sari" oder Wasserschloß und auch das Wort Batik-Manufaktur. Wir hörten von Bali und von einem paradiesischen Strand in einem ganz kleinen Ort namens Kuta, der auf keiner Landkarte verzeichnet war.

Alle diese Informationen erwiesen sich vor Ort als äußerst nützlich. Besonders in Yogyakarta fühlten wir uns sehr wohl und blieben statt der geplanten 2 Tage sicher 2 oder 3 Wochen. Erst viel später las ich, daß Walter Spies genau 50 Jahre früher genauso oder ähnlich begeistert war von dieser Stadt: von der Gamelan Musik; den Tanzproben im Sultanspalst, denen man zusehen durfte; von den Wayang-Orang und den Wayang-Kulit Vorführungen, zwar unverständlich für uns , doch so faszinierend und beeindruckend in ihrer Direktheit und Spontaneität.
Auch von Batik hatten wir inzwischen gehört: Yogyakarta sei das Batik-Zentrum Indonesiens. Neugierig, Kulturellem gegenüber stets aufgeschlossen, mit einer gewissen Allgemeinbildung vom Abendland ausgestattet, jedoch ohne besonderen Kunstsachverstand, streiften wir im sog. Wasserschloß des Sultans durch einige "Batik-Galerien". Sie schienen gerade eröffnet zu sein. Alles war sehr improvisiert, sehr herzlich und voller Hoffnung auf bessere Tage.
Die "batik-paintings" schienen gerade entdeckt worden zu sein und wir gehörten wohl mit zu den ersten, die sich für Batik-Bilder interessierten. Wir waren im Februar '73 gerade in eine euphorische Aufbruchstimmung in Yogyakarta geraten: die Soekarna-Ära war endgültig vorbei, wirtschaftlich gab es kleine Fortschritte, der Tourismus fing gerade wieder an. Ein Dollar kostete 412 Rupien. Soeharto, ein Bauernsohn aus der Nähe von Yogyakarta, hatte sich gerade zum zweiten Mal zum Präsidenten wählen lassen.
Mit einem der jungen Batik-Künstler, mit Gianto, "the crazy painter", wie er sich nannte, freundeten wir uns an. Seine surrealistischen Bilder gefielen uns. Sein souveräner Umgang mit Wachs und Farbe, mit Linie und

von dem Mitbringsel aus Afghanistan, das wir zur rechten Zeit wiedergefunden hatten. Wir fuhren mit unserem Startkapital von fast 1000 DM zurück nach Yogyakarta, zu den Batikfreunden im Wasserschloss.
Wir erzählten ihnen von unserem Plan, in Deutschland eine Galerie aufzumachen, nur für Batikbilder. Sie fanden die Idee sehr gut. Unsere Idee, ihre Bilder in Kommission zu nehmen und das Geld dann nach dem Verkauf zu überweisen, fanden sie weniger gut.

So mußten wir sorgfältig aussuchen und uns gründlich informieren. Wir besuchten alle wichtigen Batik-Manufakturen, lernten im staatlichen Batik-Research-Institute über die Tradition der Batik und täglich wuchs unser Interesse. Wir lernten sie alle kennen, die Batik-Meister der frühen Jahre: Amri Yahya und Ardiyanto, Bagong Kussudiardjo und Bambang Oetoro, Soemihardjo und Soelardjo, Damas und Waloejo. Mit etwas Glück und Geschick, mit vielem Handeln, wie wir es in Indonesien gelernt hatten, besaßen wir schließlich 50 Batikbilder: kleine und große, moderne und traditionelle; Motive vom Ramayana Epos und vom Hahnenkampf. Eine bunte Mischung: 10 Kg Batiken, die sich sehen lassen konnten. Wir versprachen, bald wiederzukommen. Unsere neuen Freunde wünschten uns viel Glück bei unserem Vorhaben. Das konnten wir auch wirklich gebrauchen.

Mitte Mai flogen wir mit einem Billigticket von Singapur nach London. Zurück in Köln begegnete ich meinem früheren Vermieter, einem erfolgreichen Immobilienhändler. Sein Haus in der Mainzer Straße 28 stand leer. Die Genehmigung zum Abriß des Hauses hatte er nicht erhalten. Er hatte sich verspekuliert und war nun gezwungen, das Haus zu sanieren. Ein Glück für uns! Unsere Idee von einer Galerie gefiel ihm sehr gut. Er fühlte sich als Mäzen. Wir hatten das realisiert, wovon er immer geträumt hatte. Jedenfalls überließ er uns die Räume zum Nulltarif, solange im Hause gebaut wurde.
Am 20. Juni 1973 eröffneten wir die Batik-Galerie in der Mainzer Straße 28. Freunde, Bekannte und Verwandte kamen aus Neugierde und aus Interesse. Es war ein hoffnungsvoller Anfang mit einigen Verkäufen und mit Resonanz in der Presse. Wir schrieben nach Yogyakarta und bestellten neue Bilder.
Dann, am 24. August 1973, starb meine Partnerin Paula an einer Amöbenruhr. Anfangs nicht erkannt, dann von ratlosen Ärzten falsch behandelt und vergeblich operiert. Aus der Traum!
Aus der Traum?
Eine Episode war zu Ende . Jetzt wurde es ernst.
Ich wollte fortführen, was wir gemeinsam angefangen hatten, so gut es ging. Geblieben ist so der Traum von einem Ort der Begegnung, einem Treffpunkt für Kulturaustausch und Anregung, einem Zentrum für Textile Kunst und für deren Liebhaber.
Wir haben versucht, diesen Traum zu verwirklichen und unseren Beitrag zur Verständigung zu leisten.

Batik aus Java, "Batavia", ca. 1920

Fotografen, Bildquellen, Leihgeber und Übersetzer

Fotografen/Copyright

AufdemBrinke/Schorr
Seite 215
Winfried Beck, Köln
Seite 164
Günter Beer, Köln/Barcelona
Seite 12, 26, 90, 166, 215
Peter Böhm, Sankt Augustin
Seite 170
Anita Daiger, Köln
Seite 26
Jo Firmenich, Köln
Seite 50, 54, 62 und 84
Alexander Göbel, Köln
Seite 134, 137, 145, 148, 196, 222, 223
Foto Anne Gold, Aachen
Seite 118, 215, 232, 233
Alfred Grubauer, Bildarchiv RJM, Köln
Seite 146
H. Grünebaum, Bergisch Gladbach
Seite 162, 163
Donald J. Harper, Yogyakarta
Seite 185, 222
Fotografie Frank Herlet, Köln
Seite 215
R. Höffner, Köln
Seite 270
Joop van Houdt
Seite 19
Roland Hueber, Köln
Seite 52 und 53
Igedo, Düsseldorf
Seite 55
Dorothee Joachim, Köln
Seite 212, Foto von Jens Hagen
Zoltan Kanabe
Seite 87
Peter Keuck
Seite 233(Foto E. Weinert)
Mimi Klein, München
Seite 116, Porträt Wewerka
Astrid Kohlstedt
Seite 63
Rainer Mader, Köln
Seite 14, 20, 24, 28, 42, 46, 78, 82, 92, 94, 110, 228
Eva Mahn, Halle
Seite 66
Christine May, Düsseldorf
Seite 44 und 45
Katja Mees, Köln
Seite 151
Achim Meyer, Köln
Seite 116
Kevin Meynell, L.A., Californien
Seite 47
Tohru Nakamura, New York, NY
Seite 48 und 49
Koichi Nishimura, Japan
Seite 112, 113
Gertraud Noä-Wesser
Seite 223
V. J. Patel, Neuburg
Seite 93
Christel Plöthner, Köln
Seite 218
S. Rogozinski, Neumünster
Seite 152, 153 und Porträt K. Tidow
Bernhard Schaub, Köln
Seite 15, 18, 25, 27, 29, 30, 39, 83, 91, 99, 101, 105, 114, 115, 117, 146 (r), 180, 204, 205, 206, 207, 209, 215, 220, 221, 225, 226, 227, 229, 230, 231, 243
Paula Scholemann, Köln
S.213, Christoph Schmitz-Scholemann
Helmut Schulz
Seite 67
Kerstin Smend, Köln
Seite 189, 223, 232
Rudolf G. Smend, Köln
Seite 88, 98, 100, 136, 155, 156, 157, 158, 161, 173, 174, 176, 177, 178, 181, 189, 196, 197, 198, 201, 211, 219, 222, 223, 233
Sorgenfrei, Foto-Zentrum Hamburg-Eppendorf
Seite 68 und 69
Beatrijs Sterk, Hannover
Seite 213-Porträt D.Laue
Patrice Tourenne, Paris
Seite 104
Photo/DTP/Studio Cees van Veelen
Seite 64 und 65
Aert Villerius, Nijmwegen
Seite 74 und 75
Fotostudio Wallenberg, Berlin
Seite 212, Prof. Gauger
Erhard Wesser, Köln
Seite 213 und 223
Brigitte Willach, Hannover
Seite 230
Hans Windeck
Seite 10 und 160
Zentrale Bildstelle Berlin, Abtl.Thüring. Bilderdienst, Erfurt
Seite 208

Bildquellen/Leihgeber

Wir danken folgenden Leihgebern für die Überlassung von Fotomaterial:

1. **Handwerkskammer Düsseldorf:** Foto Seite 133 (R.Rasmussen)
2. **Musée Historique des Tissus in Lyon:** Foto der Arbeit von Raoul Dufy (Inv.Nr. BF 51845) Seite 195
3. **Galerie Michael Werner,** Köln/New York: Foto auf Seite 130
4. **Heribert Amann:** Foto auf Seite 198
5. **Nederlands Textiel Museum Tilburg:** Foto auf Seite 127
6. **Textilmuseum Neumünster:** Dias zum Artikel von Klaus Tidow
7. **Susanne Dölker:** s/w Fotos zu dem Artikel auf Seite 208
8. **Dr. Brigitte Tietzel:** Foto auf Seite 147
9. **Pfarrer Folker Thamm**: Broschüre 'St. Nicolai Lüneburg'
10. Das Bild auf Seite 150 wurde dem Buch **'Schönheit und Reichtum des Lebens'** von Hans Rhodius, Seite 13, entnommen

11a. Das Foto auf Seite 190 aus **Heissig/Müller** 1989, Seite 126 (s. Anm.2.Seite 192)

11b. Das Foto auf Seite 191 links aus **Suface, Design Journal**, Felt, Oakland, Vol. 18, Nr. 2, 1994 Seite 9

11c. Das Foto auf Seite 191 rechts aus **Adriani**, Seite 173 (s.Anm. 4 auf Seite 192)

12. Das Foto auf Seite 194 wurde entnommen dem Buch **'Fiber Art Japan**, Tokyo 1994, Seite 34'

Übersetzer

Englisch:Deutsch / Deutsch:Englisch
Ludger Hengstermann, Köln
Niederländisch:Deutsch
Bettina Schlass, Amsterdam

Sonstiges

Der Designer der 'boots' von Ella Koopman ist Jan Jansen, Amsterdam

Die Abbildung **'Penelope und Telemachos'** auf Seite 142 ist entnommen dem Buch: **'The Warp-Weighted Loom'** von Marta Hoffmann, Oslo 1964, Seite 306. Wir danken Frau Imgard Timmermann herzlich für die Überlassung des Buches.

Wenn nicht anders erwähnt, gehören die abgebildeten Batik-Textilien zur Sammlung der Galerie Smend, Köln.

Künstlerverzeichnis nach Ländern

Argentinien
Mendoza
Alicia Farkas

Dänemark
2200 Copenhagen
Yuko Takada Keller

Deutschland
04105 Leipzig
Marlies Raasch

10627 Berlin
Rolando Rasmussen

10717 Berlin
Petra Mattern-Held

10967 Berlin
Joachim Blank

21407 Deutsch-Evern
Astrid Kohlstedt-Garbers

22529 Hamburg
Doris Kürten

25421 Pinneberg
Gisela Meyer-Hahn

25712 Burg/Dithmarschen
Helga Wiese-Wittek

41464 Neuss
Ellen Harlizius-Klück

46348 Dörscheid
Mechthild Feuchtinger

47799 Krefeld
Annette Pöllmann

50321 Brühl
Brita Hansen

50677 Köln
Paola Incze

50678 Köln
Stefan Wewerka

51063 Köln
Walter Brix

51109 Köln
Inge Hueber

51427 Bergisch Gladbach
Veronika Moos-Brochhagen

51467 Bergisch Gladbach
Brigitte Kramer-Peters

52064 Aachen
Susanne Hinz

52070 Aachen
Erika Wienholdt

53332 Bornheim
Rosemarie Bühler

54679 Niederroßbach
Ulla Matten

58515 Lüdenscheid
Ursula Müller-Stellflug

63071 Offenbach
Ellen Eis

72622 Nürtingen
Shahida Barbara Banach

82319 Starnberg
Josephine Tabbert

85551 Kirchheim
Marianne Arnold

86150 Augsburg
Monika Speyer

86633 Neuburg
Ute Patel-Mißfeldt

87782 Unteregg
Atelier du Sud

90409 Nürnberg
Ingeborg Lorenz

Frankreich
26220 Dieulefit Drôme
Hélène Soubeyran

Großbritannien
London N6 5QJ
Noel Dyrenforth

Indonesien
55253 Yogyakarta
Amri Yahya

55284 Yogyakarta
Ardiyanto Pranata

57148 Solo
Yusman Siswandi

Irland
Kilkenny
Peter Wenger

Japan
Kyoto 604-8462
Shigeki Fukumoto

Kyoto 611
Shoukoh Kobayashi

Tokyo 194-0041
Shinzo Kajiwara

Korea
Seoul 135-090
Lee Jung-sook

Liechtenstein
9493 Mauren
Sunhild Wollwage

Niederlande
1091 Amsterdam
Philip Boas

1463 Beemster
Miep Spée

1621 Hoorn
Ella Koopman

3036 Rotterdam
Henk Mak

3130 Vlaardingen
Wilma Kuil

4315 Dreischor
Els van Baarle

6651 Druten
Hermine Lewiszong

Österreich
1040 Wien
Fritz Donart

Schweiz
8602 Wangen
Mascha Mioni

Slowenien
1000 Ljubljana
Almira Sadar

1210 Ljubljana
Marija Jenko

USA
Emeryville, CA
Ana Lisa Hedstrom

Nahant, MA
Carter Smith

New York, NY
Julia Hill

Smend-Family-Team
auf den Poller Wiesen,
im April 1998

Gitta Funk
Sohn Simon
Karin Smend
Rudolf Smend
Tochter Kerstin
Angelika Raufuss
Walter Brix
Remzi Celik
Georg Krapohl

Inserenten-Verzeichnis

25 Jahre Galerie Smend
FALKEN gratuliert!

Farbberatung Seidenmalerei
Von B. Banach, M. Götz, 128 S.,
193 Farbfotos, mit Vorlagebogen,
gebunden
DM 49,90
Bestell-Nr. 3097

Malen auf Seide
Von C. Köhl, Shahida, 112 S.,
212 Farbfotos, gebunden
DM 29,90
Bestell-Nr. 7901

Lexikon der Seidenmalerei
Von K. Huber, 208 S.,
192 Farbfotos, gebunden
DM 49,90
Bestell-Nr. 3401

Seidenmalerei als Kunst und Hobby
Von S. Hahn, 136 S., 256 Farbfotos,
36 Farbzeichnungen, gebunden
DM 39,90
Bestell-Nr. 3574

Aquarellieren auf Seide
Von Shahida, 112 S., 223 Farbfotos,
5 Zeichn., mit Vorlagebogen, gebunden
DM 39,90
Bestell-Nr. 3038

Tücher und Schals perfekt binden
Von E. Weber-Lorkowski, 48 S.,
100 Farbfotos, gebunden
DM 14,90
Bestell-Nr. 7905

FALKEN

Der Spezialist für nützliche Bücher

Stand der Preise 1.4.1998 · Änderungen vorbehalten

Faszination aus dem Dampf

Professionelle Seidenmalfarben für die hohe Schule der Seidenmalerei

Dampffixierbar auf Wasserbasis

prandell
creative hobbies
Seidenmalen
Kreativ mit
SERTI® COLOR
Erleben Sie Freude und Spaß an Ihrem Hobby
mit den hochwertigen Produkten von PRANDELL.
Wir führen alles, was Sie zur Seidenmalerei benötigen:
Komplettpackungen, Farben, Pinsel, Rahmen, Gutta,
Stoffmalpens, Stoffmalkreiden, Moosgummistempel...
...und auch Bücher mit praktischen Tips !
Mehr Spaß am Hobby mit PRANDELL !
Alfred Prandell GmbH • Bamberger Straße 21 • 96215 Lichtenfels
Telefon 09571/767-0 • Telefax 09571/2484
Internet http://www.creative-hobbies.de • Email creative@creative.hobbies.de

„Lasers in the Jungle", Tagesdecke,
Airbrush und Malerei auf Pongé,
Monika Speyer, Augsburg.

12,- DM 2/98 Mai Juni Juli
Kunstführer Rheinland
art guide rhineland
quarter
Galerien und Museen in und um
Aachen
Bonn
Düsseldorf
Duisburg
Essen
Köln
Krefeld
Mönchengladbach
Wuppertal

DEKA
Alles für eines,
eines für alles
DEKA
Silk
Universal-
Seidenmalfarbe
DEKA
Silk
Universal-
Seidenmalfarbe
50 ml
DEKA
Silk
Kontur-
mittel
DEKA
Silk
Kontur-
mittel
50 ml
25 ml
50 ml
30 ml
50 ml

JAVANA®
Lust auf Seidenmalerei
Individueller Luxus. Selbstgemacht.
Trendy
Arty
Freude an Kreativität.
In Freizeit, Schule und Kunst.
Painty
Alle Produkte erhalten Sie im
Fachhandel für Hobby- und Künstlermaterial.
Made in Germany by C. KREUL KÜNSTLER. FARBEN. FABRIK. Carl-Kreul-Straße 2 91352 Hallerndorf Fax 095 45 / 925-511

KUNSTHANDWERK
& DESIGN
Keramik • Kunststoff • Schmuck
KUNSTHANDWERK
& DESIGN
• Recycling • Eisen
KUNSTHANDWERK
& DESIGN
• IHM Vorbericht
• Keramik aus den Niederlanden
• LiturgieGefäße

NATURFASER-
PFLEGE
OHNE RISIKO...
tene star®
für reine Seide, Seide-Mischgewebe und Viscose
tene moll®
für Wolle, Angora, Mohair, Alpaka, Cashmere
tex bio®
für Baumwolle, Leinen, Hanf, Ramie
Diese Spezialprodukte sind in der Galerie Smend erhältlich.
INTERVALL Textilpflegemittel GmbH
Postfach 10 05 27, 41005 Mönchengladbach
Tel. 02161-60 22 72 · Fax 02161-65 12 57

Eulen Verlag
Schöne Bücher
für das kreative Hobby
Meine Farbenlehre
72 S. mit 55 Farbb.,Pp., 26,80 DM/196 öS/ 25,– sFr. ISBN 3-89102-373-1
Malen auf Seide
Sonderausgabe 56 S. 16 Farbb. Pp. 19,80 DM/ 145 öS/19,80 sFr. ISBN 3-89102-375-2
Seiden katzen
48 S., 25 Farbb., Pp. 19,80 DM/145 öS/ 19,80 sFr. ISBN 3-89102-365-0
Blumen auf Seide
48 S., 19 Farbb., Pp. 19,80 DM/145 öS/ 19,80 sFr. ISBN 3-89102-288-3
Aquarelle auf Seide
2. Aufl., 72 S., 19 Farbb., Pp. 26,80 DM/ 196 öS/25 sFr. ISBN 3-89102-284-0
Kopierkunst auf Seide
3. Aufl., 48 S., 16 Farbb., Pp. 19,80 DM/ 145 öS/19,80 sFr. ISBN 3-89102-283-2
Fensterbilder aus Seide und Karton
48 S. 36 Farbb., Pp. lam. 19,80 DM/145 öS/ 19,80 sFr. ISBN 3-89102-372-3
Tiermotive auf Seide
2. Aufl., 48 S., 18 Farbb., Pp. 19,80 DM/ 145 öS/19,80 sFr. ISBN 3-89102-285-9

da Vinci
COSMOTOP-SPIN
Der geschmeidige, hochelastische Kunstfaserpinsel – ideal um Phantasie auf Seide zu zaubern.
Fragen Sie Ihre Galerie Smend!
Serie 5580 - rund Größe 3/0 - 30
Serie 5880 - flach Größe 2 - 24
Serie 5584 - oval Größe 8 - 30

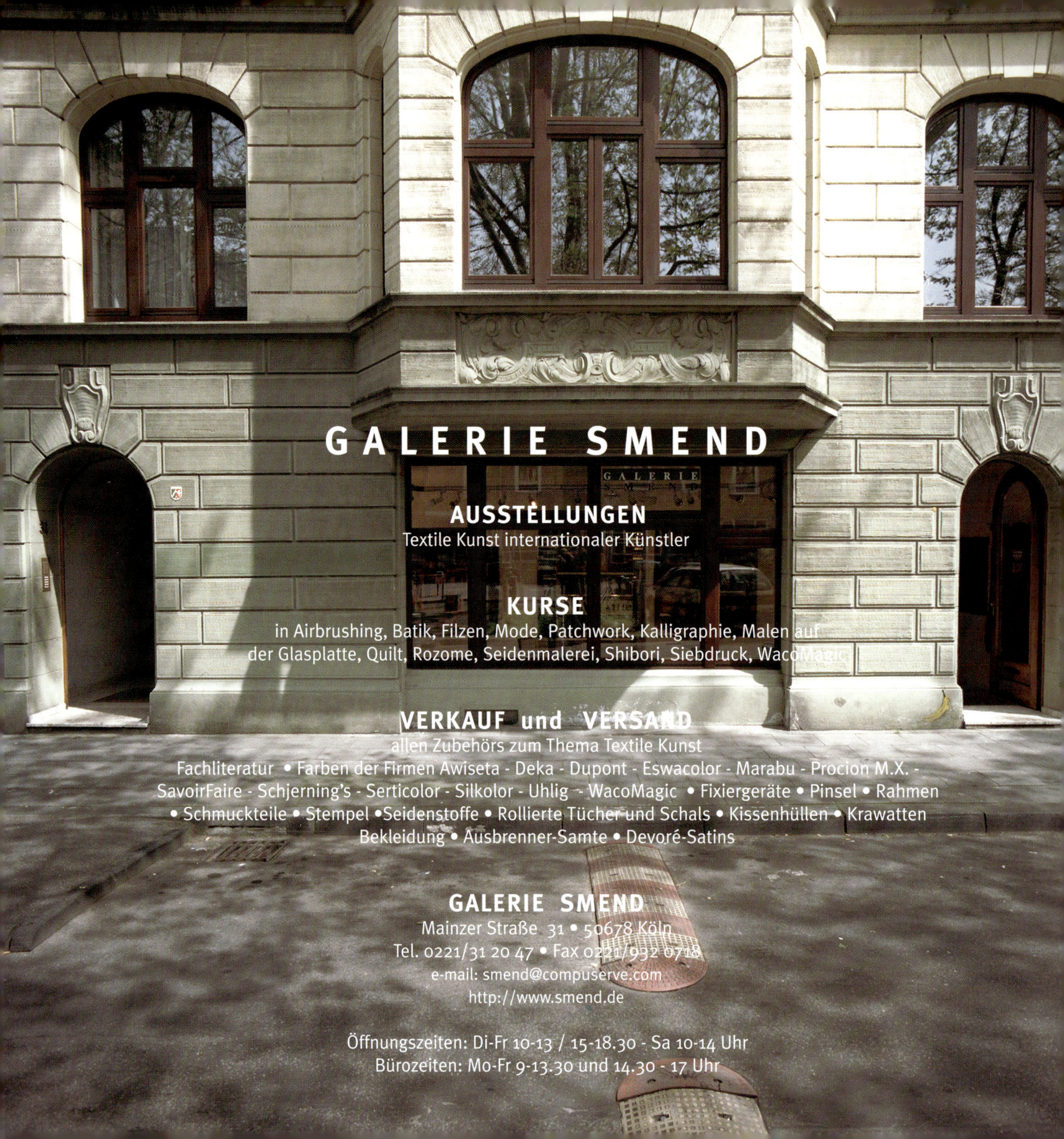
GALERIE SMEND
AUSSTELLUNGEN
Textile Kunst internationaler Künstler
KURSE
in Airbrushing, Batik, Filzen, Mode, Patchwork, Kalligraphie, Malen auf der Glasplatte, Quilt, Rozome, Seidenmalerei, Shibori, Siebdruck, WacoMagic
VERKAUF und VERSAND
allen Zubehörs zum Thema Textile Kunst
Fachliteratur • Farben der Firmen Awiseta - Deka - Dupont - Eswacolor - Marabu - Procion M.X. - SavoirFaire - Schjerning's - Serticolor - Silkolor - Uhlig - WacoMagic • Fixiergeräte • Pinsel • Rahmen • Schmuckteile • Stempel • Seidenstoffe • Rollierte Tücher und Schals • Kissenhüllen • Krawatten Bekleidung • Ausbrenner-Samte • Devoré-Satins
GALERIE SMEND
Mainzer Straße 31 • 50678 Köln
Tel. 0221/31 20 47 • Fax 0221/932 0718
e-mail: smend@compuserve.com
http://www.smend.de
Öffnungszeiten: Di-Fr 10-13 / 15-18.30 - Sa 10-14 Uhr
Bürozeiten: Mo-Fr 9-13.30 und 14.30 - 17 Uhr

Publikationen der Galerie Smend

Seidenmalerei Handbuch Handbuch I – 1983
5. Auflage 1991
296 Seiten,
70 Farbabbildungen
61 Künstler · 51 Beiträge · 60 Studiotips

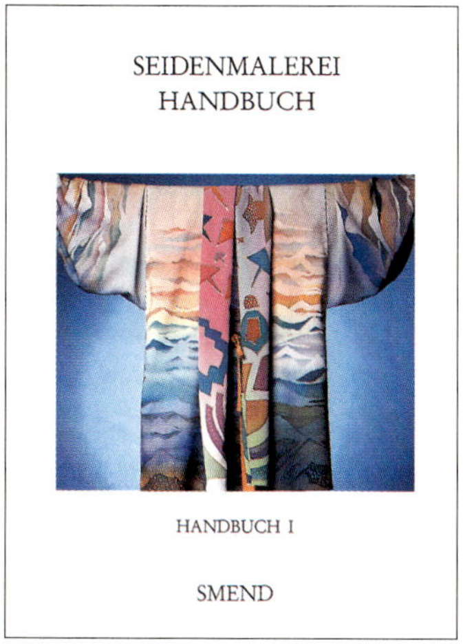

Malerei auf Seide Handbuch II – 1985
3. Auflage 1992
280 Seiten,
70 Farbabbildungen
56 Künstler · 32 Beiträge · 106 Studiotips

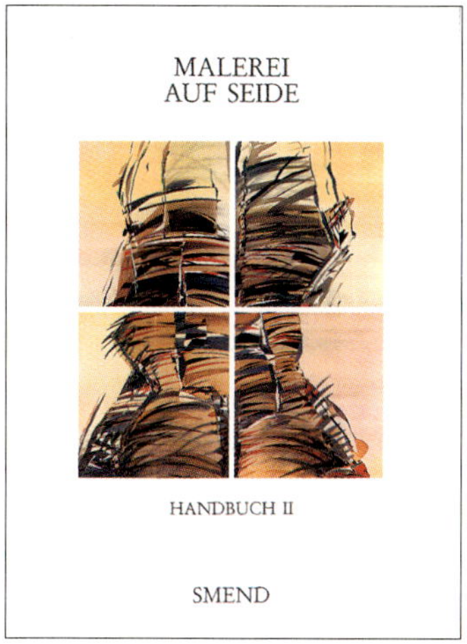

Seide · Farbe · Seidenmalerei Handbuch III – 1987
3. Auflage 1992
394 Seiten,
125 Farbabbildungen
100 Künstler · 25 Beiträge · 160 Studiotips

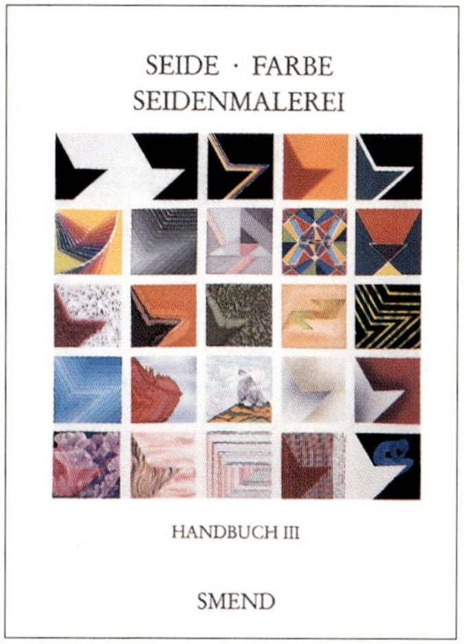

Seidenmalerei Handbuch IV – 1989
2. Auflage 1990
350 Seiten,
87 Farbabbildungen
77 Künstler · 36 Beiträge · 164 Studiotips

Seidenmalerei Handbuch V - 1993
310 Seiten,
110 Farbabbildungen
86 Künstler · 22 Beiträge · 140 Studiotips

Impressum

Bildlegende Seite 222

1	2	3
4	5	6
7	8	9

1. R. Rüdiger Thamm, Donald J. Harper
2. Hannelore und Arifien Musnadi
3. Batik-Konferenz in Jambi 1996
4. Ilse Dött, August Flick, Waldemar Stöhr
5. Heribert Amann
6. Donald J. Harper, Thomas Murray, Kate Regnault
7. Donald J.Harper, Johann-B.Lüth, Brigitte Majlis, August Flick
8. Carl-W. Schümann, Michael Schönberger
9. Helene Weinold-Leipold, Ute Patel-Mißfeldt

Bildlegende Seite 223

1	2	3
4	5	6
7	8	9

1. Simon Smend, Hella Reiner
2. Mariann Mattinson, Noel Dyrenforth, D. Leser
3. Karin Smend, Grethe Wellejus
4. Erhard Wesser, Uschi Kersting-Scholemann
5. Renate Reinert, Ingeborg Beichler, Dorothee Molitor, Rolf Tepel
6. 1. Kölner Marathon 5.10.1997
7. Mustafa N. Pulathaneli
8. Georg Krapohl, Klaus der Geiger
9. Angela Pasch, Josephine Werth, Anne Grunewald, Kerstin Smend

Herausgeber
Rudolf G. Smend

Layout
Jan Konietzko

Reproduktionen
Typovision GmbH

Satz
Styblo Design und Kerstin Grah

Druck
kölner**medien**fabrik, Köln

Verlag
Galerie Smend, Köln

ISBN 3-926779-73-X

Adressenänderungen der Künstler sowie Adressen der Autoren können beim Verlag erfragt werden.

Lageplan
Galerie Smend

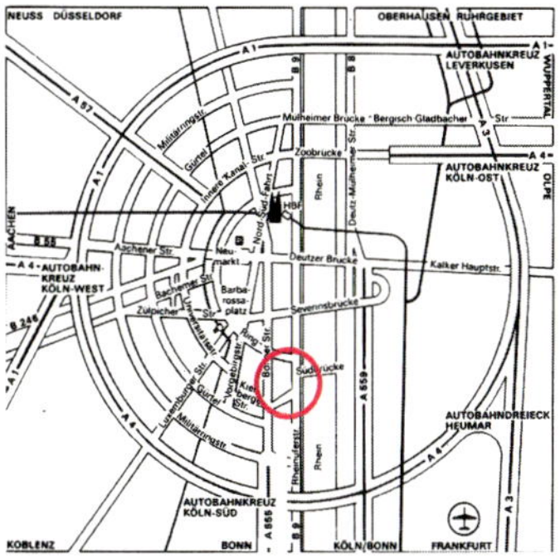

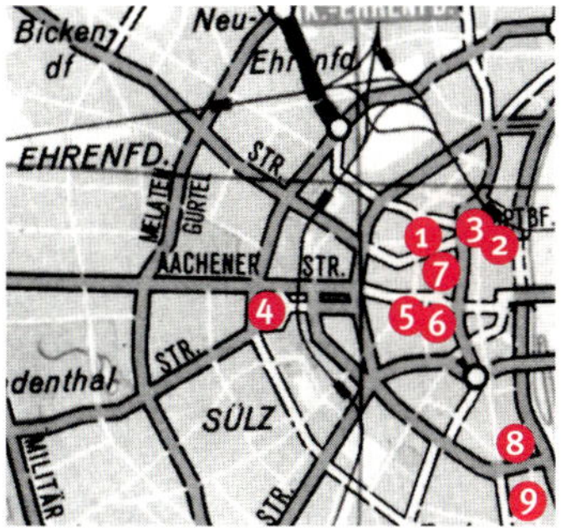

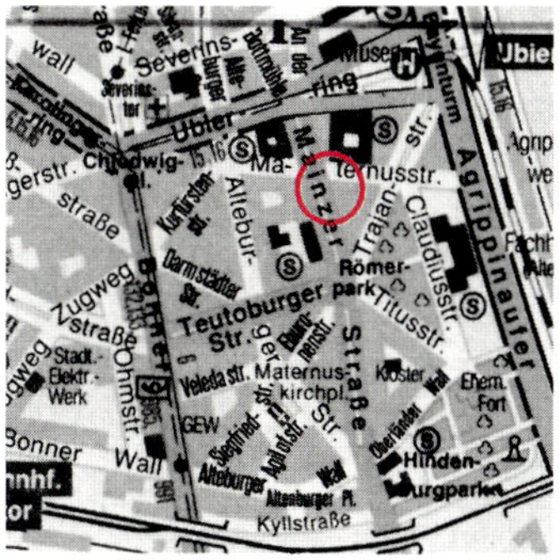

Lageplan der Galerie für die Anfahrt mit dem Pkw

Autobahnring
Autobahnabfahrt Kreuz Köln-Süd/Köln-Bayenthal
über Verteilerkreis in die Bonner Straße bis zum Ende (Chlodwigplatz);
hier rechts abbiegen in den Ubierring,
an der 2. Ampel rechts in die Mainzer Straße

1 Kölnisches Stadtmuseum
2 Museum Ludwig
3 Römisch-Germanisches Museum
4 Museum für Ostasiatische Kunst
5 Kunsthalle/Kunstverein
6 Schnütgen-Museum
7 Museum für Angewandte Kunst
8 Rautenstrauch-Joest-Museum/ Museum für Völkerkunde
9 Galerie Smend

Der Weg zur Galerie ab Hauptbahnhof/Dom

– Buslinie Nr. 132
bis Haltestelle Chlodwigplatz (der Bus fährt ca. alle 10 Minuten)
– U-Bahn Linie 16 in Richtung Bonn bis Haltestelle Ubierring (die Bahn fährt ca. alle 20 Minuten)
– Taxistand Breslauer Platz
3,5 km